Anja Flach

Jiyanekê din –ein anderes Leben

EDITION MEZOPOTAMYA

Gegen Zensur und die Einschränkung der Meinungsvielfalt in Deutschland

Die Edition Mesopotamya ist eine Gemeinschaftsedition der Verlage edition 8, Mandelbaum Verlag und Unrast Verlag und wird herausgegeben von:

agimos verlag, Kiel | Gökay Akbulut, MdB Die LINKE | a.k.i. Verlag (analyse & kritik), Hamburg | Altstadtbuchhandlung Bonn | Annabee Buchladen, Hannover | Antiquariat Walter Markov, Bonn | Arbeitskreis Internationalismus der IG Metall Berlin | Argument Verlag mit Ariadne, Hamburg | Assoziation A | Redaktionskollektiv der Avanti O., Oberhausen | Dr. Dr. Dario Azzellini, Politikwissenschaftler und Soziologe, Berlin/Ithaca | Simone Barrientos, Bundestagsabgeordnete, Kulturpolitische Sprecherin Fraktion DIE LINKE | Rolf Becker, Schauspieler, Hamburg | Esther Bejarano, Sängerin, Auschwitzüberlebende, geb.1924 | Bertz + Fischer Verlag, Berlin | black mosquito, Flensburg | Dr. Nikolaus Brauns, Berlin | Buchhandlung BiBaBuZe, Düsseldorf | Buchhandlung el libro, Leipzig | Buchhandlung Nievergelt, Zürich | Lisette Buchholz, persona verlag, Mannheim | Buchladen Le Sabot, Bonn | buchladen oh*21, Berlin | Buchladen Rote Strasse, Göttingen | Buchladen Schwarze Risse, Berlin | Buchladen ZAPATA, Kiel | Prof. Dr. Gregor Büchel, Technische Hochschule Köln | Contraste – Monatszeitung für Selbstorganisation | Diether Dehm, MdB Die LINKE | Karl-Heinz Dellwo, Autor, Verleger und Dokumentarfilmer, Hamburg | Prof. Dr. Frank Deppe, Marburg | Die Buchmacherei, Berlin | Kollektiv der edition assemblage, Münster | Edition Aurora, Berlin | edition karo - Literaturverlag Josefine Rosalski | Edition Nautilus, Hamburg | Klaus Farin, Berlin, Schriftsteller | Jürgen Fischer, München (Mitglied IG Metall) | Prof. Dr. Andreas Fischer-Lescano, Universität Bremen | Galerie der abseitigen Künste GbR, Hamburg | Dr. Rolf Gössner, Rechtsanwalt/Publizist, Kuratoriumsmitglied der Internationalen Liga für Menschenrechte | Nicole Gohlke, MdB Die LINKE | Thomas Gutzeit Multimedia, Düsseldorf | Erich Hackl, Schriftsteller, Wien | Felix Halle Verlag, Düsseldorf | Prof. Dr. Dr. h.c. Wolfgang Fritz Haug, Berlin | Hirnkost, Berlin | Prof. Dr. Ute Holl, Universität Basel | Andrej Hunko, MdB Die LINKE | International Initiative Edition | Internationalismus Verlag, Arno Kundlatsch, Hannover | Ulla Jelpke, MdB Die LINKE | JUMP UP Schallplattenversand | Prof. Dr. Ulf Kadritzke, Berlin | Kelifer - antiquarischer Buchversand in Flensburg | Prof. Thomas Kilpper, Künstler, Universität in Bergen | Kollektivbibliothek und Plakatearchiv New Yorck im Bethanien, Berlin | Dr. Gregor Kritidis, Hannover | Redaktion LabourNet Germany | Monika Lange-Tetzlaff/Robert Tetzlaff, Buch & Plakat, Stuttgart | Prof. Dr. Michael Meyen, Universität München | PD Dr. Monika Mokre, Wien | mox & maritz Verlag Stefan Ehlert, Bremen | Müßiggang, Second-Hand-Buchladen, Patrick Krause, Berlin | Neofelis Verlag, Berlin | Ralf Nestmeyer, Vizepräsident des deutschen PEN-Zentrums, Beauftragter für Writers in Prison | Neuer ISP Verlag, Köln/Karlsruhe | Prof. Peter Ott, Filmemacher, Merz Akademie, Stuttgart | Prof. Dr. Norman Paech, Universität Hamburg | PapyRossa Verlag, Köln | Heinrich Peuckmann, Generalsekretär des deutschen PEN-Zentrums | Prolit Verlagsauslieferung GmbH, Fernwald | Prometheus Antiquariat, Wilhelmshaven | Britta Rabe, Referentin beim Komitee für Grundrechte und Demokratie | Heinz Ratz, Musiker, Kiel | Dr. Karl Reitter, Sozialphilosoph, Wien | Jürgen Repschläger, kulturpolitischer Sprecher der Linksfraktion Bonn | Dana Saky, Bezirksvorsitzender Die LINKE Reinickendorf | Kerem Schamberger, München | Dr. Thomas Schmidinger, Politikwissenschaftler, Wien | Dr. Kay Schweigmann-Greve, Hannover | Berthold Seliger, Konzertagent und Autor, Berlin | sova Sozialistische Verlagsauslieferung GmbH, Maintal | Leander Sukov, Vizepräsident des deutschen PEN-Zentrums, Beauftragter für Writers in Exile | The Lower Class Magazine, Berlin | Verlag 8. Mai GmbH, Berlin | Tageszeitung »junge Welt« | Detlef Thursch, abooks.de, Lissendorf | Unionsverlag, Zürich | Regula Venske, Präsidentin des deutschen PEN-Zentrums | Versandbuchhandlung Che & Chandler, Fürstenberg | Martin Wähler, Bundesgeschäftsführer Die Linke.SDS | Peter Wawerzinek, Schriftsteller | Michèle Winkler, Referentin beim Komitee für Grundrechte und Demokratie | Brigitte Wolf, Stadträtin der LINKEN, München | Prof. Dr. Lothar Zechlin, Universität Duisburg - Essen

Anja Flach

Jiyanekê din – ein anderes Leben

Zwei Jahre bei der kurdischen Frauenarmee

EDITION MEZOPOTAMYA

Anja Flach: Jiyanekê din – ein anderes Leben
Edition Mezopotamya, Oktober 2019

Die Edition Mezopotamya ist eine Gemeinschaftsausgabe der Verlage

edition 8, Zürich, info@edition8.ch ISBN 978-3-85990-511-5

Mandelbaum Verlag, Wien, office@mandelbaum.at ISBN 978-3-85476-978-1

Unrast Verlag, Münster, kontakt@unrast-verlag.de ISBN 978-3-89771-860-9

Druck: Multiprint, Kostinbrod

Inhalt

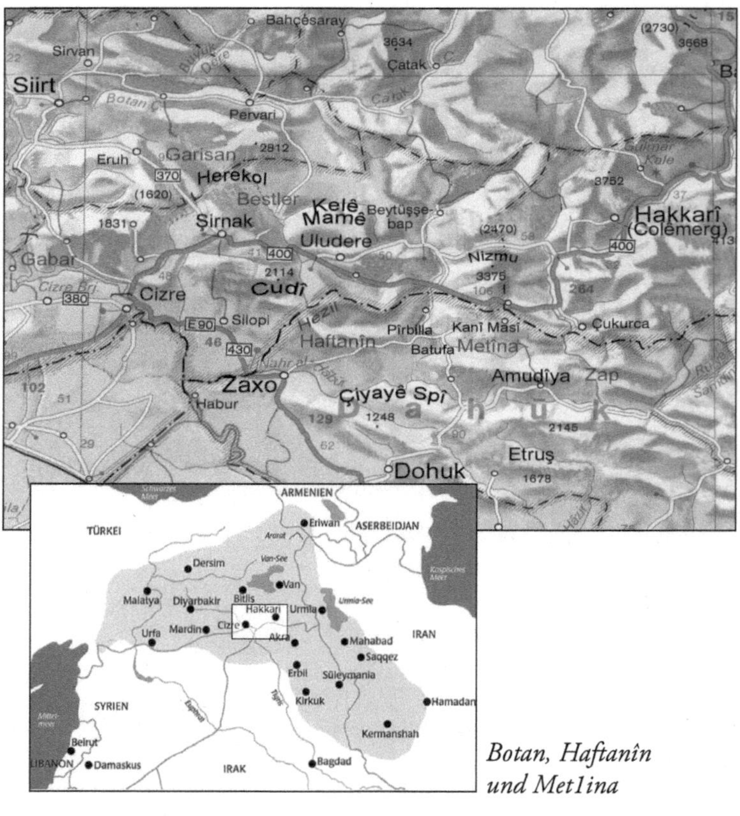

Botan, Haftanîn und Met1ina

Die Gefühle Mesopotamiens

Die größten Frauen der Geschichte sind aus dieser Erde hervorgegangen, das heißt aus Mesopotamien.

Und wir sind auf der Suche nach ihnen, wir sind ihre NachfolgerInnen.

Wir sind eine Bewegung, die zur Geschichte und zur Liebe zurückkehrt. Wir sind auf der Suche nach Unsterblichkeit.

Genau das ist es, was die EuropäerInnen in keinerlei Weise verstehen können.

Wie erschafft dieser Mann eine so große Freiheit an einem Ort, der derartig vom Despotismus beherrscht wird wie der Mittlere Osten? Für sie ist das Mekka dieser Arbeiten Paris, New York, London. Das ist die Hauptgrundlage der Wut, die sie mir und der PKK gegenüber empfinden. Das bedeutet, Ihr seid nicht das Zentrum der Zivilisation und des Übergangs zur Zivilgesellschaft; Ihr seid auch nicht das Zentrum der Schönheiten. Alles das gibt es bei uns. Daran erinnere ich sie ein wenig, und sie werden wütend. Ich bin Europa nicht unterlegen, definitiv beeinflusse ich Europa.

Das Zentrum der Göttin der Liebe und des Übergangs zur Zivilgesellschaft ist Mesopotamien. Nirgendwo konnte man so frei denken, so frei erschaffen, so frei lieben, solche Schönheiten hervorbringen wie auf dieser Erde.

Sind nicht die Täler Mesopotamiens und des Zağrosgebirges die Gebiete, in denen das erste Getreide gesät wurde, in denen die erste Zivilisation, das erste Heim, die erste Sesshaftwerdung des Menschen und die ersten Freundschaften entstanden sind? Ruft das keine Aufregung hervor? Nun, warum wird diese Geschichte nicht gesehen?

Darin besteht unsere Aktion. Für uns ist das die Geschichte, und ihre Bedeutung erfassen wir auf diese Weise.

Ich erinnere mich noch, es gab Mädchen, die mich interessierten. Nicht einmal ein einziges Wort konnte ich herausbringen; ich glaubte daran, dass sich das mit dem Kampf erschaffen lassen wird. Jetzt, wo immer ich auch hingehe, besitze ich Einflusskraft. Ich trete der Sklaverei entgegen und zerstöre sie, die Freiheit lasse ich hervortreten. Während diejenigen, die hieran ein großes Interesse verspüren, an meiner Seite sind, gehen diejenigen fort, die daran kein Interesse haben.

Ich nehme mich Mesopotamiens an. Ist nicht sogar das deutsche Mädchen, die Freundin Kanî, eine wirkliche Antwort hierauf? Bis zum Äußersten widerständig und verbunden rief sie Parolen. Eben das ist der Sieg Mesopotamiens.

Abdullah Öcalan

aus: „Gefühle Mesopotamiens", in: „Kurdische Liebe, wie leben?",
Band 3, Weşanen Serxwebûn

Vorwort der Autorin

Jiyaneke din, ein anderes Leben, wurde 2003 veröffentlicht, nachdem wir uns zwischen 1995 und 1997 mit einer kleinen Gruppe von InternationalistInnen für etwa zwei Jahre als Guerillas der ARGK (Armee zur Befreiung der Völker Kurdistans) bzw. YAJK (Verband der freien Frauen) angeschlossen hatten. Die dem Buch zugrundeliegenden Tagebuchaufzeichnungen beschreiben die damalige Situation, die sich von der heutigen sehr unterscheidet.

Insbesondere die kurdische Frauenbewegung hat einen großen Entwicklungsprozess durchlaufen. Kämpften Frauen in den 1990er Jahren noch um ihre Anerkennung als Guerillakämpferinnen, sind sie heute an einem ganz anderen Punkt. Sie haben ein System autonomer Frauenstrukturen (KJK – Gemeinschaft der Frauen Kurdistans) und eine eigene Frauenpartei (PAJK – Partei der Freiheit der Frauen Kurdistans) aufgebaut. Dies ist die Grundlage dafür, dass Frauen in Kurdistan heute aktiv die politischen, gesellschaftlichen und militärischen Entwicklungen mitbestimmen. Es ist nicht übertrieben zu sagen, dass Frauen heute als die Vorkämpferinnen der kurdischen Bewegung gesehen werden und es auch sind. Als YPJ-Kämpferinnen sind sie mit der Befreiung von Kobanî (Rojava/Westkurdistan) 2014/15 weltbekannt geworden. Dieser Erfolg beruht zum großen Teil auf der Unterstützung der Revolution durch erfahrene Kämpferinnen aus der YJA-Star (Verbände der freien Frauen) der Frauenarmee der PKK (früher YAJK).

Frauen in der PKK-Bewegung sind ebenfalls in vielen zivilen Bereichen präsent. In allen Strukturen der Bewegung gibt es eine 40 % Geschlechterquote und eine Doppelspitze, die jeweils aus einer Frau und einem Mann besteht. Die starke Rolle der Frauen in der Befreiungsbewegung hat auch die politischen und zivilgesellschaftlichen Strukturen in Kurdistan und in der Türkei insgesamt verändert: Im Juni 2015 zogen 82 Abgeordnete, davon 31 Frauen der prokurdischen HDP ins türkische Parlament ein. Alle politischen Parteien bemühen sich mittlerweile darum, Frauen für ihre Arbeiten zu gewinnen.

Diese Errungenschaften basieren auf den jahrzehntelangen Kämpfen der Frauen in der Guerilla.

Das neue Paradigma, die Hinwendung zu Kommunalismus, der Demokratischen Autonomie und des demokratischen Konföderalismus, in dem der bewaffnete Kampf nicht als Mittel zur „Machteroberung" sondern als Mittel zur Verteidigung der Bevölkerung gegen jegliche Form von reaktionären Angriffen definiert wird, basiert auf Schriften, die Abdullah Öcalan seit dem Jahr 2000 verfasst hat. Heute wird der Aufbau dieses alternativen Gesellschaftsmodelles in großen Teilen in Rojava und auch in Bakur (Nordkurdistan/Türkei) umgesetzt, diese Entwicklungen waren Mitte der 1990er Jahre noch in weiter Ferne.

Vor dem Hintergrund der aktuellen Kämpfe in Rojava sind es nicht mehr ein halbes Dutzend InternationalistInnen wie in den 1990ern, sondern mehrere hundert, die bewaffnet auf Seiten der kurdischen Bewegung kämpfen und täglich schließen sich neue an. In den letzten Jahren haben einige von ihnen, auch aus der Bundesrepublik, ihr Leben im Kampf verloren: Andrea Wolf (Ronahî), Uta Schneiderbanger (Nûdem) sowie zuletzt Ivana Hoffmann (Avaşîn) und Kevin Jochim (Dilsoz). Seit Juni 2015 gibt es offiziell internationale Brigaden in Rojava.

Nachdem ich die Guerilla Ende 1997 verlassen hatte, beteiligte ich mich am kurdischen Frauenrat in meiner Stadt. 2011 konnte ich die Guerilla in den Medya-Verteidigungsgebieten Başur (Südkurdistan/Nordirak) für einige Wochen besuchen. Ich traf viele meiner FreundInnen aus den 1990er Jahren wieder. Einige waren leider auch gefallen, wie Hevala Şergeş. Andere hatten Anfang der 2000er Jahre, als die PKK nach der Entführung Abdullah Öcalans eine schwere Krise durchlebte, die Guerilla verlassen, wie mein damaliger Kommandant in Beytüşşebab, Şoreş, meine Mitkämpferinnen Kurdistan oder Mahabat. Alle leben heute ein ziviles Leben in Başur. Wie ich erfahren habe, bereuen sie zum Teil ihre damalige Entscheidung. Einige sind heute im Gefängnis in der Türkei, wie Hevale Kazim (Hamili Yıldırım), den das syrische Regime an die Türkei ausgeliefert hat. Der größte Teil der KämpferInnen und Kämpfer ist jedoch bis heute in den Reihen der Bewegung, wie die Freundinnen Sozdar Avesta, Evîn

Goyi, Cahîde, Rûken Jirîk, Piroz, Jiyan, Newroz und viele andere. Einige konnte ich 2014 in Rojava wiedersehen, wohin sie, ursprünglich von da stammend, mit dem Beginn der Revolution zurückgekehrt waren. Die jahrzehntelange Erfahrung dieser Frauen, die andauernde Bildung und Reflektion, die Basis aller Arbeiten der kurdischen Bewegung sind, haben zu dem großen Erfolg der kurdischen Bewegung geführt. Die Praxis der Demokratischen Autonomie in Rojava auf der Grundlage von Frauenbefreiung, Basisdemokratie, einer Beteiligung aller Ethnien und Religionen sowie dem Ziel einer ökologischen Ökonomie, die der Bevölkerung und nicht den Konzernen dient, ist nicht nur eine Perspektive für die durch Krieg und Pogrome verfolgten Menschen im Mittleren Osten, sondern weltweit. Ein wichtiger historischer Abschnitt auf dem Weg dorthin wird in diesem Buch, wenn auch sehr subjektiv, beschrieben.

Anja Flach, Juli 2015

Vorwort

Es ist nicht einfach, die Freiheitsbewegung des kurdischen Volkes, die PKK, mit all ihren Besonderheiten, ihren historischen, politischen, kulturellen und gesellschaftlichen Entwicklungen darzustellen. Denn wie die Geschichte des kurdischen Volkes von seiner Blütezeit in den Anfängen der Menschheitsgeschichte, dem neolithischen Zeitalter, bis hin zur Konfrontation mit den bis heute andauernden Vernichtungs- und Verleugnungspolitiken unterschiedlicher Staaten viele Besonderheiten aufweist, so kann auch der Aufbau der kurdischen Freiheitsbewegung nur schwer unmittelbar mit den Befreiungskämpfen anderer Völker verglichen werden. So wie die Bewegung ihre strategische und politische Entwicklung stets in einen Kontext mit den historischen Erfahrungen fortschrittlicher, internationalistischer Bewegungen stellte, brachte sie zugleich die Fähigkeit hervor, ihre Analyse und ihren Kampf anhand der besonderen Situation des kurdischen Volkes und dessen Beziehungen zu den anderen Völkern des Mittleren Ostens weiterzuentwickeln. Mit Hilfe dieser Herangehensweise wurde es ihr möglich, ständig neue Antworten auf die rasanten politischen Entwicklungen zu finden, die sich seit den 70er Jahren global vollzogen und auch den Mittleren Osten unmittelbar beeinflussten. Einer der bedeutendsten Erfolge dieser Bewegung ist es sicherlich, dass die Existenz des kurdischen Volkes, seine Identität, Kultur und Sprache heute von niemandem mehr geleugnet werden kann. Jedoch greift es zu kurz, die PKK allein in ihrer Rolle zu bewerten, die sie bei der Thematisierung der „kurdischen Frage" sowie der Entwicklung von praktischen und theoretischen Konzepten für ihre Lösung bis heute spielt.

Parallel zur Entwicklung des bewaffneten Guerillakampfes entstand eine Massenbewegung, begann eine soziale und kulturelle Umwälzung der kurdischen Gesellschaft mit dem Ziel, jenseits der alten feudalen Stammestraditionen und jenseits der chauvinistisch-nationalistischen Kolonialpolitik der herrschenden Staaten alternative, demokratische Wertvorstellungen in der eigenen Gesellschaft und im Zusammenleben der Völker zu verankern. Ein weiterer wesentlicher Unterschied zu anderen Bewegungen ist ihre Herangehensweise an den Frauenbefreiungskampf, der ein strategisches Hauptelement des Kampfes darstellt.

Dieser Prozess der geistigen und sozialen Umwälzung ist für Außenstehende häufig nur schwer wahrnehmbar, denn es fehlen Wissen, Zugänge und Vergleichsmöglichkeiten.

Zudem existieren in der deutschen Sprache bislang immer noch nur wenige Dokumente, die die unterschiedlichen Entwicklungsphasen des Kampfes sowie die Entwicklung der Individuen und der Gesellschaft darin authentisch darlegen.

Vor diesem Hintergrund soll das vorliegende Buch „**Jîyanekê din – ein anderes Leben**" ein Beitrag sein, der die Erfahrungen und Sichtweisen der Autorin widerspiegelt, die sich als Internationalistin über zwei Jahre hinweg in den Guerillaeinheiten der kurdischen Freiheitsbewegung aufhielt. In ihren Tagebuchaufzeichnungen schildert sie anhand von einzelnen Ereignissen, Darstellungen von Personen und des Alltagslebens bei der Guerilla wichtige Ausschnitte aus der ersten Entwicklungsphase des Freien Frauenverbands Kurdistans (YAJK) in den Jahren 1995 bis 1997 in den Bergen Kurdistans. Von den praktischen Schwierigkeiten beim Aufbau der ersten Frauenarmee-Organisierung über Diskussionen und Auseinandersetzungen, die deren Überwindung zum Ziel hatten, bis hin zu militärischen, organisatorischen und persönlichen Entwicklungen kommen viele bedeutende Momente dieses Prozesses zur Sprache. Wenn wir heute auf diesen Zeitabschnitt der Frauenorganisierung zurückblicken, können wir sehen, dass er eine sehr wichtige Entwicklungsphase der noch jungen Frauenbewegung der kurdischen Bewegung darstellt. Damals entwickelten viele Frauen erstmalig ein Bewusstsein für den Geschlechterwiderspruch, begannen den Kampf um die Befreiung ihres Volkes mit dem Kampf um ihre Befreiung als Frau zu verbinden. Dies war die Grundlage, auf der mit der Darlegung der Frauenbefreiungsideologie durch den Parteivorsitzenden der PKK, Abdullah Öcalan, am 8. März 1998 ein völlig neues Niveau in der

Auseinandersetzung mit dem Frauenbefreiungskampf und seiner strategischen, internationalistischen Bedeutung erreicht werden konnte.

Aufgrund seiner führenden Rolle in der Entwicklung des Kampfes bedeutete die Entführung und Auslieferung des Vorsitzenden Abdullah Öcalan am 15. Februar 1999 an die Türkei im Rahmen einer Geheimoperation insbesondere für die Frauenbewegung einen großen Schock. Doch gelang es dieser, ihre Entschlossenheit zur Weiterführung eines umfassenden Befreiungskampfes mit der Gründung der ersten kurdischen Frauenpartei, PJKK (Partîya Jinên Karkerên Kurdistan), bereits im März 1999 unter Beweis zu stellen. Trotz einiger Verlautbarungen, denen zu Folge es nun, angesichts der massiven äußeren Angriffe, nicht der richtige Zeitpunkt sei, sich mit dem Geschlechterkampf auseinander zu setzen, sahen die Frauen der PJKK ihre Aufgabe darin, ihre Organisierung auszuweiten und die Kontinuität ihrer Arbeit zu gewährleisten. Hiermit setzten sie ein deutliches Zeichen, dass sie sich nicht wieder in die Rolle abhängiger unmündiger Frauen in den patriarchalen Alltag der Gesellschaft zurückdrängen lassen werden, wie es so häufig das Schicksal von Frauen in anderen Befreiungsbewegungen war.

Dieser Ansatz, in dem zugleich die Analyse der globalen und nationalen, der geschichtlichen und gesellschaftlichen Entwicklungen von einem Frauenstandpunkt aus vertieft wurde, führte dazu, dass die Delegierten des III. außerordentlichen Kongresses der Frauenbewegung ihre Neuorganisierung unter dem Namen PJA (Partîya Jina Azad – Partei der Freien Frau) beschlossen. In diesem Rahmen wurden insbesondere wichtige Vorstöße für die Ausweitung der Frauenbefreiungsbewegung auf politischer, sozialer und internationaler Ebene entwickelt.

Auch wenn die bisherige ideologische, theoretische und praktische Arbeit der kurdischen Befreiungsbewegung, in der Begriffe wie Kollektivität und Freundschaft, Sozialismus und Internationalismus lebendig wurden, bislang schon weltweit das Interesse vieler Menschen geweckt hat, die auf der Suche nach einem anderen, freien Leben sind, so bietet dieser Ansatz der PJA noch umfassendere Möglichkeiten, mit der Umsetzung eines internationalistischen Frauenbefreiungskampfes hier und heute zu beginnen. Denn es ist auch der Kampf um unsere Freiheit, als Frau, als Mensch.

Ich wünsche mir, dass dieses Buch in dieser Hinsicht Anstöße zu weiterführenden gemeinsamen Diskussionen gibt. Es sollte uns auf der Suche nach Freiheit und Menschlichkeit Mut machen, über den Tellerrand Europas hinauszuschauen, neue Mittel und Wege zu verstehen und auszuprobieren.

Şervîn Mîroz

Nach Kurdistan

Aus der BRD sind Tausende nach Kurdistan gegangen, um dort zu kämpfen. Dafür gibt es viele Gründe. Das Leben in der Metropole bietet zwar viele Annehmlichkeiten materieller Art, aber das ist kein Ersatz dafür, was Menschen wirklich suchen und brauchen. Die meisten, die sich den PKK-Militanten in Europa angeschlossen haben, sind KurdInnen. Erst Anfang der 90er Jahre gingen auch kleine Gruppen von EuropäerInnen zur Guerilla.

Uns, einer kleinen Gruppe von Deutschen, wurde die Möglichkeit gegeben, für ein bis zwei Jahre den Kampf in den Bergen, ein neues Leben kennen zu lernen und danach unsere Arbeit hier in der BRD fortzusetzen.

Im Sommer 1995 machten wir uns auf den Weg in den Mittleren Osten, mit dem Ziel, in den Bergen Kurdistans zu leben, Teil der Guerilla zu sein und dort zu kämpfen. Wir waren eine zusammengewürfelte Gruppe von drei Frauen und drei Männern und kannten uns teilweise kaum. Unser erstes Ziel war die zentrale Parteischule der PKK in Syrien, wo wir drei Monate blieben, um an einer Ausbildungseinheit teilzunehmen und eine Broschüre zu erstellen. Unsere Gruppe schrumpfte noch einmal um die Hälfte, als wir im Herbst von dort nach Kurdistan aufbrachen, wo wir uns bis Ende 1997 in verschiedenen Gebieten als Teil der Guerilla aufhielten.

Kurdistan ist ein Land, das in der gewaltsam durchgesetzten Geographie des Imperialismus nicht existiert. Aber von Anfang an, seit der Teilung Kurdistans durch den Vertrag von Lausanne im Jahr 1923, konnte sich das Volk Kurdistans nicht damit abfinden, unter dem Kolonialismus zu leben. Die europäischen Großmächte hatten es unter der Türkei, dem Iran, dem Irak und Syrien aufgeteilt.

Der Mittlere Osten und auch Kurdistan ist von großer geostrategischer Bedeutung. Das Wasser des Euphrat und Tigris, die beide in Kurdistan ihren Ursprung haben, und Bodenschätze, vor allem Erdöl, stellen einen großen Reichtum dar. Unter Mustafa Kemal, genannt Atatürk, begann schon kurz nach der türkischen Republikgründung die Zwangsassimilation. Die kurdische Sprache wurde in der Türkei verboten, nach und nach wurde Kurdistan von der Landkarte gestrichen, indem Dörfer, Städte, Flüsse und Berge türkische Namen erhielten. Kurdische Kinder wurden von ihren Familien getrennt und in Internate geschickt.

Das Volk Kurdistans konnte sich nicht damit abfinden, ausgelöscht, verleugnet und vertrieben zu werden wie schon das armenische Volk Anfang des Jahrhunderts. Es führte Kämpfe und machte Aufstände, meist unter feudaler Führung, erlangte Erfolge und Niederlagen. Die kurdische Geschichte ist nicht nur eine Geschichte der Unterdrückung, sondern auch eine des Widerstandes.

In den 70er Jahren, als sich die antikolonialen Befreiungskämpfe vorübergehend in den drei Kontinenten gegen den Imperialismus durchsetzen konnten, organisierten sich auch die Unterdrückten in Kurdistan das erste Mal unabhängig von Stammes- und Clanzugehörigkeit. 1978, ein Jahr, bevor mit dem Sieg der FSLN in Nicaragua die Welle der siegreichen Befreiungskämpfe ihr vorläufiges Ende fand, wurde im türkisch besetzten Teil Kurdistans die PKK, die ArbeiterInnenpartei Kurdistans, gegründet. Der bewaffnete Kampf war in den 70er Jahren, in denen er seine Wurzeln hat, unausweichlich. Mit dem Militärputsch von 1980 hatte sich der reaktionärste Teil des türkischen Machtapparates durchgesetzt. Die gesamte Opposition wurde niedergeschlagen, Zehntausende, die Hoffnung aller Unterdrückten in der Türkei, wurden verhaftet. Das kurdische Volk war vor allem im türkisch besetzten Teil einer gnadenlosen Vernichtung ausgesetzt. Die untereinander gespaltenen und vom Feind gegeneinander ausgespielten kurdischen Stämme mussten unter einer Kraft vereinigt werden.

Die linken und revolutionären Parteien organisierten sich im Exil neu. Die PKK hatte einen Teil ihrer Kräfte schon vor dem Militärputsch ins Ausland zurückgezogen, um ihre KämpferInnen militärisch und politisch auszubilden. Der Mittlere Osten war entsprechend der Zweiteilung der Welt polarisiert. Auf der einen Seite standen Palästina, der Libanon, Syrien, der Jemen und Kurdistan, auf der anderen Seite Israel, Ägypten, die Türkei und Saudi-Arabien, das Standbein des Imperialismus im Mittleren Osten. Im Libanon stellte die palästinensische Befreiungsbewegung für die PKK Lager zur Verfügung. Im Sinne des Internationalismus kämpften Guerillas der PKK 1982 an der Seite der PalästinenserInnen gegen die Besetzung des Libanons durch die israelische Armee.

1984, am 15. August, begann die PKK nach einer Phase der Kontaktaufnahme mit der Bevölkerung mit mehreren koordinierten Angriffen auf militärische Einrichtungen den bewaffneten Kampf in Nordwestkurdistan (Südosten der Türkei). In wenigen Jahren entwickelte sie sich zu einer Armee mit zehntausend KämpferInnen. Schnell wurde sie im Zentralgebiet Kurdistans eine starke Kraft. Parallel zu den Erfolgen der Guerilla entstanden auch Volksaufstände, auf kurdisch „Serhildans“ genannt. Obwohl die Türkei neben den USA die größte NATO-Armee aufbaute, verankerte sich die PKK und ihre Guerilla immer stärker und gewann überall dort, wo KurdInnen leben. Die Besatzerstaaten vertrieben mehr als fünf Millionen Menschen aus Kurdistan, von denen ca. eine Million nach Europa kam und sich hier wiederum in der PKK organisierte. Auch das Verbot kurdischer Organisationen 1993 durch die BRD, wo nach wie vor die meisten KurdInnen innerhalb Europas leben, konnte dies nicht verhindern.

Trotz aller Repression wurden kurdische Zeitungen, ein Fernsehsender, legale kurdische Parteien und Organisationen gegründet. Seit 1993 forderte die PKK die Türkei und die Weltöffentlichkeit dazu auf, den Kurdistankonflikt politisch zu lösen, rief mehrmals einseitige Waffenstillstände aus. Aber es blieb ohne Resonanz.

Innerhalb der PKK wurde die kurdische Frauenbefreiungsbewegung aufgebaut. In Kurdistan, wo die Gesellschaft stark von Feudalismus und Islam geprägt ist, waren die Frauen völlig an den Rand der Gesellschaft gedrängt. Dennoch beteiligten sich von Anfang an Frauen als Militante. Anfang der 90er Jahre wurde die Basis dafür gelegt, eine Frauenarmee zu gründen. Die starke Beteiligung von weiblichen Guerillas, aber auch die Tatsache, dass die Volksaufstände in den kurdischen Städten vielfach von Frauen angeführt wurden und werden, hatten großen Einfluss auf die kurdische Gesellschaft. Ab 1991/92 schlossen sich tausende Frauen dem Guerillakampf an. Um sich der männlichen Kontrolle zu entziehen und den Frauenbefreiungskampf dadurch zu stärken, organisierten sie sich bald in eigenen Einheiten und beschlossen 1993 den Aufbau einer eigenen Frauenarmee.

Als ich 1995 zur Guerilla kam, hatte gerade eine große Anzahl von Frauen die Möglichkeit einer besonderen Ausbildung genutzt, um Führungsaufgaben innerhalb der Frauenarmee, der YAJK, zu übernehmen. Erste Erfahrungen in Fraueneinheiten waren bereits gemacht worden. In den 90er Jahren und bis heute steht die Geschlechterfrage, die Befreiung der Frau, an erster Stelle der Auseinandersetzungen innerhalb der PKK.

Für mich war die starke Thematisierung der Geschlechterfrage innerhalb der PKK ein wichtiger Grund, mich intensiver mit ihr auseinander zu setzen.

Meine Entscheidung, mich der Guerilla anzuschließen, fiel 1994, als ich das erste Mal Kurdistan besuchte. Newroz 1994 war ich mit einer Delegation nach Batman/Nordwestkurdistan gefahren. Trotz extremer Militärpräsenz in der Stadt konnten wir miterleben, dass das Volk die PKK mit aller Entschlossenheit unterstützte und trotz stärkster Repression nicht resignierte, sondern voller Kampfgeist war. In den Dörfern rund um Batman sagte man uns: „Grüßt unsere GenossInnen in Europa und richtet ihnen aus, dass wir nicht zurückweichen". Überall war uns das Siegeszeichen entgegengehalten worden, obwohl gleichzeitig BTR-60-Panzer aus der BRD hunderte Dörfer zerstörten. Ein deutscher Freund hielt sich zu der Zeit bei der Guerilla auf. Als er 1994 nach einem Jahr in die BRD zurückkehrte, schlug er uns vor, selbst für einige Zeit in die Berge zu gehen. Durch seine Kontakte hatten wir die Möglichkeit, GenossInnen von der PKK in der BRD kennen zu lernen. Wir begannen, uns intensiv mit dem kurdischen Befreiungskampf auseinander zu setzen und gründeten ein Komitee mit kurdischen und deutschen Frauen. So hatte ich die

Gelegenheit, eine ehemalige Guerillakämpferin kennen zu lernen. Mizgîn war Assyrerin, sie war schwer verletzt worden und hielt sich zur medizinischen Behandlung in der BRD auf. Durch ihre Berichte wurde das Guerillaleben für mich plastischer und vorstellbar. Ich begann, Kurdisch zu lernen, bereitete meine Familie darauf vor, dass ich für einige Zeit weg sein würde, und löste meine Wohnung auf.

Mitte der 90er Jahre, als wir uns entschlossen nach Kurdistan zu gehen, gab es in der Linken eine zunehmende Perspektivlosigkeit, die wir nicht akzeptieren wollten. Der Befreiungskampf in Kurdistan und in anderen Teilen der Welt zog uns an. Durch die große Gruppe der organisierten ExilkurdInnen besteht auch die Möglichkeit der direkten Auseinandersetzung mit dem kurdischen Befreiungskampf, seinen Organisationen und Mitgliedern. Die Schicksale der Völker der Welt sind miteinander verbunden; erlebt die Menschlichkeit in einem Teil der Welt eine Niederlage, ist es eine Niederlage für uns alle, erlebt sie einen Sieg, ist es unser aller Sieg. Als Deutsche sehen wir eine besondere Verantwortung, an der Seite der Kämpfenden zu stehen, denn es ist vor allem die deutsche Unterstützung, die das Militärregime in der Türkei seit Jahrzehnten auf den Beinen hält. Giftgas aus der BRD tötete 1988 Tausende von Menschen in Halepça, einer Stadt im irakischen Teil Kurdistans.

Es gab auch eine Reihe persönlicher Motive für meine Entscheidung, mich der kurdischen Guerilla anzuschließen. Ich wollte aus meiner engen Welt der linken Subkultur ausbrechen, meine eigene Kraft und deren Grenzen kennen lernen und über meinen Tellerrand hinaussehen. Ich wollte dabei sein, wenn in Kurdistan der neue Sozialismus und die erste Frauenarmee aufgebaut wird.

Als wir aufbrachen, kannte ich die kurdische Realität kaum, hatte mich noch nicht viel mit dem Mittleren Osten auseinander gesetzt. Die Sprache beherrschte ich nur mangelhaft. Wir konnten noch eine kurze Zeit in einer kurdischen Einrichtung in Belgien bleiben, wo die FreundInnen versuchten, uns schon etwas auf die Situation in den Parteieinrichtungen im Mittleren Osten vorzubereiten. Nachdem wir einen schriftlichen Bericht über die Gründe unseres Wunsches für die Teilnahme eingereicht hatten, wurde anhand von Gesprächen unsere Ernsthaftigkeit geprüft. Es dauerte noch einige Tage, bis unser Abreisetermin feststand und wir unsere Flugtickets in den Händen halten konnten.

Ich hatte mir schon vor unserer Abreise vorgenommen, Tagebuch zu führen. Das vorliegende Buch beruht zum größten Teil auf diesen Aufzeichnungen. Es war für mich sehr wichtig, vor allem, weil es meist keine Gelegenheit gab, in meiner deutschen Muttersprache zu kommunizieren. Meine Schwierigkeiten und Probleme konnte ich oft wegen mangelnder Sprachkenntnisse, aber auch wegen kultureller Missverständnisse, nur meinem Tagebuch anvertrauen. Vieles Schöne und Wertvolle ist daher vielleicht im Vergleich zu Problemen und Kritik nicht genug gewürdigt worden.

Da es Bücher nur in türkischer Sprache gab, die ich bis heute nur mangelhaft beherrsche, hatte ich oft auch nichts anderes zu lesen als mein Tagebuch. Das Wichtigste jedoch: die zwei Jahre in Kurdistan waren für mich sicher mit die schönsten und wichtigsten Erfahrungen in meinem Leben. Davon wollte ich so viel wie möglich festhalten.

Frühsommer 1995, Parteischule der PKK

Seit gestern Abend sind wir hier im Mittleren Osten. Freunde haben uns vom Flughafen abgeholt. Im Auto hängt am Spiegel ein kleines Portrait von Abdullah Öcalan. Wir sitzen im richtigen Wagen! Der Freund fährt aus der Stadt hinaus über die Autobahn. Unser Ziel: die Parteischule der PKK. Hier in Damaskus herrscht viel weniger Verkehr als auf europäischen Straßen. Vor einem Tor in einer kleinen Straße halten wir, Wachen öffnen. KämpferInnen in militärischer Kleidung stellen sich auf, um uns mit Handschlag zu begrüßen. Wir werden in einen Raum geführt, Tee und Essen werden gebracht, und uns bleibt ein wenig Zeit anzukommen, wir schauen uns um. Ein deutscher Freund, der schon lange in der Guerilla kämpft, kommt zu uns. Wir haben unzählige Fragen an ihn und er ist begierig, alles über die Lage in der BRD zu erfahren, über die FreundInnen dort, was wer macht und und und...

Er erklärt uns, dass wir eine Weile in der Parteischule bleiben werden. Zunächst werden wir an den Schulungen und Versammlungen teilnehmen, um so die Ziele und Strukturen der Partei kennen zu lernen. [Eigentlich sind wir davon ausgegangen, direkt in die Kampfgebiete in den Bergen zu gehen.] Wir wussten, dass es eine zentrale Parteischule der PKK im Mittleren Osten gibt, aber es war nie die Rede davon, dass wir dort unseren Aufenthalt beginnen.

Seit langem haben wir uns darauf vorbereitet, uns dem Kampf der ARGK, der Volksbefreiungsarmee Kurdistans, anzuschließen. Wir haben die Sprache gelernt und über den Sinn und Zweck unserer Teilnahme diskutiert. Es sind nicht wenige, die sich diesem Kampf anschließen, viele kommen aus Europa, die meisten sind natürlich KurdInnen. Häufig werde ich gefragt, warum sich eine Deutsche der kurdischen Guerilla anschließt? Aber wir sind nicht die ersten, die eine solche Entscheidung getroffen haben. Andere FreundInnen aus Deutschland sind in die Berge gegangen und haben nach ihrer Rückkehr über ihre Erfahrungen berichtet.

In der BRD gibt es keine revolutionären Organisationen mehr, die ernsthaft Antworten auf die vielen Probleme suchten. Deshalb war für uns klar: Wir müssen, um den revolutionären Kampf kennen zu lernen, in andere Länder gehen. Wir wollen eine Vorstellung davon bekommen, wie dieser Kampf entwickelt und geführt werden kann. Wir erhoffen uns, mit Abstand wieder einen klareren Blick auf die Situation und die Aufgaben der Linken in der BRD zu bekommen. In Europa haben wir die kurdischen FreundInnen als Menschen kennen gelernt, die alles für die Revolution geben, für die eine Trennung zwischen Privatem und Politischem nicht existiert. Auf Delegationsreisen nach Kurdistan haben wir gesehen, wie stark das Volk dem Kampf der PKK vertraut, dass diese Partei für sie die einzige und letzte Chance für ein Leben in Freiheit ist. Trotzdem haben wir viele Fragen, Zweifel, sicher auch einige Vorurteile. Wir kennen die PKK zu wenig, um ihr, wie das Volk Kurdistans, grenzenloses Vertrauen entgegenzubringen. Aber wir haben uns entschlossen, das Wagnis einzugehen.

Wir sind eine kleine Gruppe von Deutschen, die immer kleiner wurde, je näher der Beginn der Reise nach Kurdistan rückte. Jede/r von uns hat eine andere Geschichte, jede/r verbindet eigene Ideen und Vorstellungen damit, sich zu beteiligen, wir sind alles andere als eine homogene Gruppe.

Zum Zeitpunkt meiner Entscheidung, mich der kurdischen Guerilla anzuschließen, war ich in der BRD ohne Perspektive. Ich kann und will mich nicht dem allgemeinen Trend von Auflösung und Resignation unterwerfen. Seit Jahren habe ich keine verbindlichen Strukturen, um politisch zu arbeiten. Die Unorganisiertheit der Linken in der BRD, die überholten autonomen Rituale, das Verfangensein in der Niederlage und die Ignoranz gegenüber den Kämpfen um Befreiung überall auf der Welt haben mich dazu bewogen, Europa eine Weile den Rücken zu kehren.

Die Linke in Deutschland ist schwächer denn je und hat keine Antworten auf die brennenden Fragen, während der Kapitalismus seit der Niederlage des Realsozialismus auf ungebremstem Vormarsch ist. Der Mut der PKK, sich diesem Vormarsch zu widersetzen, beeindruckt mich. Ich habe etwas unausgegorene

Vorstellungen davon, was ich bei der PKK lernen will. Ich will entschlossener werden, meine Angst überwinden und vielleicht auch etwas „dem Feind direkt gegenüberstehen."

Keine/r von uns will für immer gehen, eine begrenzte Zeit, vielleicht ein, zwei Jahre, um dann in Europa einen Neuanfang wagen zu können. Wir hoffen, mit dem dann anderen Blick unser enges Denken zu überwinden, wieder besser zu verstehen und neue politische Handlungsmöglichkeiten zu finden.

Die Parteischule in Syrien ist eines der Zentren der PKK. Kader aus der ganzen Welt und aus dem Guerillakampf kommen dorthin, um die vorausgegangenen Kampfphasen zu bewerten und an Schulungen teilzunehmen. Auch neue KämpferInnen aus allen Teilen der Welt werden hier auf ihre Aufgaben vorbereitet. Der Parteivorsitzende Abdullah Öcalan gibt häufig selbst Unterricht oder diskutiert mit einzelnen GenossInnen. Eine Schulungseinheit dauert mehrere Monate.

Die Schule ist eine ehemalige Obstplantage, auf der sich einige einfache Gebäude befinden. Wir, etwa 60 Frauen, schlafen in einem großen Zelt auf dem Dach eines Wohnhauses. Jeden Morgen vor dem Frühstück wird ein Appell abgehalten. Wir stellen uns in Reihen auf, es wird durchgezählt, die Kommandantinnen geben Meldung, wer Wache hält, Küchendienst hat oder krank ist. Alle tragen ein grünes Hemd und eine grüne Hose, vermutlich Militärkleidung der syrischen Armee. Lange Haare werden zusammengebunden. In geordneten Reihen gehen wir zum Essen, das in Hockstellung in einer langen Reihe am Boden eingenommen wird. Meist gibt es eine Suppe zum Frühstück. Militärische Disziplin ist ungewohnt für uns, aber die KämpferInnen, die hier ausgebildet werden, gehen nach einiger Zeit in den Krieg. Wir müssen lernen, Bequemlichkeiten zu überwinden und uns einer militärischen Struktur unterzuordnen, von der möglicherweise bald unser Leben abhängt. Jede Anordnung, jeder Befehl muss sofort umgesetzt werden, ohne Diskussion. Soviel Vertrauen zur Kommandantin muss da sein.

Unser Freund aus Deutschland, den wir am Tag zuvor schon kennen gelernt haben, bereitet uns darauf vor, dass wir auf einer

Vollversammlung, die hier Plattform genannt wird, unsere offiziellen Aufnahmereden halten werden. Normalerweise gibt es hierfür einen Text, der vorgelesen und nachgesprochen wird. Aufgrund unserer mangelnden Sprachkenntnisse beschränken wir uns auf einige frei gesprochene Worte. [Wir versprechen, dass wir uns anstrengen werden, das Kollektiv hier in der Schule weiter zu entwickeln.] Ich bin sehr aufgeregt, die Atmosphäre ist feierlich und unterstreicht unsere ernsthaften Absichten. Ich stelle mich mit meinem neuen Namen vor, den mir eine Freundin noch in Europa gegeben hat: Pelda. Das Annehmen eines neuen Namens soll zum Ausdruck bringen, dass das Parteimitglied entschlossen ist, ein neues Leben zu beginnen, in dem die überkommenen Eigenschaften sozialisierter Persönlichkeitsstrukturen hinter sich gelassen werden.

In der PKK, so wird uns gesagt, richten sich 90 Prozent des Kampfes gegen die alte Persönlichkeit, den inneren Feind, und nur 10 Prozent gegen den äußeren Feind. Die Codenamen sind auch ein Schutz vor Verfolgung. Weil kurdische Namen in der Türkei verboten sind, stehen in den Pässen der meisten GenossInnen türkische Namen.

Pelda bedeutet „ein sich öffnendes Blatt“. Berîvan, die Freundin, die mir den Namen gegeben hat, war wohl der Meinung, dass ich mich dem Neuen mehr öffnen sollte, und außerdem wäre es ein moderner Name, der zu mir passen würde. Mir und den anderen in der deutschen Gruppe fällt es noch schwer, uns an die neuen Namen zu gewöhnen.

Der Parteivorsitzende ist gekommen. Er begrüßt alle Neuankömmlinge und stellt uns Fragen über die Situation in Deutschland, über unsere Vergangenheit und warum wir gekommen sind. Er sagt, dass uns hier keine Tür verschlossen bleiben wird, wir werden hinter jeden Vorhang sehen können und uns an allen Aktivitäten beteiligen. Zwischen uns InternationalistInnen und allen KämpferInnen soll kein Unterschied gemacht werden.

Wir sind nicht die einzigen Neuankömmlinge. Am selben Tag wie wir ist auch Heval Zîlan angekommen. Heval ist kurdisch und bedeutet Freund oder Freundin. Heval wird dem Namen aller

GenossInnen vorangestellt und bringt die Verbundenheit untereinander zum Ausdruck.

Heval Zîlan hat 16 Jahre seines Lebens in türkischen Gefängnissen verbracht. Er war erst 16, als man ihn noch vor dem Putsch 1980 festnahm. Es ist mir unangenehm, dass der Parteivorsitzende uns soviel Aufmerksamkeit schenkt. Was haben wir im Gegensatz zu Heval Zîlan bisher schon geleistet? Der Parteivorsitzende schlägt vor, die Zeit zu nutzen, um uns mit der deutschen Geschichte auseinander zu setzen und mit den Aufgaben der Linken in Deutschland. Darauf war ich nicht vorbereitet, sind wir doch von dort weggegangen, um eine andere Realität kennen zu lernen. Von Deutschland wollte ich erst mal nichts mehr wissen.

Die Freundinnen und Freunde in der Schule stellen uns viele Fragen. Über die deutsche Geschichte wissen sie teilweise mehr als wir. An vielen Punkten stellen wir fest, dass unsere Vorstellung von den Aufgaben revolutionärer Politik in der BRD von einer beschränkten Perspektive bestimmt ist, denn auf viele Fragen wissen wir keine Antwort oder wir haben sie uns nie ernsthaft gestellt. Die Frage der revolutionären Führung ist nur eine davon.

Zwei FreundInnen werden bestimmt, uns zu speziellen Themen zu unterrichten. Dazu gehört auch, die Analysen der Parteiführung für uns ins Deutsche zu übersetzen. Auch Interviews, die wir mit GenossInnen führen, werden für uns übersetzt. Unser Interesse gilt besonders denjenigen, die lange Jahre im Gefängnis waren und schwerste Folter überlebt haben. Auch sie lernen die PKK neu kennen. Als sie sich der Partei angeschlossen hatten, war die PKK noch eine kleine Gruppe, jetzt ist sie eine Massenorganisation mit Zehntausenden von Mitgliedern und Millionen von UnterstützerInnen.

In der Schule sind viele Freundinnen aus allen Kampfgebieten, die am Frauenkongress teilgenommen haben. Der Kongress hat vor einigen Monaten im Kampfgebiet in Nordwestkurdistan stattgefunden. Einige hundert Kämpferinnen haben die Situation der Frauen in Kurdistan und in der PKK analysiert und Perspektiven für den Kampf entwickelt.

Schon seit einigen Jahren haben sich die Frauen in der Guerilla und überall, wo es Parteistrukturen der PKK gibt, in von Männern getrennten Strukturen organisiert. Auch in der BRD haben wir schon mit der YAJK, Yeketîya Azadîya Jinên Kurdistan, dem freien Frauenverband Kurdistans, zusammengearbeitet. Ziel der YAJK ist es, jeder einzelnen Frau die bestmöglichen Entwicklungschancen zu geben. Um sich von den feudal und patriarchal geprägten Gesellschaftsstrukturen zu befreien, sieht die YAJK es als unerlässlich an, dass die Frauen in eigenen Organisationen arbeiten und kämpfen. Heval Rahşan übersetzt Auszüge des YAJK-Manifestes für uns. Das Manifest, welches auf einem Kongress verfasst wurde, beinhaltet eine umfangreiche Analyse der Situation der Frau in Kurdistan. Einer der Kernpunkte ist, dass Frauen auch in der Guerilla nicht bereit seien zu lernen, initiativ zu werden, Verantwortung zu übernehmen, Entscheidungen zu treffen, solange sie zusammen mit Männern organisiert sind. Immer wieder würden sie sich ihrer Erziehung entsprechend unter die Kontrolle des Mannes begeben. Die Frauenbefreiungsorganisation hat enorme gesellschaftliche Bedeutung. Das Ziel ist, dass die Frauen zunächst die Führung des Kampfes übernehmen und definieren, wie die neue Gesellschaft nach den Bedürfnissen der Frau aufgebaut werden soll. Die Frauenarmee hat deshalb strategische Bedeutung. Ich bin sehr beeindruckt. Die Frauen haben ihre Lage erkannt und den Weg in die Zukunft genau bestimmt. Ich mache viele Interviews mit Freundinnen. Sie erzählen mir über ihr Leben in den Dörfern, auf der Universität, bei der Guerilla, in den Gefängnissen. Alle berichten, dass es Abdullah Öcalan war, der die Frauen dazu angehalten hat, ihr Schicksal in die eigenen Hände zu nehmen. Ich will diese Tatsache nicht einfach glauben und frage immer wieder nach den Frauen in der Parteigeschichte. Die Freundinnen erklären die Rolle des Vorsitzenden mit der Realität Kurdistans, in der die Frau völlig an den Rand gedrängt war und aus eigener Kraft keinen Aufbruch schaffen konnte. Erst der Befreiungskampf hat ihnen diesen Weg geöffnet.

Newroz sagt: „Ich wollte einfach nur mitleben, keine Verantwortung übernehmen. Erst auf dem Frauenkongress habe ich begonnen, die Frau zu sehen, wie sie wirklich ist." „Wenn wir es nicht schaffen, die kurdische Frau zu befreien, haben wir gar nichts gewonnen", sagt Abdullah Öcalan. Mit dem Frauenkongress wurde beschlossen, dass die bis dahin schon gegründeten Fraueneinheiten eine zentrale Frauenführung wählen, die die Einheiten in einer selbstständigen Armee, parallel zu den Männereinheiten, befehligt.

Die Freundinnen berichten über den langen Weg, den die Frauen in der PKK schon zurückgelegt haben und wie viele kleine Schritte notwendig waren, um eine Akzeptanz für weibliche Kämpferinnen innerhalb der Bevölkerung zu erreichen. „Die PKK nimmt sich große Aufgaben vor, und dann beginnt sie mit unermüdlicher Kleinarbeit, dieses Ziel umzusetzen. Trotz Niederlagen und Irrwegen verliert sie nie das Ziel aus den Augen, bis sie es erreicht hat," sagt mir Nujîn.

In Kurdistan hat gerade, Frühjahr 1995, der 5. Kongress der PKK stattgefunden. Handlungsstrategien wurden erarbeitet, um in Zukunft noch effektiver agieren zu können. Kommandantinnen und Kommandanten aus allen Kampfgebieten sind in der Parteischule. Eine Stimmung des Aufbruchs und der Begeisterung ist überall spürbar.

Die FreundInnen nennen ihre Zeit in der Parteischule „Intensivierung". Die Arbeitsatmosphäre ist so produktiv, dass alle Schwierigkeiten des Kampfes und des kollektiven Lebens zutage kommen und analysiert werden können. Die FreundInnen betonen, dass es vor allem die Klasseneigenschaften des „alten Lebens" sind, die uns im Wege stehen, wenn wir uns zu RevolutionärInnen entwickeln wollen. Ich verstehe nicht. Erdal gibt Beispiele: „Als ich neu war, habe ich mich immer nach meinem warmen Bett gesehnt, ich wusste immer alles besser. Später schämt man sich dann dafür, wie oberflächlich und egoistisch man am Anfang war." Auch der Parteivorsitzende beteiligt sich an den Analysen. Er führt lange Gespräche mit den GenossInnen, die vor der gesamten Plattform, also allen anwesenden KämpferInnen, stattfinden.

In Deutschland hatte ich große Vorurteile hinsichtlich der Rolle des Parteivorsitzenden der PKK. Die einseitige Berichterstattung um den „Personenkult", der angeblich um ihn betrieben wird, ist auch an mir nicht spurlos vorübergegangen. Jetzt lernen wir ihn als einen Menschen kennen, der sein Leben der Revolution gibt, der jeden Tag nur wenige Stunden schläft und keine Minute alleine ist. Täglich kommen BesucherInnen, VertreterInnen von Regierungen und Organisationen, JournalistInnen aus der ganzen Welt, um sich mit ihm zu treffen, Verhandlungen und Gespräche zu führen. Die Berichte aus Kurdistan und den Exilvertretungen laufen hier zusammen und der Vorsitzende hat die Aufgabe, die Aktivitäten gemeinsam mit den GenossInnen zu bestimmen. Heval Kazim, ein Genosse aus Dersim (türkisch Tunceli), beschreibt die Aufgabe der Führung folgendermaßen: „Die PKK ist wie eine glitschige Seife, die Führung steht auf dieser Seife und von allen Seiten wird an ihr gezogen. Sie muss sich behaupten und darf nicht herunterrutschen."

Mir ist es immer noch unheimlich, dass Abdullah Öcalan so im Zentrum des Kampfes steht. Allerdings sehe ich seine Rolle jetzt weniger als ein Privileg, sondern eher als Bürde und Verantwortung, die niemand sonst übernehmen will und möglicherweise auch nicht kann. Ich möchte nicht mit ihm tauschen. Serok, wie Abdullah Öcalan hier genannt wird, steht für große Glaubwürdigkeit , weil wir sehen, wie intensiv er arbeitet. Laut Statut ist die Parteiführung eine Institution, er steht weniger für die Partei, als dass er vielmehr die Partei ist.

Die Rolle der Führung ist eine der zentralen Fragen im Unterricht. Der revolutionäre Kampf braucht eine Führung, die die Situation ständig analysiert, die dem Feind immer einen Schritt voraus ist. Die Tatsache, dass wir in der PKK-Parteischule am Unterricht teilnehmen können, bedeutet auch, dass unsere Verantwortung wächst. Die Partei gibt uns eine Chance, sie kennen zu lernen, von ihr zu lernen, eine Möglichkeit, die bisher nur wenige EuropäerInnen hatten. Auch in der BRD ist die einzige ernst zu nehmende revolutionäre linke Kraft die PKK, sie ist die einzige Organisation, die in kürzester Zeit Massen mobilisieren kann, die sich Strukturen geschaffen hat, in denen sie handlungsfähig ist. Revolutionäre Führung ist auch ein Thema, mit dem wir uns zu wenig befasst haben. Bei genauer Betrachtung ist dies auch die Hauptschwäche der Linken in der BRD: zersplitterte Gruppen, die sich ziellos immer weiter ins Abseits manövrieren.

Am Ende jeder Unterrichtseinheit, die etwa drei Monate dauert, wird eine Versammlung veranstaltet, die „Selbstkritikplattform". Gemeint ist Selbstkritik an der eigenen Praxis. Die FreundInnen, die am längsten in der Partei sind und als Verantwortliche in den verschiedenen Gebieten gekämpft haben, müssen sich detailliert über ihre Praxis äußern. Da KommandanInnen aus allen Kampfgebieten in der Parteischule sind, wird die Praxis der gesamten Guerilla anhand dieser Selbstkritiken analysiert. Vieles ist vorher schon in Gruppen diskutiert worden, nun kommen alle Fehler und Mängel, die im Alltag des Kampfes zutage getreten sind, öffentlich zur Sprache. Warum wurden in einigen Gebieten militärisch keine Fortschritte gemacht, warum sind FreundInnen gefallen, warum wurde die Frauenarmee nicht überall aufgebaut? Die Fehler werden vor allem in der Persönlichkeit der KommandantInnen und KämpferInnen gesehen. Strukturen aus dem alten Leben wurden weitergelebt, feudale oder kleinbürgerliche Haltungen und Sichtweisen nicht überwunden und genau das wird als größtes Hindernis zur Umsetzung der Ideen der Partei gesehen. „Nicht die einzelne Person wird verurteilt, sondern die Klasse, nicht der Moment, sondern die Geschichte", wird uns gesagt. Immer wieder wird der Kampf gegen die Klasseneigenschaften betont. [Mit der Frage, ob meine kleinbürgerliche Herkunft Einfluss auf meine Persönlichkeit hat, habe ich mich noch nie auseinandergesetzt.] Hier wird immer wieder diskutiert, dass der innere Klassenkampf geführt werden muss, dass wir, um eine sozialistische Gesellschaft zu erreichen, selbst einen harten Kampf mit den eigenen negativen Persönlichkeitsstrukturen führen müssen.

Ich bin sehr schockiert. So harte Kritiken, es sind doch FreundInnen, GenossInnen! Selbst ein Mitglied des Zentralkomitees muss sich vor der gesamten Plattform verantworten. Einige Freundinnen, die ihn gut kennen, kritisieren seine Haltung gegenüber Frauen, er nehme sie nicht richtig ernst und würde sie nicht genug unterstützen. Seine Selbstkritik wird nicht akzeptiert, er muss noch mal einen Bericht schreiben. Die Freundinnen sagen, „er geht zu liberal mit sich um". Gemeint ist, dass er seine eigenen

Fehler nicht entschlossen genug zur Sprache bringt und verurteilt. Ich bin verwundert und gleichzeitig sehr beeindruckt, dass jemand, der so lange in der Partei ist, hier von allen offen und radikal kritisiert wird, vor allem davon, dass seine Haltung zum Aufbau der Frauenorganisation Thema der Kritik ist.

Nach dem Ende der Versammlungen beginnt das Abschied nehmen, denn die Gruppen, die ihre Selbstkritik geleistet haben, werden nach Kurdistan, „ins Land", gehen. Die FreundInnen sind erwartungsvoll und glücklich, es gibt Tränen und Freudenrufe. Auch mir ist gleichzeitig schwer und leicht ums Herz. Schwer bei dem Gedanken, dass ich viele wohl nie wieder sehen werde, froh, weil ich weiß, wie sehr sich alle darauf freuen, endlich das praktisch umzusetzen, was hier theoretisch erarbeitet worden ist. Heval Newroz und Heval Zozan, zwei Frauen aus Botan, einem Gebiet, das die Städte Eruh, Siirt, Şirnak und Beytüşşebab in Nordwestkurdistan umfasst, gehören auch zu dieser Gruppe. Sie haben mich besonders begeistert. Frauen vom Dorf, die keine Schulbildung besitzen, aber die sich hier in der Schule mit aller Kraft dafür eingesetzt haben, alles zu verstehen und so viel Wissen wie möglich in sich aufzusaugen. Heval Newroz hatte in jeder freien Minute ein Buch in der Hand und sich stockend daraus vorgelesen.

Jeden Tag werden die Nachrichten aus dem Land vorgelesen. Am 26.8.1995 kommt die Nachricht, dass Gruppen in ganz Südkurdistan, dem irakisch besetzten Teil Kurdistans, in einer koordinierten Aktion Stellungen und Kasernen der KDP, der Demokratischen Partei Kurdistans, angegriffen haben. Die KDP unterstützt die türkische Armee bei Operationen gegen die PKK. So verhindert sie eine revolutionäre Entwicklung in Südkurdistan, ein Zusammenwachsen der Kämpfe im türkisch und irakisch besetzten Teil des Landes. Es ist eine Politik der Kollaboration mit den Besatzern, die in Kurdistan leider eine lange Tradition hat. Immer wieder ließen sich kurdische Stämme und Fürsten von den Unterdrückern kaufen und kämpften gegen das eigene Volk. Der Grund für diese negative Tradition sind die feudalen Stammesstrukturen, die vor allem in Südkurdistan noch nicht überwunden sind und es der türkischen Armee und ihren

Unterstützern leicht machen, kurdische Clans gegeneinander auszuspielen. Besonders Barzanî, der Führer der KDP, der Teile Südkurdistans kontrolliert, ist in jeder Hinsicht abhängig von den USA und Großbritannien, die seine Partei auch finanziell unterstützen.

Auch unsere Gruppe ist jetzt bereit aufzubrechen. Ich bin sehr aufgeregt. Abends kommen Arîya und Şerges in die Parteischule zurück, die beide schon lange hier im „Kleinen Süden“, dem syrischen Teil Kurdistans, sind und ein Buch über Frauen im Kampf geschrieben haben. Viele Frauen, die Kommandantinnenaufgaben in der YAJK übernehmen sollen, haben Gelegenheit zu dieser „Intensivierungsphase“. Seit dem Beschluss für den Aufbau der Frauenarmee sind Frauen besonders gefördert worden, damit sie als Kommandantinnen eingesetzt werden können. Vor dem Frauenkongress bereitete sich eine große Gruppe Frauen in der Parteischule und an anderen Orten intensiv darauf vor. Ein ganzes Jahr wurde diskutiert, gelesen und geschrieben und die Inhalte des Kongresses vorbereitet, der die Gründung der Frauenarmee eingeleitet hat.

Arîya und Şerges werden unsere Kommandantinnen sein. Sie zeigen mir Fotos aus der Parteiwohnung, wo sie oft Gelegenheit hatten, mit der Parteiführung zu diskutieren.

Jetzt ist endlich der Moment gekommen, auf den ich mich zwei Jahre vorbereitet habe. Die größten Probleme habe ich mit der Sprache. In der Schule wird viel Türkisch gesprochen; mein Kurdisch ist noch unzulänglich. Zwar gibt es auch eine kurdischsprachige Parteischule, aber wir waren die ganze Zeit in der türkischsprachigen, weil hier viele Freundinnen aus Europa sind, die teilweise für uns übersetzt haben.

Ich schreibe noch schnell Briefe nach Hause, an meine Freundinnen und meine Familie. Am Morgen des Abschieds gibt es noch ein Essen mit dem Vorsitzenden, vor Aufregung bekommen wir kaum etwas herunter. Er spricht mit jeder/m noch einmal persönlich und umarmt jede und jeden zum Abschied.

Oktober 1995, Aufbruch

Mit dem Zug geht es in eine Stadt im Osten, wo wir noch einige Tage warten sollen, bis es wirklich losgeht.

Wir werden bei Familien untergebracht, Rûken, Mahabat und ich. Natürlich fällt es uns sehr schwer, jetzt, so kurz vor dem Aufbruch, die ganze Zeit in einem Haus quasi eingesperrt zu sein. Für die Töchter der Familien ist dies allerdings lebenslanger Alltag. Zuerst leben sie abgeschirmt in ihrer eigenen Familie, später in der Familie des Ehemanns. Mahabat erzählt viel über ihre Jahre in der Guerilla, sie war lange in Serhat, einem Gebiet in Nordwestkurdistan am Araratberg, das für den Guerillakampf wegen der harten Bedingungen als sehr schwierig gilt.

Der Freund, der uns betreut und mehrmals am Tag vorbeikommt, erzählt uns, dass die Aufgabe der GenossInnen hier darin besteht, den Kontakt mit der Bevölkerung zu suchen. Immer wieder werden Familien besucht, wird mit ihnen über die Ziele der Partei geredet und versucht, sie zu organisieren. Seit zwanzig Jahren ist die Partei im Kleinen Süden innerhalb der Bevölkerung aktiv. Viele kurdische FreundInnen aus den Metropolen leben hier eine Weile, nicht nur um Kurdisch zu lernen, sondern auch um das eigene Volk kennen zu lernen, „die Realität des Volkes" – wie hier gesagt wird. Sie sollen die eigenen Wurzeln kennen lernen, ihre eigene Identität finden und durch das Leben im Volk auch die Selbstentfremdung überwinden.

Umgekehrt geben viele Familien, nachdem sie die Richtigkeit der Ziele der Partei erkannt haben, ihre Kinder zur Guerilla. Sie beginnen, die Partei finanziell zu unterstützen, stellen ihre Wohnungen und Häuser für Versammlungen zur Verfügung oder beginnen selbst, in der Bevölkerung Überzeugungsarbeit zu leisten. Vor allem für die Frauen findet damit eine radikale Veränderung ihres Lebens statt. Die FreundInnen wohnen selbstverständlich bei Familien, denn sie haben keine eigenen Wohnungen, keinen eigenen Besitz. Auch viele Verletzte, ehemalige Guerillas, vor allem diejenigen, die durch Minen ein Bein verloren haben, leben hier in der Bevölkerung. Jetzt, wo sie nicht mehr am bewaffneten Kampf teilnehmen können, vertreten sie im Kleinen Süden, im syrisch besetzten Teil Kurdistans, die Partei. Die Bevölkerung wendet sich in vielen Fragen an die PKK, zum Beispiel zieht man nicht vor Gericht, wenn ein Streit geschlichtet werden muss, sondern bittet die Partei um Hilfe. Oft hören wir, dass früher schon Kleinigkeiten zu blutigen Auseinandersetzungen zwischen den Familien geführt haben, auch wenn es sich z. B. nur um ein verlorenes Tier handelte. Die Partei schreibt den Menschen nicht vor, wie sie leben sollen, vielmehr tragen die FreundInnen durch ihr eigenes Vorbild neue Werte in die Gesellschaft, die nach und nach übernommen werden. Kinderheirat, Polygamie und Gewalt gegen Frauen nehmen mit der Zeit ab, bis sie in den Familien, die der Partei nahe stehen, ganz aufhören. Es gibt jährlich gemeinsame kollektive Arbeitseinsätze, mit denen ein Teil der Parteiarbeit finanziert wird. Die Verbundenheit der Familien mit dem Kampf ist sehr stark, und obwohl der Krieg in diesem Teil Kurdistans nicht direkt präsent ist, gibt es in fast allen Familien Gefallene.

Abends holen Freunde uns ab. Wir fahren, alle in einen Kleinbus gepfercht, entlang der stark abgesicherten Grenze zur Türkei. Nach einer Weile fährt der Bus auf einen Hof. Dort treffen wir zu unserer Verwunderung zwei unserer deutschen Freunde. Wir dachten, sie wären längst „im Land“. Beide sind krank geworden, haben Durchfall, sehen abgemagert und blass aus. Sie überlegen, nicht mitzugehen, wenn die Gruppe sich morgen Abend auf den Weg macht. Da sie sich schwach fühlen, befürchten sie, nicht laufen zu können und den Freunden zur Last zu fallen. Eine schwere Entscheidung, denn es ist klar, wenn wir jetzt nicht gehen, wird es vielleicht keinen Weg mehr geben. Der Winter wird bald anbrechen, wir sind die letzte Gruppe in diesem Jahr. Es ist schon spät. Wir sprechen mit der anderen Gruppe, die schon einmal vergeblich versucht hat, die Grenze zu überqueren. Sie ist in einen Hinterhalt der KDP geraten und musste wieder umkehren. Der Weg zur Grenze war sehr hart, erzählen sie, viele hatten Schwierigkeiten mitzukommen. Für einen Weg, für den fünf Stunden veranschlagt waren, haben sie zwölf gebraucht. Der

Hinterhalt hat die Gruppe auseinander gerissen, einige waren schon auf der anderen Seite des Tigris, die anderen mussten umkehren. Einige Freunde sind in den Wirrnissen verloren gegangen, und man weiß nicht, wo sie sind. Zu ihnen gehört auch ein deutscher Freund, Zana.

Da wir erst einmal nichts tun können, versuchen wir in einer Art Stall zu schlafen. Allerdings ist das gar nicht so einfach. Zu groß ist die Ungewissheit, was uns erwartet. Ich bin voller Zweifel, voller Ängste, aber auch voller Erwartung, was die Zukunft bringt.

Die Uniformen und Waffen werden verteilt. Außerdem bekommen wir einen Şutik, einen bis zu 10 Meter langen dehnbaren Stoffstreifen, der um die Taille gewickelt wird, um die Nieren zu schützen, den Rücken gegen die Munitionstaschen abzupolstern und zu entlasten. Ich stelle mich ungeschickt an. Eine Freundin hilft mir, aber sie wickelt den Şutik so eng, dass ich nicht mehr atmen kann. Erst kurz vor dem Abmarsch wickele ich das Ding noch mal neu. Die Patronen werden geputzt und in die Magazine gesteckt. Alles ist neu für uns. In der Parteischule wurde uns zwar einmal gezeigt, wie eine Kalaschnikow auseinander genommen wird, aber eine richtige militärische Ausbildung haben wir noch nicht erhalten. Die Kalaschnikow wird von dem Fett gereinigt, das sie im Depot geschützt hat. Ich bekomme nur zwei Magazine, obwohl sonst vier üblich sind. Die meisten aber erhalten gar keine Waffen und Munition, weil sie beim ersten Versuch, die Grenze zu überqueren, Schwierigkeiten hatten und jetzt möglichst wenig tragen sollen. Gegen Abend muss alles fertig sein. Wir werden in Gruppen eingeteilt: Takim (=Zug)-Kommandantin ist Heval Newal, Manga (=Gruppen)-Kommandantinnen sind Heval Faraşîn und Heval Şergeş. Der verantwortliche Kommandant Heval Kazim hält noch eine kurze Rede: Wer nicht mitlaufen kann, soll es jetzt sagen. Auch gibt er zu bedenken, dass diese Gruppe die letzte sein wird, die dieses Jahr ins Kampfgebiet geht. Unsere beiden deutschen Freunde haben sich entschlossen, doch mitzugehen. Heval Kazim erklärt die Regeln für den Marsch und endlich geht es los. Wir steigen auf einen LKW, sitzen dicht gedrängt. Ein unbeschreibliches Gefühl: jetzt wird's ernst, es gibt kein Zurück mehr, wir gehen in den Krieg – nach Kurdistan. So lange habe ich darauf gewartet und jetzt bekomme ich Angst vor dem eigenen Mut. Angst, Aufregung, alle Gefühle purzeln durcheinander. Alle schweigen und harren der Dinge, des Unbekannten, das jetzt auf uns zukommt.

Der Weg zum Zap

Nach etwa einer halben Stunde steigen wir vom LKW, stellen uns in der vorher abgemachten Marschordnung auf und beginnen ziemlich zügig loszulaufen. Unsere Gruppe besteht aus ca. 40 Personen. Die meisten sind neu und unerfahren. Der Untergrund ist unwegsames Ackerland, es geht über Stock und Stein. Ich denke: wie soll ich das Tempo durchhalten? Nach etwa einer Stunde die erste Pause, alle fallen erschöpft auf die Erde. Wieder eine Rede von Heval Kazim: Wer nicht laufen kann, soll jetzt zurückgehen, zur Sicherheit aller. Ich bezweifle, ob ich dieses Tempo weiter durchhalten kann. Ist es unverantwortlich weiter zu gehen? Zwei aus der deutschen Gruppe entschließen sich zurükkzugehen. Übrig sind jetzt nur noch Rûken, Sîpan und ich. Zana ist bei der ersten Überquerung des Dicle (Tigris) verloren gegangen. Es bleibt mir keine Zeit, darüber nachzudenken, es geht weiter. Wir laufen in einem festgelegten Rhythmus, eine Stunde laufen, eine Viertelstunde Pause. In der Pause fallen wir einfach da, wo wir gerade stehen, auf den Boden und sitzen erschöpft in einer langen Reihe am Wegrand. Ich zähle ununterbrochen die Stunden, aber es macht keinen Sinn. Die Freundinnen sagen, manchmal dauere ein und derselbe Weg fünf Stunden, ein anderes Mal zwölf Stunden. Ich verknackse mir beide Knöchel, aber wir müssen weiter und irgendwie geht es auch. Der Weg ist eben, kaum Berge, aber der trockene Ackerboden hat große Risse, in denen der ganze Fuß verschwinden kann. Der „Entenmarsch", der Guerillamarsch, ist für mich schwer einzuhalten, denn es gibt eine feste Marschordnung. Eine Freundin, die hinter mir geht, ist übereifrig und tritt mir ständig in die Hacken.

Gegen Morgen erreichen wir ein kleines Tal. Hier soll geschlafen werden, bis es dunkel ist. Ich halte meine erste Wache, allerdings weiß ich nicht so recht, auf was ich achten muss. Es ist ein wunderschöner warmer Tag, grüne Wiesen, eine unglaubliche Stille. Wie ungewohnt es ist, vollständig bekleidet auf steinigem Untergrund zu schlafen, auch die Munitionstaschen und Schuhe dürfen wir nicht ablegen.

Am Abend, kurz vor dem Dunkelwerden, schleichen wir uns zum Fluss, hier sind die Freundinnen beim ersten Überquerungsversuch in einen Hinterhalt geraten. Noch immer wissen wir nicht, ob Zana, der bei dieser Überquerung verloren gegangen ist, mittlerweile wieder aufgetaucht ist. Hoffentlich ist er nicht dem Feind in die Hände gefallen. In Booten, die aus Verstecken geholt werden, setzen wir über, verstecken uns am anderen Ufer und warten auf die anderen. Wieder geht es über abgeerntete Felder, viele Stunden, die ganze Nacht. Die Kuriere sind mir unbegreiflich, wie orientieren sie sich? Es ist stockfinster und ich sehe nur mit Mühe die weißen Turnschuhe der Freundin vor mir.

Çiyayê Bêxêr, unser erstes Ziel auf irakischem Staatsgebiet, erreichen wir im Morgengrauen. Ich muss meine gesamte Kraft zusammennehmen, um weiterzugehen. Einige der Freundinnen lassen sich von den Männern mehr oder weniger den Berg hochziehen. Ich ärgere mich darüber. Ich denke, die Frauen sollten ein wenig mehr Willenskraft aufbringen, die Frauenarmee kann schließlich nicht an der Hand der Männer aufgebaut werden. Oben angekommen, gibt es nur etwas schmutziges Wasser, den Şutik neu wickeln, schlafen, es ist kalt.

Ich weiß nicht, wie viele Tage wir laufen, wir wechseln von einem Guerillastützpunkt zum nächsten. Es herrscht Krieg mit der KDP in Südkurdistan, der am 26. August 1995 mit einer Großoffensive der Guerilla begonnen hat. Auf dem Weg müssen wir deshalb auf Hinterhalte achten, vor allem in den Ebenen kauern wir uns in kleine Erdspalten, während die Späher den Weg prüfen. In der Ferne sehen wir abwechselnd die Lichter der südkurdischen Städte Zaxo und Dohuk. Wir kommen zum Çiyayê Spî, dem „weißen Berg". Immer wieder plagen mich Krämpfe in den Beinen, ich denke, gleich geht gar nichts mehr, aber es muss – und irgendwie geht es dann auch. Ich bewundere Heval Faraşîn. Obwohl sie erst 17 Jahre alt ist und wirklich noch wie ein kleines Mädchen aussieht, war sie schon eine Weile Zugkommandantin. Während die meisten der Frauen weder Tasche noch Waffe tragen und trotzdem klagen, trägt sie ihre Sachen und übernimmt sogar noch das Gepäck von den Freundinnen. Sie zeigt allen, dass unsere Ernsthaftigkeit auch daran gemessen wird, ob wir den Willen aufbringen, uns hier durchzukämpfen. Auch viele Männer haben Schwierigkeiten mit dem Laufen, aber der feudale Stolz hält sie davon ab, zu klagen oder sich auf den Boden zu werfen. Ich habe in der Akademie schon gesehen, dass die Botan-Frauen diesen Stolz auch haben: Heval Newroz hat trotz hohem Fieber nicht geklagt und ist nicht zum Arzt gegangen.

Ich kann es mir nicht abgewöhnen, dauernd zu fragen, wie weit es noch ist – eine typische Angewohnheit der Anfängerinnen. In den Pausen bin ich oft so erschöpft, dass ich mich nur noch hinsetze. Die ganze Zeit habe ich einen Stein im Schuh, der drückt. In der Pause bin ich dann froh, ausruhen zu können und, wenn es erlaubt ist, eine selbst gedrehte Zigarette zu rauchen, so dass ich den Stein ganz vergesse, bis es weitergeht. Ich will auf keinen Fall aufgeben, ich will auf meinen eigenen Beinen ankommen und nicht auf einem Esel. Ich möchte den FreundInnen nicht zur Last fallen und dieses Laufen ist ja schließlich ein Teil des Guerillalebens, was ich so gerne kennen lernen wollte.

Beim Aufstieg kommen uns Freunde entgegen, die uns unsere Taschen abnehmen. So weit kann es also nicht mehr sein, ich will meine nicht geben, aber der Freund überredet mich. Glücklicherweise, wie sich später herausstellt, denn es ist noch sehr weit, viele Stunden bergauf. Oben erwarten uns Freundinnen, machen Tee und Feuer. Ein gutes Gefühl, seit Tagen das erste Mal die Schuhe auszuziehen, in einer kleinen Höhle richtig schlafen. Eine Freundin heißt Leyla. Sie gefällt mir besonders, weil sie so ein strahlendes Lächeln hat. Es gibt einen großen Tabaksack, aus dem wir uns alle bedienen können. Ich fühle mich verdammt wohl, doch leider geht es schon bald weiter.

Der Weg führt durch ein wunderschönes Tal, durch das ein klarer Fluss fließt. An seinen Ufern wachsen Oleanderbüsche. Dann durch Dörfer. Die Menschen stehen vor den Türen. Wir ziehen in einer langen Kette vorbei, halten voneinander sehr großen Abstand, für den Fall, dass wir angegriffen werden. Ich möchte gerne mehr über die Menschen dort wissen und darüber, was sie wohl über uns denken? Leider können wir aus Sicherheitsgründen nicht halten, um sie kennen zu lernen.

Weiter die Straße entlang, es regnet, ist kalt, angeblich soll unser Stützpunkt ganz in der Nähe sein, aber wir laufen und laufen, bis wir völlig durchnässt sind. Dann endlich geht es runter von der Straße und bergauf – ein Feuer, dort sind die Freunde. Feuer bekommt für mich eine ganz neue Bedeutung: Es bedeutet nicht nur Wärme, es steht für die FreundInnen, die auf uns warten. Der Platz der Frauen ist noch ein Stück weiter oberhalb: Ein kleines Zelt mit einem qualmigen Feuer und eine kleine Höhle. Die Freundinnen haben Essen vorbereitet, es gibt Fleisch und heißen Tee. An Schlaf ist kaum zu denken, es ist einfach zu kalt. Morgens um fünf müssen alle aufstehen. Jede muss bereit sein, falls es zu einem Angriff kommt. Wir verlassen den Platz und gehen weiter nach oben, wo es sicherer ist. Ich lerne Heval Zozan kennen. Im Krieg wurde eines ihrer Augen verletzt und sie ist auf dem Weg in die Schule, wo sie vielleicht operiert werden kann. Sie gibt mir viele Tipps, für die ich ihr sehr dankbar bin: „Wenn du mehrere Paar Strümpfe trägst, verbrennen deine Füße nicht so leicht, mach' den Gurt vom Gewehr kürzer, dann kannst du es bequemer tragen."

Ich bitte um Erlaubnis, mir die Haare waschen zu dürfen. Erst viele Monate später begreife ich, wie leichtsinnig es ist, ganz alleine zum Fluss zu gehen. Bei einem Angriff würde ich allein und ohne Kleider da stehen. Mein Leichtsinn hat aber auch mit dem Sprachproblem zu tun. Es ist schwer, Unwissenheit durch Nachfragen auszuräumen. Oft fühle ich mich unsicher, kann vieles nicht einschätzen.

Unterwegs müssen wir einen Fluss überqueren, die Strömung ist stark, aber das Wasser nicht sehr tief. Gruppen werden zusammengestellt, wir sollen uns gegenseitig an den Händen halten. Ich gehe zwischen Heval Çetin und Heval Mazlum. Es ist schon ungewohnt, einen Mann an den Händen zu halten. Die Geschlechter leben getrennt voneinander und eine solche Nähe kommt mir langsam selbst schon ziemlich ungewöhnlich vor. Mazlum ist in Deutschland groß geworden. Er ist Türke und wurde in die Armee eingezogen. Nachdem er von dort desertiert ist, kam er zur Guerilla. Auch dort ist er wieder weggelaufen, entschloss sich aber kurz darauf, in die Parteischule zu gehen. Bei der Verabschiedung hat er zur Parteiführung gesagt, dass er unbedingt zur Guerilla will. Ich selbst hatte dabei kein gutes Gefühl, er kommt mir sehr durcheinander vor, scheint nicht zu wissen, was er will. Jetzt ist er völlig panisch, ruft mir die ganze Zeit zu, ich soll keine Angst haben und: „Gib mir deine Waffe." Dabei habe ich überhaupt keine Angst. Er zerrt an meinem Arm, hoffentlich reißt er uns nicht alle ins Wasser! Ich bin froh, als wir am anderen Ufer angekommen sind. Rahşan und ich verschwinden hinter einem Busch, um uns „zu öffnen", wie es hier unverfänglich heißt, wenn eine mal pinkeln muss. Wir wickeln den Şutik neu, zum Glück ist es dunkel.

Guerilleras beim Wickeln des Şutik

Haftanîn

Es geht weiter nach Haftanîn, einem Gebiet an der Grenze zwischen dem türkisch und dem irakisch besetzten Teil Kurdistans. Ein wunderschöner Sonnenaufgang begleitet unser Eintreffen und Freundinnen kommen, um uns zu begrüßen. Das erste Mal sehe ich eine Frau eine Bikisî tragen, das schwere Maschinengewehr, ganz locker läuft sie vor mir her. In einer Pause lasse ich meine Tasche stehen, ohne es zu merken. Eine Freundin hat sie mitgenommen – wie peinlich, alle lachen, wenigstens habe ich nicht die Waffe stehen gelassen, das wäre wohl noch peinlicher. Unten im Tal findet ein Tören, Appell, statt, Zekî, ehemaliges ZK-Mitglied begrüßt uns. Alles beginnt an mir vorbeizurauschen. Ich denke nur, hoffentlich ist das bald zu Ende, ich will mich setzen. Das letzte Stück bergauf kann ich kaum noch gehen, möchte mich auf den Boden werfen und heulen. Heval Xalîl, dem Kameramann aus der Parteischule, geht es wohl ähnlich. Völlig erschöpft wird er von einem Freund den Berg hochgezogen. Wie hat er es bloß hierher geschafft, mit einer Videokamera, den Fotoapparaten und dem vielen schweren Zeug in der Tasche?

Auf einem Felsvorsprung können wir uns ausruhen. Vor wenigen Tagen ist die KDP in dieses Tal eingedrungen, aber die FreundInnen konnten sie zurückschlagen. Über 100 KDPler sind dabei getötet worden und sieben Freunde gefallen, erzählt mir Heval Hamza. Er war in der Gruppe, die vor uns aufgebrochen ist. Ich denke: „Jetzt sieht er schon aus wie ein richtiger Guerilla." Mit der Guerillauniform, sonnengebräunt und fröhlich ist er von den anderen nicht mehr zu unterscheiden, noch vor einigen Monaten sah er aus wie ein richtiger Student aus Europa. So nah ist der Krieg also. Alles um uns herum ist verwüstet, zerschossen, verbrannt. Wir hören eine gute Nachricht: Die Freunde, die im Hinterhalt der KDP verlorengegangen waren, sind wieder da! Zu ihnen gehört auch unser deutscher Freund Zana. Er soll in den Kleinen Süden, nach Syrien, zurückgekehrt sein.

Die Freundinnen kochen für uns. Obwohl sie selbst noch nichts gegessen haben, denken sie zuerst an uns, nicht nur, weil wir so lange gelaufen sind, sondern weil wir neu sind. Ich helfe beim Tomatenschneiden. Es gibt hier keine Lebensmittel, nur Tomaten von einem verlassenen Feld und Kräuter aus dem Bach. Die Versorgungslage ist jetzt, so kurz nach den Auseinandersetzungen mit der KDP, sehr schlecht. Die Freundinnen machen einen sehr guten Eindruck auf mich. Sie haben eine selbstbewusste Ausstrahlung, sind freundlich, offen, neugierig im positiven Sinn. Wenn ich Freundinnen kennen lerne, sprechen sie mich immer auf Türkisch an. Damit, dass ich Deutsche bin und Kurdisch spreche, rechnet keine.

Die Höhle, in der wir schlafen können, ist die, in der der 5. Kongress stattgefunden hat. Die Parteikongresse finden in der Regel alle vier Jahre statt. Ein neues ZK wird gewählt und die Richtlinien des Kampfes für alle Gebiete werden bestimmt. Jetzt ist davon nichts mehr zu sehen, alles ist verwüstet. In dem Qualm unseres Feuers ersticken wir fast, aber immerhin ist es warm. Morgens habe ich starke Brustschmerzen, fast habe ich das Gefühl zu ersticken. Plötzlich Schüsse. Ein Panikgefühl breitet sich in mir aus: was ist los? Alle um mich herum bleiben völlig ruhig, es ist nur die Abschiedssalve für eine Gruppe, die in die Parteischule gehen wird, glückliche Gesichter. Sie werden den gleichen Weg gehen, den wir gekommen sind, und unterwegs noch weitere FreundInnen einsammeln. Heval Zozan aus Çiyayê Spî wird mit ihnen gehen.

Beim Aufbruch fehlt Rûkens Gewehr, Chaos entsteht, es taucht nicht wieder auf, gegenseitige Vorwürfe. Ich fand es schon vorher merkwürdig, dass sich Heval Newal mein Gewehr zur Wache mitgenommen hatte und es dann woanders abstellte, so dass ich es lange suchen musste. Das kann bei einem Angriff verhängnisvoll sein und ist eigentlich streng verboten. Als Kommandantin sollte sie ein Vorbild sein und nicht so arrogant und bequem. Wir müssen ohne das Gewehr weitergehen und auch Rûken bleibt zurück. Sie soll auf einem Maultier nachkommen, da sie in der Zwischenzeit krank geworden und völlig erschöpft ist.

Unsere nächste Station ist Kêşan. Die leuchtenden Herbstfarben sind so wunderschön, dass ich alle Anstrengungen vergesse. Große Platanen stehen an einem glasklaren Fluss. Das Dorf, das wir durchqueren, ist leer. Die Menschen sind sicher erst vor kurzem geflohen, vor den Häusern liegt noch das Holz, das sie für den Winter gesammelt haben. Das erste Mal sehe ich dort Milizen. Milizen sind bewaffnete Kräfte, die aber im Gegensatz zur Guerilla zeitweise bei ihren Familien leben. Ihre Arbeit ist für die Guerilla unverzichtbar, denn sie kennen die Situation in den Dörfern und stellen die Kontakte zum Volk her.

Ich werde mit Heval Rewşen zum Brotbacken eingeteilt. Da wir keine Erfahrung haben, stellen wir uns nicht besonders geschickt an. Der Teig wird zu flachen Fladen verarbeitet und dann auf einem gewölbten Blech von beiden Seiten geröstet. Sîpan hilft uns beim Feuermachen. Er stöhnt ein bisschen, wie anstrengend alles ist und wie lange es noch dauert, bis wir endlich am Ziel sind. Jammern ist in der Armee verboten, es zerstöre die Moral, heißt es. Wir müssen uns gegenseitig Kraft geben, niemals in Ausweglosigkeit verharren. Außerdem ist dieser Platz wunderschön, das Herbstwetter herrlich, die Sonne scheint, und die Bäume leuchten in allen Farben. Wenn erst der richtige militärische Alltag begonnen hat, werden wir uns nach so friedlichen Tagen zurücksehnen. Wir müssen erst noch lernen, dass es beim Marsch der Guerilla kein Ziel im Sinne eines festen Ortes gibt.

Kurz darauf findet das erste Tekmîl, eine Reflektionsrunde, statt. Das Tekmîl kennen wir schon aus der Akademie. Gruppenweise wird die Praxis seit dem letzten Treffen bewertet, dabei soll objektiv und selbstkritisch an die Probleme herangegangen werden. Es gibt einige Spannungen und die gilt es, zur Sprache zu bringen. Die neuen Freundinnen aus dem Kleinen Süden kritisieren die Leitung. Sie beschweren sich darüber, herumkommandiert zu werden. Die Leitung besteht zum größten Teil aus Frauen, die aus den türkischen Metropolen stammen, einige von ihnen haben Kampferfahrung, andere nicht. Die Kritikerinnen haben nicht ganz unrecht. Die Städterinnen legen teilweise tatsächlich eine etwas herablassende und arrogante Haltung an den Tag. Mir fällt es schwer, das Ganze überhaupt zu bewerten. Mich ärgert sowohl die Bequemlichkeit der meisten Freundinnen aus dem Süden als auch die Überheblichkeit einiger Freundinnen aus den Metropolen. Ein wirkliches Vorbild ist meiner Meinung nach die zweite Kommandantin Heval Mahabat, die sehr hilfsbereit ist und immer Zuversicht ausstrahlt. Sie stammt aus dem Osten, dem iranisch besetzten Teil Kurdistans. Bei der anschließenden Versammlung gibt es noch viel Kritik an Heval Newal, vor allem, weil sie ihrer Aufgabe als Taximkommandantin nicht nachkommt und sich von den anderen absondert. Die Waffe von Rûken taucht bei Newal wieder auf, sie hatte sie die ganze Zeit und keinen Ton darüber verloren. Ich verstehe nicht, dass sie nicht bestraft wird. Sie redet immer von Frauenarmee und Parteiwerdung, aber ihre Praxis erscheint mir als das genaue Gegenteil.

Nachmittags kommen einige Freundinnen von einer anderen Einheit zu uns. Wir zeigen uns gegenseitig die kleinen Fotoalben – ein Stück Guerillakultur. Bei ihnen ist auch Heval Mîlan, die in Australien aufgewachsen ist. Es tut gut, sich mal fließend unterhalten zu können, obwohl sie ein besseres Englisch spricht als ich. Ob sie auch so viel Schwierigkeiten hatte wie ich, sich an die andere Kultur anzupassen, frage ich sie. Mîlan bejaht. Obwohl sie selbst Kurdin und schon mehrere Jahre im Kampf ist, hat sie immer noch viele Probleme. Schamgrenzen, aber auch der soziale Umgang miteinander unterscheiden sich grundlegend. Hier ist es schon ein Tabu, den Männern mit offenen oder nassen Haaren gegenüberzutreten. Gleichzeitig ist es unter den Frauen ganz selbstverständlich, sich bei einer Unterhaltung an den Händen zu halten, sich aneinander zu kuscheln. Ich selbst vermag überhaupt nicht zu beurteilen, was Teil der Guerillakultur ist und welche Verhaltensweisen einfach nur überkommene Strukturen aus dem alten Leben der Freundinnen sind. Ich muss noch lernen, was ich akzeptieren muss und was es zu bekämpfen gilt. Vor allem aber möchte ich mich nicht paternalistisch und eurozentristisch verhalten und so halte ich mich mit Kritik zurück, um erst einmal alles kennen zu lernen. Dass Mîlan dieselben Schwierigkeiten hat, beruhigt mich, schließlich kommen wir aus einer ganz anderen Realität.

Als wir wieder zur Wache eingeteilt werden, bestehe ich darauf, dass uns erklärt wird, wie wir uns bei einem Angriff zu verhalten haben. Ich finde es bestürzend, wie wenig wir auf einen Ernstfall vorbereitet sind. Es heißt: „Das lernt ihr bald bei der Ausbildung." Bei der Nachtwache ist mir ganz schön mulmig. Es ist kalt und die Sterne sind so klar, sie scheinen direkt auf uns zuzukommen. Die Freundin, die mit mir Wache hält, scheint auch Angst zu haben, auch sie ist neu. Eine Gruppe hat das Lager verlassen, um einen Angriff auf KDP-Stellungen durchzuführen, auch Mahabat ist dabei und ich befürchte, dass ihnen bei der Aktion etwas passieren könnte. An Schlaf ist nicht zu denken. Es ist zu kalt, zum Zudecken haben wir nur ein paar Regenmäntel. Obwohl wir uns eng zusammendrängen, entsteht kaum Wärme.

Am Morgen kommen alle wieder. Die Aktion ist gut verlaufen, ein Paar Maultiere mit Lebensmitteln sind erbeutet worden. Alle sind aufgedreht und guter Dinge.

Metîna

Wir sind auf dem Weg nach Metîna. Es ist ein großes Gebiet, das unter der Kontrolle der Guerilla ist. Wir halten in einem Tal, in dem im Frühjahr 1995 der Frauenkongress stattgefunden hat, eine große Höhle ist extra dafür aus den Felsen gesprengt worden. Der Kongress, an dem etwa 500 Frauen teilgenommen haben, fand während der Çelik-Operation (Operation Stahl) der türkischen Armee im Frühjahr statt. Trotz der riesigen Operation haben die Frauen den Kongress ganz alleine vorbereitet und durchgeführt. Er hat den wirklichen Grundstein für den Aufbau der YAJK, der Frauenarmee, gelegt. Heval Sekîne mezin, (große) Sekîne, lädt uns zu sich in ihre Höhle ein. Wie gerne würde ich mit ihr reden. Sie ist eine der wenigen Frauen in der Guerilla, die die Partei von Anfang an kennt. Leider bleibt nicht viel Zeit. Ich hoffe, sie noch einmal zu treffen, wenn mein Kurdisch besser geworden ist. Es geht weiter, obwohl wir kaum geschlafen haben.

Das Land ist hügelig und steigt langsam zur Hochebene an. Wir nähern uns dem Zap-Gebiet, unserem vorläufigen Ziel. Das Gebiet ist nach dem Fluss Zap benannt. Auf der Hochebene treffen wir auf Heval Rojhat, der mit uns die Parteischule besucht hat, aber schon früher ins Land aufgebrochen ist. Allerdings bleibt zur Begrüßung wenig Zeit, da er mit einigen aus der Gruppe eine Aktion durchführen will. Wir anderen gehen hinunter ins Dorf. Es ist verlassen. Alles ist voller Obstbäume und sogar Tabakpflanzen finden wir. Das Dorf ist erst dieses Jahr verlassen worden, aber schon stürzen die Dächer ein. Die Häuser sind aus natürlichen Materialien gebaut. Wenn die Dächer nicht nach jedem Regen mit einer schweren Steinrolle befestigt werden, zerfallen sie. Ein Jammer, diese schönen Dörfer. Werden sie jemals wieder bewohnt und voller Leben sein?

Der Plan der Freundinnen, die KDP einzukreisen, ist nicht gelungen. Also geht es weiter in Richtung Zap. Eine Übernachtung in einer winzigen Höhle mit 30 Frauen und dabei noch Brot backen! Wenn ich es nicht selbst miterlebt hätte, würde ich es wohl kaum glauben, dass so viele auf so engem Raum schlafen können.

Es regnet in Strömen und wir benötigen Holz, aber weit und breit kein Stück. Mahabat ist geschickt und hat schnell etwas gefunden. „Bring das zur Höhle, ich hab unten noch was gesehen“, sagt sie. Der größte Teil ist gar nicht erst losgegangen und sitzt am Feuer. Ich will mich nicht darüber ärgern, was soll's.

Oberhalb des Zaptales, an einem Berg, der Cudî heißt, erwarten uns Freundinnen, einige kenne ich noch aus der Parteischule: Zelal, Arîya! Ich freue mich sehr, aber wir haben keine Gelegenheit, mit ihnen zu sprechen, sind noch nicht am Ziel. Oben auf dem Berg wird Tee gekocht, dann geht es wieder hinunter. Endlich gelangen wir zu einer großen Höhle, dem Hauptquartier, Ziel unserer Träume! Ich weiß nicht, was ich erwartet habe, aber vor uns liegt scheinbar nur ein Haufen Schlamm. Ich glaube, Heval Cengiz hat uns auf dem Weg sogar erzählt, hier gäbe es Duschen! Was haben wir uns alles ausgemalt, was sein wird, wenn wir am Ziel unseres Marsches angekommen sind. Nach mehr als zwei Wochen Strapazen sitzen wir jetzt hier im Regen und frieren. Die Bedeutung dieses Ortes für den Kampf werde ich erst im Laufe der Zeit verstehen lernen.

November 1995, Ava Zap

Das Wasser des Zapflusses ist türkisblau und die Blätter der Platanen schimmern in einem leuchtenden Orange. Was für Farben! Das Tal ist eng und überall sind befestigte Wege angelegt, die schon eine Ewigkeit alt sein müssen, eine Wasserleitung bringt frisches Wasser von einer Quelle am anderen Ufer.

Die ganze Einheit wird in einer großen Höhle untergebracht. Zwei Tage ausruhen. Dann findet eine Versammlung statt, der Marsch zum Zap-Gebiet steht auf der Tagesordnung. Ich hätte genug Kritik, vor allem an Heval Newal, dass sie die Waffe von Rûken an sich genommen hatte und nichts dazu gesagt hat. Andere kritisieren, dass Heval Kazim bei einer Flussüberquerung befohlen hat, dass alle ihre Uniformhosen ausziehen, unter denen noch Jogginghosen getragen werden. Dieser Befehl hat eindeutig Schamgrenzen überschritten, die auch für mich nicht fassbar waren. Ich bin enttäuscht über die Versammlung. Alle Kritik wird weggewischt mit dem Argument, schließlich wären wir ja mitten im KDP-Krieg ohne Verluste angekommen. Ich denke, im Grunde war es mehr Glück als Verstand. Vor allem aber ärgere ich mich über mich selbst, weil ich den Mund nicht aufgemacht habe. Das ist Opportunismus, uzlaşma, wie hier gesagt wird, im Grunde Feigheit. Ich orientiere mich zu sehr an den anderen, will nicht aus der Rolle fallen. Schon jetzt ist der Unterschied zwischen Theorie und Praxis hautnah mitzuerleben. In der Parteischule gehörte offene und harte Kritik zur Tagesordnung, immer wieder wurde zur Reflexion und Weiterentwicklung aufgefordert. Hier aber scheint niemand die Kritik richtig ernst zu nehmen. Die Parteiführung hatte das schon vorausgesehen: „Kaum seid ihr über den Dicle (den Tigris-Fluss), werft ihr alle guten Vorsätze weg und lebt weiter wie vorher." Noch vor wenigen Tagen haben wir in der Akademie versprochen, alles zu geben, um die Parteilinie umzusetzen, und jetzt fangen wir schon an, unsere Vorsätze über Bord zu werfen. Ich hoffe, dass das nicht die Regel ist und nehme mir vor, das nächste Mal nicht zu schweigen, auch wenn es schwer ist, zumal ich wegen der mangelnden Sprachkenntnisse kaum verstehe, was die anderen gesagt haben.

Die Zeit des Abschieds ist gekommen. Diejenigen ohne militärische Ausbildung werden nicht bei der Einheit bleiben. Schade, gerade hatten wir uns alle etwas kennen gelernt und die Strapazen der letzten zwei Wochen haben uns einander sehr nahe gebracht. Wir Frauen werden dem YAJK-Hauptquartier zugeteilt, welches sich in einer riesigen Höhle befindet. Ich wundere mich, hier so viele junge Frauen zu sehen, einige sind sicher noch nicht mal 15. Obwohl sie noch so jung sind, wirken sie erfahren und bewegen sich ganz selbstsicher.

Am nächsten Tag schon werden wir von den YAJK-Kommandantinnen aufgeteilt. Unsere Einheit besteht hauptsächlich aus Frauen aus dem Kleinen Süden. Wir sind fast 50 Frauen. Ich werde als Mangahilfskommandantin eingeteilt - auch das noch. Ich weiß gar nicht genau, was die Aufgaben der Hilfskommandantin sind und habe keine Ahnung, wie ich dieser Verantwortung gerecht werden soll. Rahşan ist meine Mangakommandantin. Ehrlich gesagt freue ich mich nicht gerade darüber. Wir verstehen uns nicht gut und streiten viel. Sie weiß immer alles besser und ist oft sehr herablassend. Ich ärgere mich über mich selbst, wenn ich dann emotional reagiere und aus der Haut fahre.

Militärische Ausbildung

Zuerst kehren wir wieder zu der großen Höhle zurück. Als wir ankommen, sind wir klatschnass, erst mal Holz sammeln, Feuer machen. Als Kommandantin bin ich mitverantwortlich für die Wachen. Die nächste, die auf der Liste steht, ist Heval Zozan. Ich muss sie wecken, habe aber keine Ahnung, wo sie ist. Alle Feuer sind ausgegangen. Die Wache vor mir hat kein Holz nachgelegt. Es ist stockfinster in der Höhle, ich rufe mehrmals – nichts. Die Wache muss abgelöst werden. Wieso antwortet sie nicht, ich bin der Verzweiflung nahe. Zu guter letzt schiebe ich auch noch ihre Wache, es wird sowieso bald hell. Ich frage mich, ob sie das absichtlich gemacht hat. Am nächsten Tag stelle ich sie zur Rede, Unschuldsmiene, sie hat mich gehört, wusste aber nicht, dass sie gemeint war. Merkwürdig, wo sie doch die einzige Zozan in der Einheit ist!

Wir machen uns auf den Weg zu einem anderen Punkt, mit einer Seilbahn, die von einem Ufer zum anderen gespannt ist, überqueren wir Ava Zap, den Zapfluss. In zehn Meter Tiefe tobt der Zap, die Seilbahn ist aus Latten zusammengezimmert und

sieht wenig Vertrauen erweckend aus, aber eine andere Möglichkeit gibt es nicht. Es dauert lange, bis wir alle auf der anderen Seite sind.

Eine Freundin erzählt, dass Heval Arîya gefallen ist. Ich kann das gar nicht glauben. Sie war in unserer Gruppe in der Schule, eine starke selbstbewusste Frau, groß und kräftig, mit einem wunderschönen Lächeln. Sie und Heval Şergeş wohnten lange in einer Parteiwohnung und haben dort ein Buch für die YAJK geschrieben. Arîya war Türkin und hatte studiert. Kurz bevor wir losgegangen sind, haben wir die halbe Nacht geredet und gelacht. Ich kann nicht fassen, dass sie tot ist.

Wir kommen in eine große Höhle, in der schon andere Frauen untergebracht sind. Es sind alles Kommandantinnen, in einer pseudomännlichen Art behandeln sie uns etwas mit Herablassung. Aysel spricht Deutsch, aber sie scheint kein großes Interesse zu haben, mit mir zu reden. Manchmal frage ich mich, wie ich das hier durchstehen werde.

Am nächsten Tag bekommen wir unsere Plätze zugewiesen. Mit einer anderen Manga teilen wir eine Höhle. Es ist ziemlich eng. Später sitze ich am Höhleneingang, denke an Arîya und mir kommen die Tränen, Rewşen sagt: „Unsere Aufgabe ist, ihre Waffe zu nehmen und noch entschlossener zu kämpfen." Das ist nicht so einfach zu akzeptieren. Im Krieg fallen Freundinnen und Freunde, jede/r Einzelne ist ein unbeschreiblich großes Opfer. Krieg ist grausam. Niemand wollte diesen verdammten Krieg, er ist der kurdischen Seite aufgezwungen worden. Die gefallenen Kämpferinnen und Kämpfer haben ihr Leben gegeben, damit das kurdische Volk in Würde und Freiheit leben kann, damit Werte wie Sozialismus und die Befreiung der Frau vertreten werden, gerade in einer Zeit, in der sich der Kapitalismus überall durchsetzt und erkämpfte Werte aufgegeben werden. Die Gefallenen sind eine Verpflichtung für uns, so lange zu kämpfen, bis die gemeinsamen Ziele erreicht worden sind.

Heval Arîya soll durch einen Scharfschützenschuss gefallen sein. Sie war gar nicht in der Angriffsgruppe, sondern weiter hinten. Sie ist am Bein getroffen worden und hat viel Blut verloren. Wie kann ein Mensch durch einen Beinschuss sterben? Ich kann meine Gedanken nicht von ihr lösen, sehe sie immer vor mir, wie sie lacht, denke daran, was für eine starke Frau sie war. Wie lange war sie bei der Parteiführung, um ihr politisches Wissen zu vertiefen. Sie hatte keine Zeit, ihre Rolle hier zu spielen, ihre Aufgabe im Aufbau der Frauenarmee zu übernehmen.

Die militärische Schulung beginnt. Heval Palo ist unser Ausbilder. Ich finde es schade, dass ein Mann uns ausbilden soll. Vormittags ist Theorie, von der ich herzlich wenig verstehe. Der Unterricht ist in Kurdisch, aber völlig durchmischt mit türkischen Begriffen. Wir lernen, Waffen auseinanderzunehmen und wieder zusammenzubauen: Kalaschnikow, Karnas – eine Scharfschützenwaffe, Bikisî – das schwere Maschinengewehr und B7-Panzerfaust, ein G3-Gewehr gibt es auch. Wir üben Zielschießen. Das Programm ist hart, wir beginnen morgens um fünf Uhr in absoluter Dunkelheit mit „Sport“, d. h. wir holen Holz, was gar nicht so einfach ist, da das Gebiet völlig abgeholzt ist. Ich gewöhne mir an, zum Wasser hinunterzuklettern und nach Schwemmholz zu suchen. Eigentlich ist es verboten, alleine zu gehen, aber es ist die einzige Zeit des Tages, in der ich mal eine halbe Stunde allein sein kann, um meine Gedanken zu ordnen. Ich kann mich noch immer nicht daran gewöhnen, mit so vielen auf engem Raum zusammen zu sein, das Durcheinander macht mir zu schaffen. Für uns alle ist es schwer. Keine ist die körperliche Anstrengung gewohnt. Es kommt ständig zu Streitereien, weil die Kämpferinnen die Kommandantinnen nicht akzeptieren. Dazu kommt ein Sprachproblem, einige können kein Kurdisch, die anderen kein Türkisch. Die Mangakommandantin, Heval Rahşan, kommt aus Europa. Ihre Haltung ist herablassend, arrogant. Natürlich hat sie dieselben Probleme wie wir alle, aber sie will sie sich nicht eingestehen. Wir alle müssen uns daran gewöhnen, den eigenen Egoismus und die eigene Bequemlichkeit zu überwinden, morgens um vier Uhr aufstehen, Holz holen, mitten in der Nacht Wache halten, Regen, Kälte, Anstrengung. Ich habe ein gespaltenes Verhältnis zu Rahşan, einerseits gibt es eine Nähe, da sie ja auch Deutsch spricht und unsere Kultur gut kennt. Andererseits tut sie so, als hätte sie alle

Probleme schon überwunden, da sie ja „die Partei schon so lange kennt". In ihrer kleinbürgerlichen Verhaltensweise sehe ich mich oft wie in einem Spiegel, deshalb reagieren wir wohl auch so emotional aufeinander und geraten in Streit. Auch die Freundinnen können ihre Art nicht akzeptieren, zumal sie Kritik an ihrem Verhalten meist nicht annimmt. Oft komme ich mir vor, als würde ich zwischen allen Stühlen sitzen. So heißt es immer, die Freundinnen aus dem Kleinen Süden sind von der Realität des Kampfes entfernt, haben immer ein bequemes Leben geführt. Im Grunde aber trifft das für uns alle zu. Die meisten kommen aus den Metropolen. Auch die, die die Partei schon lange kennen, müssen sich erst an die Realität des Lebens in den Bergen gewöhnen. Besonders jetzt im nasskalten Winter. Das kollektive Leben, die gegenseitige Hilfe, die eigenen Fehler zu begreifen und zu bekämpfen, statt immer nur die der anderen als Hindernis zu sehen, das alles muss noch gelernt werden. An vieles wird nur formal herangegangen und deshalb wird es nur oberflächlich verstanden. Zum Beispiel wird ständig gefordert, „askerî" (militärisch) zu sitzen, zu stehen und überhaupt zu leben. Aber diese Haltung drückt sich eben nur in der äußeren Form aus. Oft fehlt die Willenskraft, sie auch umzusetzen. Alle sitzen militärisch gerade, aber wenn eine sich freiwillig für eine Aufgabe melden soll, ist das „askerî" schnell wieder vergessen.

Vielleicht hatte auch ich einige romantische Vorstellungen vom Leben in den Bergen. Dazu gehörte auf jeden Fall meine Annahme, dass die Freundinnen sich aufgrund einer politisch bewussten Entscheidung dem Kampf anschließen. Einige Freundinnen aus dem Süden haben sich aber vor allem deshalb angeschlossen, weil ihnen zu Hause meist nur ein vorbestimmtes langweiliges Leben in verschlossenen Räumen bevorstand. Im Kleinen Süden wären sie verheiratet worden, ihr Leben hätte sich nur noch in den vier Wänden der Familie abgespielt. Viele aus ihren Familien sind gefallen, das verpflichtet. Es sind legitime Gründe, aber es ist vor allem die Überzeugung, den Zielen des Kampfes zu dienen, die die Kraft zum Kämpfen gibt.

Es gibt eine Gruppenbildung entlang der Sprachgrenze. Rûken und ich stehen da ein bisschen außen vor. Das Türkische dominiert, obwohl die türkischsprachigen Freundinnen in der Minderheit sind. Gleichzeitig markiert die Sprachgrenze auch eine dahinter versteckte Klassengrenze, eine Haltung der Freundinnen aus den Metropolen, alles besser zu wissen, vielleicht sogar eine unbewusste kemalistisch-chauvinistische Haltung, auf die anderen herabzusehen. Was ich an mir selber zunehmend erkennen muss, ist dieser Individualismus, die Unfähigkeit, Teil des Kollektivs zu werden. Ich bin gerne allein, schlafe gern allein, gehe gern allein Holz holen. Das Durcheinander in der Höhle stört mich. Schlimm ist auch in dieser Phase, das Festhalten an privaten Sachen, Besitz, erst später erkenne ich das als Problem. MEINE Taschenlampe, MEINE Handschuhe usw. Dauernd bin ich darauf bedacht, den Kram zusammenzuhalten. Im Nachhinein schäme ich mich dafür. Teilweise war es tatsächlich so, dass die Freundinnen mit einigen Dingen zu unbesorgt umgegangen sind. Hast du etwas verliehen, war es meistens hinterher weg oder kaputt. Je weniger ich mein Eigentum nennen konnte, desto weniger Stress hatte ich, so jedenfalls meine Erfahrung später. Wenn etwas dringend gebraucht wurde, eine Nähnadel, ein Stift, dann hatte es doch meistens irgendeine. Die wenigen Sachen, die ich anfangs noch hatte, waren noch eine Bindung an zu Hause, etwas, woran ich mich festgeklammert habe, ein Tuch von einer Freundin usw.

Allein schon die täglichen Arbeiten, die eine Guerilla so nebenbei zu verrichten hat, benötigen die ganze Kraft. Auch die Kritik und Selbstkritik in den täglichen Reflexionsrunden sind teilweise noch sehr emotional, mehr davon geprägt, den Ärger abzulassen, als davon motiviert, Lösungen zu entwickeln. Wir haben ständig Hunger. Mir wird bewusst, dass wir in Europa pausenlos konsumieren. Ständig habe ich das Gefühl, dass ich etwas essen oder trinken muss und sei es nur ein Glas Wasser. Mein Leben lang mochte ich keine süßen Sachen, plötzlich habe ich ein unstillbares Bedürfnis danach. Ich nenne das Essen immer Reiskur: morgens, mittags, abends Reis. Wir rösten uns Eicheln, die wir auf den Hügeln sammeln, sie schmecken ähnlich wie Maronen. In der Parteischule bekamen wir Typhus. Dabei habe ich etwa 10 Kilo abgenommen. Apo sagte zu uns: „Das ist der unnötige Ballast aus Europa." Mein ganzer Körper hat sich verändert. Seit Monaten bekomme ich meine Tage nicht mehr, ein Selbstschutzmechanismus des Körpers. Ich glaube, er hat die Produktion einiger Hormone eingestellt. Die Anstrengung ist so groß, dass sie alle Energie verbraucht.

Es werden Nachtmärsche geübt. Wir gehen auf die umliegenden hohen Berge, um dort Lebensmittel zu holen. Die Taschen sind beim Abstieg randvoll mit Zucker oder Mehl gefüllt, es ist eine Quälerei. Ich gehe mit Meriç zusammen, einer türkischen Genossin. Wir können uns nicht unterhalten, aber wir verstehen uns trotzdem. Oft stehen wir in den Unterrichtspausen zusammen und versuchen, aus nassem Krümeltabak mit klammen Fingern noch eine Zigarette zu zaubern. Auch Meriç versteht nichts vom Theorieunterricht, da er in Kurdisch ist, ebenso Sewra, eine Araberin, die auch nur Türkisch spricht.

Ein paar Tage verbringen wir auf dem Berg Kurê Jahro. Oben auf dem Berg liegt schon Schnee. Wir lernen, wie man sich im Falle eines Alarms zu verhalten hat. Nachts plötzlich Maschinengewehrfeuer im Lager, wir ziehen uns in eine Stellung zurück. Es ist eine Übung. Der Witz ist, alle außer mir haben vorher gewusst, wie diese Übung aussehen soll, und haben statt zu schlafen die ganze Nacht am Feuer gelärmt. Ich bin enttäuscht über den Egoismus einiger, sich selbst einen warmen Platz am Feuer zu verschaffen, egal ob andere frieren. Es nervt.

Die Spannungen zwischen Rahşan und der restlichen Gruppe werden immer heftiger. Weil sie mit ihrer Art nur Unfrieden stiftet, wird sie als Kommandantin für einige Tage abgesetzt. Anstatt sich mit der Kritik auseinander zu setzen, sieht sie immer nur gegen sich gerichtete Komplotte. Jetzt soll ich die Manga übernehmen. Das Sprachproblem ist nicht die einzige Hürde. Wenn die Freundinnen mich nicht verstehen wollen, verstehen sie mich einfach nicht. Sicher ist, dass die Zusammenfassung der Tekmîls, der täglichen Reflexionsrunden, in den Verantwortungsbereich der Kommandantin gehört. Mit meinen Kurdischkenntnissen sehe ich mich dazu kaum in der Lage.

Beim Abstieg müssen wir eine Menge Lebensmittel transportieren. Ich versuche, das ganze Gepäck und die Waffen unter den

Freundinnen zu verteilen, keine will die Raketen tragen. Meine Autorität als Kommandantin wird nicht akzeptiert. Dicle ist ein besonderer Starrkopf. Sie ist sehr kräftig, kann jede Arbeit machen, aber nur, wenn es ihr in den Kram passt. Zu guter letzt sage ich: „O. k., ich trage die Raketen, die müssen mit, dann bleibt eben der Zucker hier." Das wirkt, alles wird verteilt. Es ist viel Schnee gefallen. Der Abstieg wird lustig. Wir helfen uns gegenseitig mit den Waffen und das erste Mal entsteht ein wirkliches Gemeinschaftsgefühl. Wir lernen die Gegend besser kennen und beginnen uns sicherer zu fühlen. Trotzdem bin ich froh, als die militärische Ausbildung zu Ende geht, es kann nur besser werden. Im Nachhinein kann man sagen, das war notwendig. Heval Palo, unser Ausbilder, hat uns genau so viel gefordert, wie wir es gerade noch verkraften konnten. Wir haben gelernt, uns selbst in tiefster Dunkelheit und Regen zurechtzufinden, wir haben alles Grundlegende gelernt, vom Brotbacken übers Holzsammeln bis zum Waffenreinigen und Schießen.

Januar 1996

Wir werden wieder zur YAJK gerufen, einige werden zu den verschiedenen Einheiten in der Umgebung gehen. Rûken und ich sollen eine Weile in der YAJK-Zentrale bleiben. Wir haben die Gelegenheit, Heval Kanî kennen zu lernen, eine deutsche Genossin, die schon mehrere Jahre am Kampf teilnimmt. Schon seit Wochen fällt ihr Name, immer wenn andere hören, dass wir aus Deutschland kommen. Kanî arbeitet im Krankenhaus des Hauptquartiers und kümmert sich um die Verletzten. Die Begrüßung ist anfangs etwas steif, Kanî hat jahrelang kein Deutsch gesprochen und siezt uns sogar. Aber dann beginnt sie freimütig über ihr Leben in der Guerilla zu erzählen: „Bei jeder Operation bin ich in der Rückzugsgruppe gewesen, am Kampf habe ich nie teilnehmen dürfen. Deshalb trage ich jetzt auch keine Waffe mehr.“ Sie gibt uns den Rat, nicht darauf zu bestehen, alles zu machen, was die kurdischen Freundinnen aus den Dörfern können. Viel wichtiger wäre es, erst einmal zu versuchen, das Leben der Menschen hier zu verstehen. Kanî will nicht mehr zurück nach Deutschland, obwohl es ihr immer wieder vorgeschlagen wurde. Sie spricht ganz offen darüber, dass sie den Freundinnen viele Schwierigkeiten gemacht hat, weil sie immer wieder ihren Kopf durchsetzen wollte.

Im Hauptquartier gibt es eine besondere Einheit für Jugendliche zwischen 12 und 15 Jahren. Xwînda, eine von ihnen, erzählt mir, dass sich fast 2000 Jugendliche aus Etruş, dem großen Flüchtlingscamp in Südkurdistan, der Guerilla angeschlossen haben. Die Mädchen bekommen bei der YAJK einen speziellen Unterricht: Schreiben, Lesen, Geographie, sogar Theater und Tanzen. Gestern mussten alle ihre Rapports schreiben. Da viele noch nicht schreiben können, musste das die Kommandantin Binefş übernehmen. Die anderen Frauen, mehrere hundert, nehmen an der Kaderschulung teil; die meisten sind Kommandantinnen und schon viele Jahre im Krieg. Zu ihren Unterrichtsfächern gehören Weltgeschichte, Geschichte

Kurdistans, Parteigeschichte, Philosophie, Geschlechterfrage und Fragen, die die Partei und den Krieg betreffen.

Rûken und ich gehen einige Male hin, aber unser Kurdisch ist einfach noch zu schlecht. Also bleiben wir tagsüber am Lager, sammeln Holz, holen Wasser, machen sauber und lesen. Abends, wenn die anderen kommen, wird häufig noch in organisierter Form über den Unterrichtsstoff diskutiert, dabei verstehe ich schon recht viel. Heval Binefş erklärt den Jüngeren alles. Für viele ist es sehr schwierig, sich mit theoretischen Fragen zu beschäftigen, besonders für die Freundinnen aus den Dörfern, die nie eine Schule besucht haben. Abends in der Manga werden alle dazu angehalten, Teile des Unterrichtstoffes zu wiederholen oder mit eigenen Worten zu erklären. Hier ist die Atmosphäre viel besser als in unserer militärischen Ausbildungseinheit. Natürlich liegt es an der Kommandantin, die über genug Erfahrung verfügt und ihre Aufgabe kennt. Rûken und ich beginnen dennoch uns zu langweilen und als der Vorschlag kommt, dass wir die Einheit von Heval Kazim besuchen können, bin ich heilfroh.

Es geht einige Stunden am Zapfluss entlang und dann wieder mit einer Seilbahn auf die andere Seite, ein wunderschöner Ort. Zur

Begrüßung lässt Heval Kazim das ganze Bataillon antreten. Sie haben gerade Unterrichtspause. Soviel Wirbel ist mir wirklich unangenehm, gleichzeitig freue ich mich, bekannte Gesichter wieder zu sehen: Mahabat, Jîyan, Besê.

Ich frage nach Heval Mazlum, dem türkischen Freund, der mit uns zusammen ins Zap-Gebiet gekommen ist. Er ist wieder weggelaufen, die Freunde haben ihn aber aufgegriffen und jetzt steht er unter Arrest. Auf Desertieren steht normalerweise die Todesstrafe, weil es für die Guerilla lebensbedrohlich ist. Heval Mazlum soll aber nach Hause geschickt werden. Wir erhalten eine Sondergenehmigung, mit ihm zu reden. Mazlum freut sich natürlich über unseren Besuch. Seit Tagen ist er isoliert und darf mit niemandem sprechen. Diese Praxis kennen wir schon aus der Parteischule. Wenn ein/e Genosse/in gegen Parteigesetze verstößt, wird sie oder er isoliert, um in Ruhe nachdenken und einen Bericht bzw. eine Selbstkritik schreiben zu können. Je nach Schwere des Vergehens wird jemand möglicherweise ganz aus dem Alltag ausgeschlossen und muss die Waffe abgeben. Es wird eine Kommission gewählt, die die Berichte liest, sie entweder akzeptiert oder eine Plattform einberuft, vor der der ganze Fall ausführlich diskutiert wird. Warum er weggelaufen sei? Es war eine Kurzschlussreaktion, antwortet er. Er habe Probleme mit den anderen gehabt, man habe ihn nicht ernst genommen. Er wusste nicht mehr weiter. Wohin er denn wollte, frage ich. Nach Deutschland sagt er, zu seiner Familie, oder einfach erst mal weg. Er ist ziemlich konfus, scheint keinen klaren Gedanken fassen zu können. Es war schon das zweite Mal, dass er von der Guerilla weggelaufen ist. Anscheinend gibt es in seinem Leben eine ständige Wiederholung. Immer wenn Probleme auftauchen, löst er sie nicht, sondern läuft vor ihnen davon. Er schafft es nicht, seine Gedanken zu ordnen und herauszufinden, was er wirklich will. Möchte er die Guerilla wirklich verlassen und warum? Will er wirklich nach Deutschland? In der Schule hat er darauf bestanden, in den Krieg geschickt zu werden, das ist gerade zwei Monate her.

Später erzählt uns Firat, dass er dabei war, als sie Mazlum verfolgt haben. Er hatte den Befehl zu schießen. Er wusste nicht, wen er da verfolgt, die ganze Zeit hatte er nur einen Gedanken: Wenn ich jetzt schieße und es ist einer, den ich gut kenne? Firat sagt: „Mazlum wollte weglaufen und es wäre ihm auch gelungen, wenn ihm nicht zufällig eine Gruppe von uns entgegengekommen wäre. Er ist direkt auf dem Weg zur KDP gewesen, zum Feind. Wer zum Feind geht, verrät die Freunde, ob er will oder nicht." Wer zum Feind geht, verrät die Stützpunkte der Guerilla und bringt damit Tausende von FreundInnen in Gefahr. In Kurdistan gibt es keine Neutralität mehr: Entweder stehst du auf der Seite des Befreiungskampfes oder auf der Seite des Feindes. Das ist die Realität des Krieges. Auch wenn seit einigen Wochen ein Waffenstillstand mit der KDP besteht, herrscht kein Frieden. Immer noch werden Überläufer an die türkische Armee ausgeliefert. Die KDP war, nachdem die türkische Armee aus Südkurdistan abgezogen wurde, gezwungen, sich auf den Waffenstillstand mit der PKK einzulassen; allein hat sie keine Chance gegen die ARGK. Zudem waren viele KDPler zur PKK übergelaufen. Die Bevölkerung Südkurdistans ist nicht motiviert, gegen unsere Guerilla zu kämpfen.

„Deserteure müssen hingerichtet werden", sagt Firat, „nur das ist Abschreckung, diese Verbrechen zu begehen. Er wird wieder weglaufen." In mir sind widerstreitende Gefühle. Es stimmt, was Firat sagt. Kriegsrealität und europäischer Humanismus erscheinen mir plötzlich unvereinbar. Das Leben einer Person gegen die Gefahr für Tausende. Im Kriegsgebiet kann es keine Gefängnisse geben, jedenfalls nicht für länger. Es gibt auch keine Rückzugsgebiete, kein einziges Stück freies Kurdistan, wo man Leute wie Mazlum hinschicken könnte. Was also tun? Später hören wir, dass Mazlum wieder eine Chance bekommen hat. Er wollte in eine andere Einheit, weil er der Meinung war, dass er in dem Bataillon wegen seiner Geschichte verachtet wird und keine Anerkennung finden kann. Er möchte einen Neuanfang. Es ist seine fehlende Klarheit, die die Freunde bewogen hat zu sagen, dass es keine bewusste Entscheidung von ihm war zum Feind zu gehen. Er soll bleiben.

Für Sîpan, Rûken und mich ergibt sich die Möglichkeit, mit zwei Ärzten, Dr. Mervan und Dr. Sasun, die Dörfer in der näheren

Umgebung kennen zu lernen. Am Ende des Tales steht eine zerstörte Brücke, die wir überqueren müssen, ein Monstrum aus Stahl. Über eine Holzkonstruktion an der Seite des Pfeilers kann man entlangklettern. Aus den Dörfern kommen die gesamten Lebensmittel für die Guerilla. Wir erreichen den Hauptlogistikpunkt, wo es aussieht wie in einem gut sortierten Guerilla-Supermarkt: Reissäcke, Fettkanister und Tomatenmarkdosen. Von hier holen alle Einheiten ihre Lebensmittel. Wenn sie in einer Einheit zu Ende gehen, werden einige Leute bestimmt, alles Nötige zu holen, entweder auf dem Rücken, in Rucksäcken, oder, wenn sie Glück haben, mit Maultieren.

Das erste Dorf, welches wir erreichen, besteht nur aus wenigen Häusern, sehr ärmlich. Die kleinen Kinder laufen barfuß, mitten im Winter. Ein kleines Mädchen ist krank, sie heißt Dünya – Welt, welch ein schöner Name! Der Arzt sagt zu den Eltern, sie sollen ihre Kinder wärmer anziehen, aber sie antworten nur: „Wir sind ja auch so groß geworden." Es kommt leider kein richtiges Gespräch in Gang, so trinken wir Tee und gehen weiter. Unterwegs passieren wir einige Rohbauten mit Schildern von Hilfsorganisationen. Diese leeren Dörfer hier sind Ergebnis der so genannten Anfal-Offensiven. Anfal, der Name der 8. Sure des Koran, war der offi-

zielle Name von acht Militäroffensiven des irakischen Staates zwischen Februar und September 1988 in sechs kurdischen Distrikten. 180.000 Menschen wurden aus ihren Dörfern verschleppt oder ermordet. Dabei wurden Senfgas, Phosphor und das Nervengas Tabun eingesetzt. Am 18. März 1988 ließ Saddam die Stadt Halabça mit deutschem Giftgas bombardieren. Zwischen 4000 und 7000 Menschen starben, noch heute sterben Menschen an den Spätfolgen. Ziel der Anfal-Offensiven war, die Bevölkerung aus der ölreichen Region in die Wüstengebiete im Süden zu vertreiben. Die kurdische Region sollte gewaltsam arabisiert werden. Einige der Dörfer wurden Anfang der 90er Jahre von Hilfsorganisationen wieder aufgebaut und die Menschen, die teilweise nach Nordkurdistan geflohen waren, kamen zurück. Dieses Dorf wurde nicht wieder bezogen. Der Krieg zwingt die Menschen immer wieder dazu, neu anzufangen. Ein Land im ewigen Krieg.
Im nächsten Dorf werden wir sofort wieder zum Tee eingeladen. Wir sitzen nur mit Männern im Raum, die Frauen reichen die Teetabletts zur Tür herein. Es hängen Kalaschnikows an den Wänden, wie wohl in jedem kurdischen Haus – ein Volk unter Waffen. Die Dorfbewohner sind offensichtlich misstrauisch. Zwar arbeiten viele von ihnen für die Guerilla, besorgen Lebensmittel, aber vermutlich sympathisiert zumindest ein Teil von ihnen mit der KDP.

Wir gehen in das nächste Dorf. Dort begegnen wir einer jungen Frau, die nicht so verschlossen ist wie die anderen Dorfbewohner. An den Wänden hängen Bilder von ihrem Mann und eines von Mustafa Barzanî. Der alte Barzanî hat lange den Befreiungskampf in Süd- und Ostkurdistan angeführt, von 1945-46 gab es sogar die unabhängige kurdische Republik Mahabat, die sich mit Hilfe der Sowjetunion gebildet hatte. Leider wurde diese gezwungen Mahabat wieder aufzugeben. Mustafa Barzanî ging ins Exil. Die Verbindung zum Barzanî-Clan, die heute noch für viele SüdkurdInnen besteht, findet in dieser Geschichte ihre Begründung.

Die KDP übernimmt immer mehr die Rolle einer Konterguerilla. Sie hat den Geheimdiensten der imperialistischen Staaten ermöglicht, sich hier zu etablieren. Sie können sich – oftmals als Hilfsorganisationen getarnt – vollkommen frei bewegen. Dafür wird die KDP mit großzügigen Geldspenden bedacht.

Die Familie, bei der wir zu Gast sind, sind Freunde der PKK. Sofort kommen alle möglichen Kranken in das Haus, um sich behandeln zu lassen. Unser Doktor verteilt Spritzen und Tabletten, die er in großen Mengen in seinem Rucksack trägt, mir kommt es etwas leichtfertig vor, da es ja unter diesen Bedingungen nur eine oberflächliche Diagnose geben kann. Es wird spät und irgendwann eröffnet uns der Arzt, dass wir über Nacht bleiben werden. Einerseits finde ich es wunderbar, andererseits ist mir mulmig, dass wir uns fern des Schutzes der Berge und der FreundInnen bewegen, um uns herum KDPler, inmitten eines Waffenstillstandes, der erst seit ein paar Wochen besteht. Wir schlafen mit der Frau und den Kindern in einem Raum. Später schaut auch der Vater herein, um mit uns zu reden. Sie fragen nach unseren Familien in Deutschland. Dass meine Mutter und meine Schwester allein leben, ohne Ehemann, und dass dies in Deutschland normal sein soll, verwundert sie sehr.

Die Frau hatte mehrere Fehlgeburten, von der letzten ist sie noch sehr schwach. Der Arzt sagt, dass sie schon fünf Kinder habe und dass sie sich in der Stadt operieren lassen solle, um weitere Schwangerschaften zu verhindern. Sie wird es sich überlegen. Die Familie ist erst vor kurzem von Dohuk in das Dorf gezogen. Die Tochter ist dort zur Schule gegangen. Sie sagt, sie will auch zur Guerilla, aber ihre Eltern sind dagegen, sie wäre noch zu jung. Ich glaube auch nicht, dass sie es ernst meint. Sie ist gerade beim Ramadan-Fasten, was mit Guerillaleben unvereinbar scheint. Obwohl die PKK offen ist und Respekt gegenüber jeder Art von Religion zeigt, habe ich bisher den Eindruck, dass niemand in der Guerilla religiös ist.

Zurück im Bataillon ist unser Tagesablauf hauptsächlich von Unterricht bestimmt, schließlich ist noch Winter. Morgens gehen wir zur Quelle und waschen Hände und Gesicht, putzen die Zähne. Die Quelle ist am Weg mitten zwischen den Männermangas. Ich habe immer noch große Probleme mit den

Schamgrenzen. Haare öffnen geht hier schon zu weit. „Warum?", frage ich. „Eine Frau, die sich in Gegenwart von Männern die Haare öffnet, zeigt, dass sie ihn verführen will. Auch wenn wir aus den Metropolen kommen und dort einen ganz anderen Umgang gelernt haben, könnten die feudalen Männer es hier falsch verstehen. Wir müssen die Sachen langsam ändern, nicht mit der Brechstange", erklärt mir Dilar. „Es macht uns nicht so viel aus, darauf Rücksicht zu nehmen, Freiheit drückt sich für uns an ganz anderen Punkten aus." Laut Dilar sind es also die Männer, die Probleme haben, nicht wir.

Dann geht's zum Unterricht. Rûken, Sîpan und ich nehmen meist nicht teil, weil er hauptsächlich in Türkisch abgehalten wird. Wir machen unseren eigenen Unterricht, schreiben, lesen, diskutieren. Ich schreibe einen langen Brief nach Deutschland an unsere Frauengruppe. Ob er jemals ankommt?

Liebe Freundinnen, fast acht Monate sind wir jetzt unterwegs, manchmal überkommt mich so ein vages Gefühl wie Heimweh, vor allem, weil die Kommunikation nach wie vor ziemlich eingeschränkt ist. Im Kurdischen bin ich jetzt so weit, dass ich zumindest immer mitkriege, um was es ungefähr geht, aber es kommt darauf an, wer gerade redet. Bei manchen verstehe ich alles, bei anderen gar nichts. Zum Beispiel haben wir letzte Woche einige Dörfer besucht und da habe ich gar nichts verstanden. Wir sind immer noch in Südkurdistan in der Nähe des Hauptquartiers. Rûken und ich waren nach der askerî (Militär)-Ausbildung etwa drei Wochen im YAJK-Hauptquartier, wo wir viel herumgesessen haben. Jetzt sind wir alle zusammen bei Heval Kazims beweglichem Bataillon, das sich aber auch nicht bewegt, denn es gibt die Anweisung von Serok (Abdullah Öcalan), dass alle eine Ausbildung erhalten sollen. Das heißt täglich acht Stunden in dunklen Höhlen sitzen. Rûken, Sîpan und ich haben einige Male teilgenommen und dann beschlossen, dass es wenig Sinn macht, weil wir fast nichts verstehen. Bei dem Bataillon können wir jetzt nachmittags wieder an der militärischen Ausbildung teilnehmen, schießen, Angriffe usw. üben und den Guerillaalltag besser kennen lernen: Wache halten, Lebensmittel aus der Logistik holen, Brot backen. Der Frauen- und Männeralltag ist größtenteils getrennt. Der politische Unterricht läuft zwar zusammen, auch der Appell, alles andere aber ist getrennt. Im Gegensatz zu der letzten militärischen Ausbildung machen die Frauen das hier auch selbst.

Die Frauenarmee YAJK besteht vorerst mal nur theoretisch, das heißt auf der Ebene von Einheiten, aus 50 Frauen, in der Ausbildung auch auf der Bataillons-Ebene, d. h. ca. 150 Frauen. In der YAJK-Zentrale, wo wir vorher waren, war der ganze Alltag von den Männern getrennt. Letztendlich ist es aber der Oberbefehlshaber der gesamten Armee, der entscheidet, wohin die einzelnen Gruppen gehen, wenn der Krieg wieder beginnt. Frauen in so hohen Positionen gibt es meines Wissens nicht. Die Probleme in der Leitung der YAJK sind mir noch nicht klar, aber ich glaube, das Problem besteht darin, dass es wenig Frauen gibt, die genug Erfahrung und Selbstvertrauen haben, eine Einheit oder sogar ein Bataillon zu leiten. Dabei ist Selbstvertrauen wichtiger als Erfahrung. Der Kommandant unseres Bataillons hat überhaupt keine Erfahrung im Krieg, aber die nötige Portion Selbstvertrauen, während die Bataillonskommandantin unserer vorherigen Einheit Erfahrung hat, aber kein Selbstvertrauen ausstrahlt. Wie soll frau einer Kommandantin vertrauen, die sich selbst nicht vertraut? Ob ein Angriff der Gegenseite im heillosen Chaos endet, mit Toten und Verletzten, oder ob ein geordneter Gegenschlag möglich ist, bei dem der Feind Verluste hat, hängt hauptsächlich davon ab, ob ein Kommandant oder eine Kommandantin die Situation im Griff hat. Das ist uns erst bewusst geworden, kurz bevor wir losgegangen sind, dass wir unser Leben jetzt in die Hand des Kommandanten geben. Die Kraft, diese Verantwortung zu tragen, haben viele Frauen einfach noch nicht. In den drei Monaten bei der Guerilla haben wir viele unterschiedliche Frauen getroffen. Auf dem Hinweg waren wir mit Frauen aus dem Kleinen Süden zusammen. Viele von ihnen haben schon jahrelang für die Partei gearbeitet. Sie kommen aus Familien, in denen es viele Gefallene gibt. Auf dem Weg haben sie teilweise wenig Willenskraft aufgebracht, sich durch die Schwierigkeiten zu kämpfen. Viele waren sehr bequem, wenn es um Holzholen usw. ging. Bei manchen habe ich mich wirklich gefragt, warum sie zur ARGK gegangen sind. Sie haben gejammert und sich geweigert, ihre Taschen zu tragen. Weil es schon in der vorherigen Gruppe viele Ausfälle gab, hatten die meisten noch nicht einmal

Munitionsgürtel und Gewehr zu tragen, weil sie keine bekommen hatten. Die Kommandantinnen waren alle aus Nordkurdistan, drei davon mit Kriegserfahrung. Die waren sehr stark und haben auf dem Weg auch an Aktionen gegen die KDP teilgenommen. Auf dem Weg haben wir dann Frauen kennen gelernt, die schon vier bis fünf Jahre bei der Guerilla sind. Diese ganze Alltagsarbeit machen sie so nebenbei. Es gibt schon sehr viele starke Frauen bei der YAJK/ARGK. Das Problem ist, soweit ich das beurteilen kann, diese Kraft zu koordinieren und zum Kämpfen zu bringen. An Mut und Entschlossenheit hat es, glaube ich, nie gefehlt, sondern daran, dass sich die Frauen auf den Weg machen, Verantwortung zu übernehmen, Entscheidungen zu treffen, initiativ zu werden.

Serok hat für den Winter angeordnet, dass alle eine politische Schulung bekommen. Deshalb sind sehr viele Frauen aus allen Gebieten hier. Frauen, die teilweise schon 7-8 Jahre im Krieg sind und auch schon am Südkrieg 1992 teilgenommen haben. Viele haben eine wirklich starke Ausstrahlung. Die Frauen in den Dörfern der Umgebung hingegen leben nur für die Männer, immer auf dem Sprung, Tee zu bringen, Essen zuzubereiten, die Männer zu bedienen. Sie selbst sagen nie ein Wort, wenn die Männer diskutieren. Da kann man sich vorstellen, welchen Weg die Frauen hier schon zurückgelegt haben.

Die strikte Geschlechtertrennung bei der Guerilla hat viele Vorteile. Einerseits, dass die Männer sich selbst um ihre Alltagsorganisation kümmern müssen, andererseits, dass die Frauen lernen, selbstständig zu leben, aufblühen sozusagen.

Das ausgeprägte Schamgefühl spielt noch eine große Rolle. Eine Frau kann sich überhaupt nicht bewegen, wenn Männer in der Nähe sind. Kämmen, Haare waschen, sich umziehen, auf die Toilette gehen werden zum Problem, wenn die Möglichkeit besteht, dass ein Mann sie sehen könnte. Die Männer sind fremde Wesen, von vielen abgelehnt, weil sie so herablassend sind, oder werden über den großen Abstand nur als fremd betrachtet. Das ist natürlich auch falsch. Offene Diskussionen gibt es wenig zwischen den Geschlechtern. Die Männer sehen die Frauen mit gering schätzendem Abstand. Die Aufgeklärten behaupten einfach, sie hätten kein Problem mit Frauen. Es würde einzelne Frauen geben, die ganz stark sind. Aber generell seien Frauen schwach. Die Männer wollen uns spalten. Wir müssen uns als ganzes Geschlecht stark machen, es gibt keine individuelle Lösung.

Heval Fuat hat gesagt, es ist noch ein weiter Weg für die Frauen, aber es ist gut, dass sie sich überhaupt beteiligen, und das stimmt. Es wird noch dauern, bis die Frauen in der Guerilla sich wirklich emanzipiert haben und ein noch viel weiterer Weg, bis es für die Frauen in der gesamten kurdischen Gesellschaft erreicht ist. Aber wenn nicht jetzt damit beginnen, wann dann?

Die Diskussionen, die täglich auch während der Ausbildung geführt werden, drehen sich immer um ein Thema – Armeewerdung. Wie werden wir eine Armee, was steht uns noch im Wege, wie sollen wir leben? Aber vieles, was gesagt wird, ist noch auswendig gelernt. Es fehlt noch der persönliche Zugang der Einzelnen zu diesen Fragen. Es fehlt die Offenheit, die eigenen Probleme mit den allgemein formulierten Problemen in Verbindung zu bringen. Eigene Schwächen werden nicht gezeigt, sondern unterdrückt. Aber wie gesagt, meine Sprache reicht noch nicht aus, um tiefer in die Problematik einzudringen. Die Frauen in der Manga, in der ich jetzt bin, sind zusammengewürfelt: Eine ist in Frankreich groß geworden, eine kommt aus dem Iran, zwei aus dem Kleinen Süden, eine aus Şirnak. Das gehört zum Programm: voneinander lernen, sich gegenseitig ergänzen, den inneren Klassenkampf führen.

Die Bedingungen der Frauen im Norden sind sehr schlecht. Auch die Frauen im Kleinen Süden haben eigentlich nur die Perspektive, zu Hause zu sitzen und darauf zu warten, dass sie verheiratet werden, und dann sitzen sie wieder zu Hause. Ein wohl behütetes, aber extrem langweiliges Leben. Im Kleinen Süden haben die meisten immerhin die Schule besucht, ein paar Jahre Lesen und Schreiben auf Arabisch gelernt. Aus dem Großen Süden beteiligen sich nur ganz wenige, ebenso aus Ostkurdistan, dem iranisch besetzten Teil. Die nordkurdischen Frauen haben fast alle Dorfzerstörungen, Ermordung von Verwandten, Folter miterlebt. Viele sind schon selbst gefangen und gefoltert worden. Viele erzählen, dass ihre Väter mehrere Frauen geheiratet haben. Es muss ein durch und durch hartes Leben sein. Diese Frauen haben viel weniger Schwierigkeiten, sich an die Härten des Guerillalebens anzupassen, als wir Europäerinnen oder die Frauen aus dem Süden. Die Frauen, die in den türkischen Metropolen groß geworden sind, sind oft Kommandantinnen, weil sie politisch/ideologisch mehr von der Partei verstanden haben, aber vieles ist nur Anspruch und wird im Alltag kaum umgesetzt, z. B. Kollektivität. Mich hat oft geärgert, dass, wenn in einer Manga gleich viele türkisch- und kurdischsprachige Frauen waren, das Türkische dominierte und die, die es nicht können, mehr oder weniger schweigen. Ich habe eine Aversion gegen die türkische Sprache entwickelt.

In unserer letzten Manga war eine Freundin, die militärischen Unterricht gegeben hat, eine beeindruckende Frau, die, obwohl sie krank war, immer gute Laune ausstrahlte und die anderen mitriss. Wer sich gehen lässt, wird kritisiert, weil sich das negativ auf alles auswirkt. Kranksein kann auch eine Art Flucht sein. Am Ende unserer militärischen Ausbildung war die Hälfte der Frauen krank. Sie hatten Blasenentzündung oder Durchfall, ich selbst auch. Aber es gibt dann die Möglichkeit zu jammern, sich hängen zu lassen oder dagegen anzukämpfen. Kranksein kann man sich hier eigentlich nicht erlauben.

Vielleicht habe ich mir die Revolution immer ein bisschen wie einen Knall vorgestellt, nach dem alles anders ist. Aber hier lernt man, dass es in Wirklichkeit ein langer Weg mit vielen kleinen Schritten ist, unendliche Arbeit und Mühe. Von einer Frau, die in der traditionellen Gesellschaft nicht wirklich vorhanden ist, versteckt hinter dem Ofen im Haus, zur Kämpferin, ist schon ein gewaltiger Schritt. Teilweise sind sie rotzig, haben eine große Klappe, tragen schwere Waffen, rauchen oder haben kurze Haare. Sie imitieren Straßenjungs. Doch wird das als falsch verstandene Freiheit bezeichnet. Es wird erwartet, dass sie sich politisch und ideologisch ausbilden, Verantwortung übernehmen, Initiative entwickeln, den Männern die Macht aus den Händen reißen. Uns ist immer wieder der hohe Grad an Desorganisation aufgefallen. Der normale Alltag ist eigentlich durchorganisiert. Es gibt Listen, wer Brot backt, Essen kocht, sauber macht, Logistik besorgt etc. Alles nach Plan, aber sobald irgendetwas dazwischenkommt, bricht das Chaos aus und dann fehlen Frauen, die die Initiative ergreifen und sagen, was zu tun ist. Im Alltagsleben ist das keine Katastrophe, aber man kann sich vorstellen, was los ist, wenn in einer Kriegssituation keine die Initiative ergreift. Dasselbe Chaos entsteht, wenn die Kommandantin nicht akzeptiert wird, was auch öfter geschieht. Dann holt eben keine das Essen, das Holz usw.

Das war bei der militärischen Ausbildung so. Dort war ein Teil der Frauen der Meinung, dass jede nach ihrem eigenen Kopf handeln sollte. Eine gute Kommandantin als Vorbild, gerade für die Jüngeren und Unerfahreneren, ist wichtig und motivierend.

Insgesamt wird wenig über aktuelle politische Entwicklungen geredet und diskutiert. Wenn z. B. eine Kämpferin aus Serhat kommt, wird weniger darüber geredet, wie die Lage dort ist, sondern eher über die Befindlichkeit von Freundinnen, die man kennt. Es besteht wenig Interesse, die Gesamtsituation des Krieges zu erfassen. Gesehen werden nur die Berge, in denen mensch selbst gerade ist. Eine Freundin hat einmal gesagt, in Kurdistan denken die Frauen immer nur von einem Essen zum nächsten. Ihr Leben ist so vorbestimmt, dass sie nicht in der Lage sind, sich Gedanken über ihre Zukunft zu machen.

Im Hauptquartier gibt es eine Einheit Mädchen. Eine russische Freundin aus Kasachstan gehört dazu. Sie ist 17. Die meisten von ihnen haben keine Schule besucht. Sie lernen jetzt lesen, schreiben etc. Sie sind sehr lebendig und haben viel Kraft. Sie nehmen am ganz normalen militärischen Alltag teil, aber vieles etwas lockerer. Heval Fuat sagt, sie sollen noch ein bisschen ihre Kindheit leben. Ich glaube, diese Mädchen sind eines Tages in der Lage, die Frauenarmee wirklich aufzubauen, sie kleben viel weniger an Konventionen. Z. B. haben sie bei der 15-tägigen Moral, das ist eine Veranstaltung für alle, die die Moral heben soll, einige Sketche vorgeführt. Das war kreativ und wild. Ich wundere mich immer über die Schamhaftigkeit, mit der die Frauen sich hier das Leben schwer machen. Ich habe in den drei Monaten noch kein nacktes Frauenbein gesehen. Jedes Mal, wenn man die Unterwäsche wechseln will oder bei einer Läusekontrolle, ist das die totale Aktion: abgelegene Plätze suchen, die Unterwäsche nie offen hinhängen, sich nie vor anderen ausziehen. Die Mädchen haben damit nicht so viel Schwierigkeiten.

Was ich auch vermisse, sind Frauen in meinem Alter. Davon gibt es nur ganz wenige. Die meisten Frauen sind im Durchschnitt 10 Jahre jünger, trotz aller „militärischen Lebensweise", die hier offiziell von allen vertreten wird, oft eben auch altersgemäß ein wenig alberne Teenager. Ich komme mir manchmal ganz schön alt und grau vor. Bei den Männern ist es anders. Viele von ihnen sind um die dreißig und älter.

Dass wir aus der BRD sind, wird hier unterschiedlich aufgenommen. Teilweise landet man immer wieder in den Fängen der Gastfreundschaft, was auch angenehme Seiten hat, aber überwiegend eher unangenehm ist. Also, dieser Brief sollte nur die Rohform sein, noch geordnet werden und überhaupt viel länger sein, aber jetzt besteht die Möglichkeit, das einfach so abzuschicken, also ich mach das jetzt und fange einen neuen Brief an in der Hoffnung, dass ich den dann auch noch loswerde. Mir geht's soweit ganz gut, bis auf die Knie, die saumäßig wehtun.

Grüße an alle, Zap, Südkurdistan, Februar/März 1996

Im Nachhinein muss ich sagen, dass dieser Brief in erster Linie meine eigenen Schwierigkeiten deutlich macht. In dieser Phase bin ich noch vollkommen neu. Er kommt mir jetzt respektlos vor. Ich nörgle an den vielen Mängeln herum, die es noch gibt, und bediene damit das Bedürfnis der Europäerin, alles zu kritisieren, von außen, ohne die eigene Praxis, den eigenen Beitrag zur Revolution zur Disposition zu stellen. Kein Satz, in dem ich meine Genossinnen in der BRD dazu auffordere, aktiv zu werden, sich zu organisieren. Die Frauengruppe, an die der Brief gerichtet war und in der ich vorher in der BRD gearbeitet hatte, hat mir übrigens nie auf den Brief geantwortet, obwohl es Möglichkeiten gab, Post weiterzuleiten.

Unsere Einheit hat Besuch von Heval Nassir, dem Gebietskommandanten von Zagros, einem riesigen Gebiet, in dem drei Besatzungsmächte agieren. Heval Nassir hat lange in der BRD gelebt und stand in dem berüchtigten Düsseldorfer Prozess, der Ende der 80er Jahre begann, vor Gericht. Wir fragen ihn, wie es kommt, dass die Guerilla in Zagros im Krieg gegen die KDP so erfolgreich war. Er sagt, er habe dort mit deutscher Disziplin gearbeitet. Wie er das meint, fragen wir. „In Deutschland muss man eine sehr harte Disziplin erlernen, sonst verliert man sich." Er sagt, dass er sehr froh ist, in den Bergen zu sein. In Deutschland, sagt er, hatte er ein gutes Leben, im Sinne von materieller Sicherheit, aber: „In Deutschland kann man nicht stolz leben, wenn man Ausländer ist, man ist immer der letzte Dreck." Dieser

Rassismus, und dass auch die Linke in der BRD nicht wirklich dagegen kämpft, in ihren eigenen Strukturen den Rassismus reproduziert, ist sicher ein Grund, warum Jugendliche, die in diesem System und in der Linken keine Antwort sehen, sich der PKK zuwenden und nicht, wie viele deutsche Linke fordern, Politik in der BRD machen. Die deutschen Linken behaupten, gegen den Rassismus zu kämpfen, bleiben aber unter sich und versuchen den ausländischen Organisationen und Menschen ihre Denkweise überzustülpen.

Heval Nassir erzählt, dass sie 1987 nur 70 Freunde waren, im Südkrieg 1992 im Zap einige hundert, jetzt sind es schon mehr als 1000 und im Frühjahr werden es noch mehr!

Der Platz des Bataillons ist wunderschön, ein weites Tal mit einer warmen Quelle. Der Vormittag ist schnell vorbei, dann wird gemeinsam zu Mittag gegessen, was der Küchendienst für die 150 Leute des Bataillons vorbereitet hat. Meist gibt es Reis und Brot, zur Abwechslung manchmal Savar (Weizengrütze). In Südkurdistan wird hauptsächlich Reis angebaut. Mir fällt das eintönige Essen schon sehr schwer. Wie verwöhnt wir in Deutschland sind. Wir denken überhaupt nicht daran, dass die meisten Menschen auf der Erde jeden Tag morgens, mittags und abends dasselbe essen.

Nachmittags ist militärischer Unterricht. Die Diskussionen gefallen mir teilweise sehr, vor allem, weil die Freundinnen sich gegenseitig unterrichten. Zum Beispiel wird die Frage gestellt, wie sich bei Auseinandersetzungen mit dem Feind verhalten werden soll. Jede bringt ihre Erfahrungen ein. Guerillataktiken sind in erster Linie Anschläge, Anschleichen an Stellungen des Feindes und Hinterhalte. Auf Auseinandersetzungen wird sich möglichst nur bei Nacht eingelassen, wo die Guerilla im Vorteil ist, da sie das Gelände besser kennt und mobiler ist. Wir üben kleine Aktionen, in denen eine Gruppe den Feind darstellt und die andere die Guerilla. Wir greifen ein leeres Dorf im Tal an. Gerade als wir alle in Stellung liegen, kommen Kobras (Kampfhubschrauber), sie fliegen direkt über uns. Weil wir uns nicht bewegen, sehen sie uns nicht. Trotzdem fühlt man sich völlig ausgeliefert. Als sie weg sind, flüchten wir unter einen Felsvorsprung. Kurz darauf kommen sie wieder und schießen einige Raketen ab, von ferne sind Detonationen zu hören. Später hören wir, dass ein Maultier und ein Fass Marmelade am Logistikpunkt getroffen sein sollen.

Ein Freund aus Deutschland ist auf dem Weg zum Logistikpunkt bei uns vorbeigekommen. Heval Munzur ist Türke und in Berlin groß geworden. Es ist wunderbar, sich mal wieder fließend unterhalten zu können. Er hat sich einer DHP-Gruppe (Devrimci Halk Partisi, Revolutionäre Volkspartei) angeschlossen. Die FreundInnen der DHP haben wir schon in der Akademie kennen gelernt. Sie wollen eine revolutionäre Plattform aufbauen und den Kampf in die Türkei tragen. Ihr Unterricht ist in türkischer Sprache und auch inhaltlich anders, da sie sich viel mit den Fehlern der türkischen Linken auseinandersetzen. Auch Heval Meriç ist jetzt in dieser Gruppe. Einige von ihnen werden bald in die Praxis gehen, in Gebiete der Türkei und nach Dersim. Heval Munzur versteht meine Schwierigkeiten. Die kurdische Kultur war ihm genauso fremd wie mir, als er vor einigen Jahren gekommen ist. In Berlin war er in der Antifa organisiert, kennt also auch die Probleme der deutschen Linken. In der BRD wurde er gesucht. Das war aber nicht der Grund, sich der Guerilla anzuschließen, es war nur ein Auslöser. Es ist offensichtlich, dass er bei der Guerilla glücklich ist. Munzur strahlt eine mitreißende Energie aus und kann es kaum erwarten, in die Kampfgebiete im Norden zu gehen. Sein größter Wunsch ist es, nach Dersim zu gehen, eine der nördlichen Provinzen Kurdistans. Dort gibt es auch Guerillakräfte linker türkischer Organisationen, z. B. der TIKKO. Was Heval Munzur mir noch mit auf den Weg geben kann, sind seine Erfahrungen: „Es ist wichtig, dass du nie so herangehst: ‚Keiner versteht mich'. Vielmehr musst du erst mal versuchen, die Realität, aus der die FreundInnen kommen, zu verstehen. Das ist nicht immer leicht, aber du musst bedenken, dass die meisten von ihnen das Leben in Europa nicht kennen."

Munzurs Gruppe hat eine Kuh und ein paar Schafe vom Logistikpunkt geholt. Die Schafe werden in die Seilbahn gezwängt, die Kuh muss durchs Wasser. Wie so oft bleibt keine Zeit, sich länger zu unterhalten.
Wir sind in der Pressestelle des Hauptquartiers angekommen. Vier Frauen arbeiten hier: Zelal, eine türkische Freundin, Şafak, die in Deutschland groß geworden ist, Bihar und Sara. Heval

Sara gehört zu den ersten Frauen, die sich der PKK angeschlossen haben. Ich freue mich sehr, dass ich die Gelegenheit habe, sie kennen zu lernen. Sie war zwölf Jahre im Gefängnis, hat großen Widerstand geleistet. Im Moment schreibt sie an einem Buch über ihre Geschichte, die Geschichte des Widerstands in den Gefängnissen und die Geschichte der Frauen in der PKK*. Leider spricht sie wenig kurdisch, so dass wir nicht direkt miteinander sprechen können. Şafak übersetzt ein bisschen. Lange sprechen wir über unsere Aufgabe als InternationalistInnen in der PKK. Heval Şafak rät uns, möglichst nicht in den Camps zu bleiben, sondern im Frühjahr, wenn die Praxis beginnt, nach Norden in den türkischen Teil zu gehen und uns dort den beweglichen Einheiten anzuschließen. In den Camps sei das Leben eintönig. Den Krieg und den Kampf können wir da nicht kennen lernen. Sie sagt wenn wir Gelegenheit haben, sollen wir auch in die Dörfer der Umgebung gehen, um zu sehen, wie die Bevölkerung lebt. Şafak selbst hat lange in Etruş im Flüchtlingscamp gearbeitet. Dort leben 11.000 Flüchtlinge, größtenteils aus Botan. Das Leben dort sei sehr hart. Die Flüchtlinge würden von der KDP wie Geiseln gehalten. Die UNO, die die Flüchtlinge versorgen soll, arbeite teilweise direkt mit der KDP zusammen. Immer wieder gebe es Morde an der Zivilbevölkerung. Das Lager sei von Militärstationen der KDP umgeben, die in das Lager hineinschießen, um das Volk einzuschüchtern. Die FreundInnen versuchen, das Volk bei seiner Selbstorganisation zu unterstützen. Alte Strukturen sollen überwunden, Ausbildung und Gesundheitsversorgung in die eigenen Hände genommen werden. Im Grunde ist das Camp ein Gebiet, in dem Ziele und Visionen eines revolutionären Kurdistans realisiert werden. Kein Wunder, dass die KDP versucht, das Volk unter Druck zu setzen, damit es die ParteiaktivistInnen verrät. Vor kurzem wurde eine Freundin bei einer Demonstration gegen die von der UNO und KDP diktierten Bedingungen erschossen. Ihr Name war Jîyan. Şafak zeigt uns Fotos von ihr. Sie war in der

* 2014 auf deutsch erschienen: Sakine Cansiz, Mein ganzes Leben war ein Kampf, Mezopotamien Verlag

Bevölkerung sehr beliebt. Zur Erinnerung wurde ihr ein Lied gewidmet: Jîyan, Jîyan, tu na mirî – Jîyan, Jîyan, du bist nicht tot.
Wenige Tage später bekommen wir tatsächlich die Möglichkeit, uns einer Propagandaeinheit anzuschließen, die in den Dörfern von Metîna mit der Bevölkerung diskutieren wird. Zuerst fahren wir mit dem Traktor nach Kanî Masî. Die Stadt ist zum größten Teil zerstört, selbst die einzige Fabrik. In einer Wohnung treffen wir Freundinnen, die auf dem Weg ins Zap-Gebiet sind, wo eine Frauenkonferenz zum 8. März vorbereitet werden soll. Sie sind voller Vorfreude und Zuversicht. Wir fahren weiter mit dem Auto. Bewaffnet in einem Auto zu sitzen, kommt mir sehr merkwürdig vor. In der Welt der Guerilla sind Waffen die einzige Technik. In Metîna besuchen wir verschiedene Dörfer, überall werden wir eingeladen. Wir lernen, dass die Dorfbewohner der Partei gegenüber sehr positiv eingestellt sind, wenn sie über ihre Ziele und Aktionen Bescheid wissen. Trotzdem ist die Angst vor der Rache der KDP allgegenwärtig. Es gibt sehr viele Probleme. Zum Beispiel erzählt uns ein Dorflehrer, dass die Schulbücher auf Arabisch verfasst sind und noch aus Saddams Zeiten stammen. Aufgrund der vielen Enttäuschungen und Schicksalsschläge, die die Menschen hier erleben mussten, gibt es insgesamt wenig Vertrauen in Organisationen. Deshalb hören sie sich zwar an, was die Freunde zu sagen haben, aber im Grunde fühlt sich die Bevölkerung denen verbunden, die ihr Geld geben. Durch die vielen Niederlagen sind sie käuflich geworden. Die KDP bezahlt ihre Kämpfer, die Peşmerga. Sie kämpfen für Geld, nicht für ihre Überzeugung. Geld hat die PKK nicht zu vergeben, sie kann nur das Selbstvertrauen der Menschen in ihre eigene Kraft stärken, die Kraft, sich eine eigene Meinung zu bilden, den Menschen um sich herum zu vertrauen, sich zu organisieren, die eigenen Belange selbst zu regeln.

In einigen Dörfern werden Versammlungen organisiert und mit der Bevölkerung diskutiert. Die FreundInnen versuchen die Menschen davon zu überzeugen, dass es nur einen dauerhaften Frieden geben kann, wenn es keinen Krieg mehr zwischen den kurdischen Parteien gibt und die KDP sich nicht mehr an Operationen der Türkei gegen die PKK beteiligt. Viele Familien haben Angehörige verloren, die auf Seiten der KDP gegen Saddam gekämpft haben. Einige haben sogar schon auf der Seite von Saddam gegen den Iran gekämpft. Es ist bestürzend, wie wenig die Menschen über die politischen Zusammenhänge der immer wieder über sie hereinbrechenden Kriege wissen. Besonders die Frauen führen ein völlig abgeschiedenes Leben, viele haben ihr Dorf nie verlassen. Da zu den Versammlungen wenige Frauen kommen, organisieren wir eine eigene Zusammenkunft. Es kommen trotzdem nicht viele, einigen wurde die Teilnahme von den Männern verboten. Obwohl die Situation der Menschen sehr von Armut und Unwissenheit geprägt ist, bin ich überrascht, wie offen wir überall aufgenommen werden. In jeder Familie wird uns die Tür geöffnet und mit uns geredet. Ich habe den Eindruck, dass die Menschen großes Interesse haben, die Situation zu verstehen, zumindest ist Bereitschaft da, uns zuzuhören. Es ist eine Chance für uns, gleichzeitig aber auch eine große Verantwortung. Wenn wir Fehler machen, werden wir diese Menschen nicht gewinnen können. Ich denke an Deutschland, wer ist da bereit, anderen zuzuhören?

In vielen Häusern hängen Bilder von Barzanî. Das Vertrauen, das Mazud Barzanî innerhalb der Bevölkerung genießt, beruht auf der langen Tradition seines Clans und der Verbundenheit mit Mustafa Barzanî, seinem Vater. Die PKK ist die erste große Partei in Kurdistan, die ihre Kraft nicht auf der Macht von Stämmen aufgebaut, sondern alle Menschen, die in Kurdistan ohne Ausbeutung und Unterdrückung leben wollen, zusammengebracht hat, nicht nur die KurdInnen. Mit dem Geld der CIA schwächen die feudalen Clans den Befreiungskampf. Diese Spaltungen, die KurdInnen mit überholten Strukturen immer wieder gegeneinander auszuspielen, hat in Kurdistan eine lange traurige Tradition. Solange es kein nationales Bewusstsein gibt, können die Herrschenden die innerkurdischen (Stammes-)Widersprüche für sich nutzen. In Diskussionen im Unterricht über die Realität Kurdistans haben wir oft davon gehört, dass es Stammesfehden gibt, die wegen eines

Huhns begonnen haben. Stämme und Clans sind miteinander verfeindet, obwohl der Ursprung der Feindschaft längst in Vergessenheit geraten ist. Deshalb hat die Partei hier die Aufgabe, die rückständige Bindung an die Clans aufzubrechen und die Menschen für die gemeinsamen Ziele zu gewinnen.

Wir kehren um ins Zap-Gebiet, denn wir wollen rechtzeitig zur Frauenkonferenz zurück sein, die am 8. März beginnen soll. Der Termin hat sich jedoch inzwischen verschoben; trotzdem gibt es am 8. März eine Veranstaltung im Bataillon. Ich habe auch die Gelegenheit, eine kleine Rede zu halten. Heval Cengiz übersetzt. Ich weise auf die internationale Bedeutung der Frauenarmee hin, dass dieses Projekt eine Hoffnung für die Frauen der ganzen Welt ist. Es ist vermutlich das erste Mal in der Geschichte, dass Frauen ihre eigene Armee aufbauen. Sie wird verhindern, dass die Frauen wieder in ihre alte Rolle zurückgedrängt werden. Sehr große Schritte sind schon gemacht worden, viel größere noch notwendig.

Der erste Schnee fällt. Wir bekommen den Befehl, noch höher auf den Berg zu ziehen, eine elende Kletterei. Alles besteht aus Matsch und ist rutschig. Jetzt ist unser Punkt eine knappe Stunde entfernt und auf Befehl von Zekî steigen wir morgens im Dunkeln den Berg hinab und abends im Dunkeln wieder hinauf. - Die Frauen sollen fit werden für die Praxis, aber mir ist nicht klar, ob er die Frauen nur schikanieren will, denn können wir uns wirklich bei diesem Schlammgerutsche weiterentwickeln? Erst einmal müssen wir oben neue Zelte aufbauen. Unseres ist winzig und mit meiner Überlänge, an kurdischen Maßstäben gemessen, fühle ich mich wie im Mauseloch.

Meine Manga ist Tepecî. Wir sind jetzt sehr nah am Tepe, dem strategischen Hügel, der jeweils von einer Gruppe abwechselnd gehalten wird, den Tepecî. Wenn der Feind angreift, muss sie den Berg halten, bis die anderen sich in Sicherheit gebracht oder ihre Stellungen eingenommen haben. Da unsere Einheit die letzte im Zaptal ist, wird der Feind zuerst hier angreifen. Wir tragen also die Verantwortung für viele hundert FreundInnen. Es ist wunderschönes Wetter und von hier oben sehe ich das erste Mal das ganze Tal.

Überall kann ich Dörfer erkennen, die sich in den verschiedenen Stadien des Verfalls befinden. Zu unserem Schutz stehen hier ein gut getarntes Zelt und eine Dotşka, ein schweres Luftabwehrmaschinengewehr. Wir halten abwechselnd Wache. Ständig kreisen Kobras über uns, so dass wir die ganze Zeit in Alarmbereitschaft sind. Vermutlich steht eine Operation bevor, der Feind macht Aufklärungsflüge. Nachmittags ist es wieder ruhig, das erste Mal seit langem, dass wir ein bisschen Zeit für uns haben. Heval Zelal erzählt mir aus ihrem Leben. Sie kommt aus Uludere, vom Goyî-Stamm, der dafür bekannt ist, einen sehr eigenwilligen Dialekt zu sprechen. Daher verstehe ich sie nur mit größter Anstrengung. Zelal stört das nicht, sie lacht und erzählt weiter. Ihr Dorf ist 1994 zerstört worden. Daraufhin ist sie mit ihrer Familie nach Etruş ins Lager gegangen und als 13-jährige gegen ihren Willen an einen älteren Mann verheiratet worden. Kurz darauf wurde sie schwanger. Als das Kind von der Brust entwöhnt war, ist sie zur Guerilla gegangen. Ihre Heirat ist ihr nachträglich peinlich. Ich kann ihr nur sagen, dass ich sie für ihre Entscheidung und ihren Mut sehr bewundere. Zelal hat wie so viele nie die Schule besucht und kann weder lesen noch schreiben, aber sie ist entschlossen, es zu lernen und übt jeden Tag. „Ich will alles lernen,

was es nur gibt“, sagt sie. Ich bewundere diese Frauen sehr. Alles, was sie anfassen, sieht so leicht aus, ich dagegen komme mir oft ungeschickt und schwerfällig vor.
Der Krieg hat begonnen. Die Soldaten sind mit Transporthubschraubern gekommen. Die Einheit von Heval Xabat hat sie empfangen; auf ihrer Seite soll es schon Tote gegeben haben. Unser Punkt auf dem Berg wird beschossen. Rûken und ich werden ins Tal zu der anderen Einheit geschickt. Da mir die Taktik unklar ist, protestiere ich nicht lange. Unten im Tal komme ich mir nutzlos vor. Bald ist jedoch eine Aufgabe gefunden. Der Logistikpunkt, der eine halbe Stunde entfernt liegt, soll aufgelöst werden. Dort liegen für das gesamte Bataillon neue Turnschuhe bereit. Im Winter werden Gummischuhe getragen. Zwar ist immer noch Matschwetter, aber jetzt muss eben alles verteilt werden. Agirî begleitet mich. Sie ist vom Goyî-Stamm, wie Zelal, es gibt Verständigungsprobleme. Sie sagt: „Wenn Mörsergranaten kommen, schmeißt du dich auf den Boden.“ Um uns herum pfeifen Geschosse, Explosionen, wir werfen uns alle paar Meter hin. Zum Glück weiß ich noch nichts über die Wirkung von Mörsergranaten, sonst würde ich vor Angst sicher tot umfallen. Riesige Splitter können einen Menschen zerfetzen. Aber uns passiert nichts.

Unten am Fluss sehen wir, dass die Logistik auch schon flussaufwärts geflohen ist. Es dauert ewig, bis wir den Verantwortlichen finden und die für uns bestimmten Schuhe bekommen. Ich wundere mich, wie seelenruhig alle sind, obwohl so in der Nähe schon Kämpfe stattfinden. Ist es Leichtsinn oder fühlen sie sich wirklich sicher? Wir ächzen den Berg wieder hoch, jede mit einem Sack voll Turnschuhen. Wir kommen gerade rechtzeitig, um uns in eine Höhle zu flüchten, Kobras sind gekommen und schießen in unser Tal. Es heißt, es wären Apache-Hubschrauber, die in mehrere Richtungen schießen können. Zum Glück ist das Tal so eng, dass sie dort nicht hineinkönnen, und wir sind in der Höhle einigermaßen sicher.

Gegen Abend gibt es ein ziemliches Durcheinander. Einige Freunde sind oben auf dem Tepe von Granatsplittern verletzt worden und sollen ins Hauptquartier gebracht werden.

Im Dunkeln überqueren wir mit der Seilbahn den Zap und klettern den Berg hoch. Morgens eine kurze Pause, dann geht es weiter hoch, zu der anderen Einheit. Von dort aus kann man das Geschehen mit dem Fernglas ganz gut beobachten, aber den größten Teil des Tages sitzen wir in Felsspalten, um uns vor den Mörsergranaten und Kobras zu schützen. Am Abend, als die Soldaten sich wieder zurückgezogen haben, hören wir, dass Heval Adnan und Heval Guevara gefallen sind. Ich kannte sie nicht, trotzdem bin ich sehr betroffen darüber, wie plötzlich das scheinbar friedliche Campleben vorbei ist und der Krieg wieder sein wahres Gesicht zeigt: Zwei Freunde sind einfach nicht mehr unter uns.

Unser neuer Lagerplatz liegt direkt am Wasser. Tagsüber werden große Feuer gemacht, damit wir uns nachts an der Glut wärmen können. Endlich raus aus den engen rauchigen Zelten. Wie die Sardinen liegen wir in der Nacht dicht beieinander, um uns gegenseitig zu wärmen. Das Leben ist plötzlich so schön. Der Unterricht ist zu Ende, und wir haben den ganzen Tag Zeit um zu reden, zu kochen, unsere Sachen in Ordnung zu bringen, alle haben überschäumend gute Laune.

Leider nicht lange: Die Frauenkonferenz wird in wenigen Tagen beginnen. Fast bedauere ich es ein bisschen, dass ich den Wunsch geäußert habe teilzunehmen. Meine Sprachkenntnisse sind möglicherweise nicht ausreichend um viel zu verstehen und mir ist klar, dass wir jetzt wieder lange Zeit in Höhlen verbringen werden. Gleichzeitig ist es natürlich eine große Chance, an dieser Konferenz teilzunehmen. Mit einer kleinen Gruppe von Delegierten geht es zuerst einmal hoch auf den Cudîberg. Überall wachsen wilde Narzissen, die auf kurdisch Nergiz heißen, und die Freundinnen pflücken große Sträuße.

März 1996, Frauenkonferenz

Es dauert einige Tage, bis klar ist, wo die Konferenz stattfinden soll und alle Freundinnen aufgeteilt sind. Gestern am 21. März, Newroz, wurde auf allen Bergen im gesamten Umkreis Leuchtspurmunition verschossen, um das kurdische Widerstandsfest zu begrüßen.

Im Umkreis der großen Höhle am Zap bauen die Einheiten endlich ihre Lager auf. Mehr als 500 Frauen sind aus allen Kampfgebieten der Guerilla gekommen. Die Küchenverantwortlichen, die jeden Tag wechseln, sind schon vorausgegangen und haben aus der zentralen Küche für alle frisch gebackenes Brot geholt und Tee gekocht. Auf dem Weg sammeln wir Holz, das wir in der Küche abliefern. Vom Frühstücksplatz geht es in die mit Transparenten ausgeschmückte Höhle. Jede Einheit hat ihren festen Platz. Von morgens um acht bis abends um zehn wird diskutiert. Für Rûken und mich ist es teilweise sehr hart, da wir wenig verstehen. Trotzdem ist es ein großartiges Gefühl, an dieser Konferenz teilzunehmen. Die Praxis der YAJK seit dem Kongress 1995 wird bewertet und kritisiert, um Weichen für die weitere Entwicklung zu stellen. Die Situation stellt sich in den verschiedenen Gebieten sehr unterschiedlich dar. Teilweise gibt es sehr große Probleme, vor allem, was die Frage der Führung betrifft. Oft fehlt den Freundinnen das Selbstvertrauen ihre Kommandantinnenrolle zu übernehmen. Ihre Unsicherheit wiederum führt dazu, dass ihre Weisungen von den Kämpferinnen nicht akzeptiert werden. Solange die Frauen so wenig an sich selbst glauben, fehlt ihnen zwangsläufig auch das Vertrauen zu ihrer Kommandantin. Die Frage, ob und wie die Frauenarmee aufgebaut werden kann, wird intensiv diskutiert. Viele Freundinnen verstehen Unterdrückung als ein individuelles Problem, aus der sich jede nur individuell befreien kann. Die meisten aber betonen, dass es falsch ist, sich gegenüber den Männern zu beweisen. Die Frau sei emotional immer noch zu sehr an den Mann gebunden, liebt sich selbst, das eigene Geschlecht, nicht, traut sich nichts zu. Die Initiative wird im Kampf immer noch zu oft den Männern überlassen.

Freie Beziehung zwischen den Geschlechtern ist ein weiteres wichtiges Thema. Die Freundinnen sind davon überzeugt, dass wirklich freie Beziehungen zwischen Frau und Mann grundsätzlich möglich sind. Allerdings sind sie der Auffassung, dass beide Geschlechter noch hart an sich arbeiten müssen, um eine freie Persönlichkeit zu entwickeln, die Beziehungen eingehen kann, ohne ständig auf den eigenen Vorteil bedacht zu sein. Fanon schreibt in „Die Verdammten dieser Erde" über die kolonialisierte Persönlichkeit der Unterdrückten, dass sie, um frei und selbstbewusst zu werden, aufhören müsse, die Unterdrücker zu imitieren, ohne eine eigene Identität zu entwickeln. Was für das kurdische Volk gilt, gilt auch für die kurdische Frau, die vom kurdischen Mann kolonialisiert wurde, und auch für die europäische.

Die Frauenkonferenz-Höhle

Die Konferenz geht zu Ende. Es wurden Beschlüsse gefasst. Die Vertreterinnen der YAJK müssen die Idee der Frauenarmee in allen Bereichen vertiefen. Vor allem wird betont, dass es nicht reicht, allein die Geschlechterfrage zu thematisieren. Die Frau soll vielmehr in allen Bereichen, politisch wie militärisch, starke

Einflussmöglichkeiten entwickeln. Die Unterstützung der Parteiführung darf nicht ausgenutzt werden, um sich selbst von Kritik auszuschließen. So geht es nicht darum, gegen die Männer als solche zu kämpfen, sondern gegen das Rückständige in der Persönlichkeit, gegen die gesellschaftliche Prägung der Geschlechterrollen. Allen ist klar, dass wir noch weit entfernt davon sind, dass Frauen die Avantgarde im Befreiungskampf bilden können. Um die Befreiung der Gesellschaft zu erreichen, müssen die Frauen den Männern die Macht aus den Händen nehmen, sie müssen den Weg und das Ziel bestimmen. Sie sind diejenigen, die entscheiden, wie die neue Gesellschaft aussehen wird. Unsere ganze Anstrengung muss diesen Aufgaben gelten. Die Frauenfrage ist auch eine Männerfrage. Beide Geschlechter müssen hart dafür kämpfen, dass eine freie Gesellschaft mit tatsächlich gleichberechtigten Menschen entsteht.

Gleichzeitig ist allen bewusst, dass die bisherigen Schritte schon einen unglaublichen Erfolg darstellen. Noch vor wenigen Jahren hätte es jeder Mensch in Kurdistan für absolut unmöglich gehalten, dass die Frauen eine Rolle im Kampf spielen würden. Am Ende der Konferenz werden die neuen ZK-Mitglieder der YAJK gewählt. Diese Frauen werden in die Gebiete gehen und dort versuchen, die Beschlüsse der Konferenz gemeinsam mit den dortigen Freundinnen umzusetzen. Zum Ende der Konferenz tanzen hunderte Frauen gemeinsam Dîlan im Tal des Zap. Die Stimmen reichen sicher meilenweit. Dîlan ist pure Lebensfreude und Energie.

Zum Abschluss der Konferenz und vor unserer Verteilung auf die verschiedenen Gebiete findet noch eine „Moral", ein Abend, der die Moral der Kämpferinnen steigern soll, statt. Lieder werden vorgesungen, Tänze vorgeführt. Eine allgemeine Selbstkritikplattform wird stattfinden und auch ich halte eine kleine Rede. Rahşan übersetzt ins Türkische. Einige Freundinnen kritisieren mich, vor allem Heval Zeynep findet, dass ich mich immer noch außerhalb der Freundinnen sehen würde und Schwierigkeiten hätte, mich als Teil des Lebens hier zu begreifen. Anstatt mich den Problemen objektiv anzunähern, wäre ich viel zu emotional. Außerdem würde ich mich zu sehr als Einzelperson sehen statt als Vertreterin der Linken in

Deutschland. Heval Zeyneps Kritik ist wertvoll für mich. Die Emotionalität ist wirklich ein Hindernis. Aber wie soll ich sie überwinden? Die Freundinnen sind immer entsetzt, wenn ich in Tränen ausbreche oder aus der Haut fahre. Wie schaffen sie es, so selbstdiszipliniert zu sein? Diese Emotionalität steht uns deutschen Linken immer im Wege, deshalb bleiben wir ohne Lösung. Die Partei lehnt Emotionen grundsätzlich nicht ab, denn sie sind ein Bestandteil des Menschen. Große Gefühle können große Gedanken hervorbringen und dazu befähigen, die vielen kleinen Schritte zu tun, welche in ihrer Gesamtheit zu sichtbaren Erfolgen und Entwicklungen führen. Doch wer im Krieg emotional handelt, hat schon verloren. Auf der Basis von Emotionen können keine Entscheidungen getroffen werden. Wir nehmen Kritik persönlich, statt sie als Chance zur Weiterentwicklung zu sehen. Ich weiß, dass noch ein weiter Weg vor mir liegt. Was die Rolle als Vertreterin der deutschen Linken angeht, so überkommen mich Unbehagen und Zweifel. Die deutsche Linke ist bedeutungslos, sie kämpft nur für sich selbst und ist zumeist mit sinnlosen nervenaufreibenden Grabenkämpfen beschäftigt. Der Klassenstandpunkt ist nicht klar. Vieles ist nur Anspruch, findet keine Umsetzung in der Praxis. Wir stellen für uns selbst keine Kriterien auf, wie wir leben wollen. Vieles bleibt unverbindlich, beliebig. Die eigenen Privilegien stehen nicht zur Disposition, Herrenmenschenhaltung. Die Linke gruppiert sich um die PKK und andere Organisationen herum, dafür oder dagegen. Es ist eben einfacher andere zu kritisieren, als selbst den Kampf zu entwickeln.

Heval Fuat ist gekommen, um uns zu verabschieden und eine politische Bewertung vorzunehmen. Er spricht über den Waffenstillstand mit der KDP. Seiner Einschätzung nach hat die ARGK im Kampf gegen die KDP große Erfolge erzielt, vor allem, was die Kampfmoral der KDP angeht. Viele KDPler wurden gefangen genommen oder sind übergelaufen. Die Bevölkerung in Südkurdistan sieht die Lösung ihrer Probleme zunehmend in der PKK, hat kein Vertrauen mehr in die KDP, von der sie immer betrogen wurde. Vor allem die Tatsache, dass die KDP offen die türkische Armee unterstützt, kann das Volk nicht akzeptieren.

In Botan ist die Einheitskommandantin Heval Newroz, die ich aus der Parteischule kannte, gefallen.

Alle Freundinnen, die an der Frauenkonferenz teilgenommen haben, werden neu verteilt. Die Namen werden verlesen und alle sind sehr aufgeregt. Zwar sagt jede: Mir ist es egal, der Ort, den die Partei wählt, wird schon richtig sein, aber es ist klar, dass jede einen heimlichen Wunsch hat. Auch die Mädchen von der Jugend-Einheit werden auf unterschiedliche Gebiete verteilt. Die Trennung ist für sie besonders schwer, denn seitdem sie in den Bergen sind, bilden sie eine feste Gruppe. Es gibt Tränen. Dann werden unsere Namen vorgelesen: „Metîna“.

Zuerst freue ich mich, dass wir das Hauptquartier verlassen dürfen, im Grunde aber bin ich enttäuscht. Jetzt, wo hier im Süden der Waffenstillstand vereinbart wurde, glaube ich hier nichts mehr verloren zu haben. Ich möchte in die Kriegsgebiete im Norden gehen, nach Botan in den türkischen Teil Kurdistans und die Praxis kennen lernen. Ich weiß auch nicht, woher ich den Mut nehme, aber ich denke: Jetzt habe ich die Chance, die ganze YAJK-Leitung ist hier. Ich gehe zu Heval Fatma und trage ihr mein Anliegen vor. Zu meiner Überraschung sagt sie: Ja, du kannst gehen. Ich weiß nicht, ob ich lachen oder heulen soll, denn meine Entscheidung bedeutet natürlich auch die Trennung von Rûken.

April 1996

Wir sind auf dem Weg nach Botan! Meine Manga ist sehr nett. Einige waren lange im Botî-Camp, einem großen Schulungslager der ARGK in Südkurdistan. Sie haben dort für das Radio gearbeitet. Besonders gut gefällt mir Heval Nalîn, sie spricht sehr verständliches Kurdisch und hilft mir immer, indem sie mir Sachen übersetzt oder erklärt. Wir machen Halt in einem verlassenen Dorf. Hier haben wir schon einmal übernachtet, auf unserem Weg ins Zap-Gebiet. Alle Freundinnen, mit denen ich damals gekommen bin, werde ich wohl lange oder nie mehr wieder sehen. Es ist nicht leicht, sich immer wieder zu trennen, wenn man sich gerade erst kennen gelernt hat.

Am nächsten Tag geht es ins Hochland. Wie schön es ist, schon alles grün, unglaublich grün. Ich fühle mich plötzlich sehr befreit, endlich heraus aus dem engen Zaptal und den Höhlen. Während einer Marschpause wird es schnell kalt und es ist schwierig, bei dem starken Wind Feuer zu machen. Wir tanzen Dîlan, weil wir uns freuen und damit uns warm wird.

Şervîn erzählt, wie sie dazu gekommen ist. Sie hat sich 1991 zusammen mit ihrer Kusine Hebûn angeschlossen. Sie weiß nicht, wie alt sie ist. Ich schätze 15. Hebûn ist 1994 in Serhat gefallen. Şervîn zeigt mir ihr Heft mit Photos von gefallenen Freundinnen. Jede hat solche Erinnerungen. Es ist so traurig, dass so viele gefallen sind. Schön ist, dass sie in Geschichten, Liedern und Gedichten in den kleinen Heften weiterleben.

Wir laufen viele Tage. Viel Zeit zum Nachdenken. Ich denke über die Ergebnisse der Frauenkonferenz nach und über unseren, meinen Umgang mit Liebe und Beziehungen. Schon in der Parteischule habe ich schnell gelernt, dass der Umgang der Freunde und Freundinnen untereinander ein anderer ist als in der deutschen Gesellschaft und auch innerhalb der Linken. Zuerst fand ich es bestürzend, dass Liebesbeziehungen von Seiten der Partei nicht erlaubt sind. Diese Art von Beziehungen habe ich immer als etwas Selbstverständliches betrachtet, sie nicht wirklich in Frage gestellt. Meine eigenen Beziehungen waren immer sehr schwierig. Zwar habe ich diese Probleme auch im gesellschaftlichen Kontext gesehen, aber immer geglaubt, ich könnte das individuell lösen. Schon in der Parteischule war mir schnell aufgefallen, dass es vermieden wird, andere als Objekt zu betrachten. Der oder die andere wird als Genossin gesehen. Schnell habe ich gefühlt, was für eine unglaubliche Befreiung es ist, nicht angemacht zu werden, ein ganz neues Lebensgefühl. Als Mensch, als Genossin, nicht als potentielles Sexobjekt betrachtet zu werden. Anerkannt zu werden, weil du dich für ein anderes Leben entschieden hast. Es spielt keine Rolle, ob du dick bist oder dünn, „schön“ oder „hässlich“. Schönheit wird hier als die Schönheit, die du im Leben hervorbringst, gesehen und nicht in Äußerlichkeiten.

Beziehungen werden bei uns in Europa im Grunde als Ware, Besitz betrachtet. Der eigene Wert wird danach bemessen, welche Beziehungen mensch hat, eine Frau ohne („Liebes“-)Beziehung ist in der Gesellschaft wertlos. Sie lebt fast ausschließlich dafür, sich für die Beziehung attraktiv zu machen. Das gesellschaftliche Druckmittel ist die Angst verlassen zu werden, allein dazustehen.

Es gibt Frauen, die sich aus diesen Verstrickungen gelöst haben, aber gemessen an der Masse der Frauen sind es wenige und auch in der Linken werden diese Mechanismen kaum hinterfragt.

Die so genannte Liebe wird uns als einzige Sinnstiftung in diesem Leben angeboten. Wo alles von Konkurrenz bestimmt ist, gelten die so genannten Liebesbeziehungen als Inseln, aber gerade in den Beziehungen ist Berechnung die Grundlage: Was gibst du mir, was gebe ich dir dafür? Wir nehmen kaum wahr, wie sehr auch wir von diesen Verhältnissen geprägt sind. Bei der Guerilla wird mir allmählich klar, dass die Beziehungen hier viel freier sind. Zwischen Männern und Frauen gibt es weniger Spannungen. Jede/r weiß, es gibt eine Grenze, die nicht überschritten werden darf. Ich beginne, Liebe jetzt ganz anders zu verstehen, eben als Liebe zu allen Genossinnen und Genossen. Es gibt einen gemeinsamen Kampf, ein gemeinsames Ziel, in dem eben jede und jeder einen Platz einnimmt und wertvoll ist. Das schafft eine Verbundenheit zu allen, egal wie viele Fehler sie auch immer haben mögen. Jede/r will alles geben.

Eine Revolutionärin oder ein Revolutionär kann seine oder ihre Gefühle, Liebe nicht auf einen Menschen beschränken. Das Prinzip der PKK ist, dass Beziehungen nicht abhängig von Sympathie oder Antipathie aufgebaut werden dürfen. Alle sollen zueinander Beziehungen aufbauen, nicht nur zu FreundInnen, die ähnlich aufgewachsen sind und daher ähnlich denken. Auf diese Weise könnte niemand neue Erfahrungen machen oder beginnen, die Welt mit neuen Augen zu betrachten. Für die Frauen ist es eben vor allem wichtig, dass sie ihre Anerkennung nicht allein bei Männern suchen, sondern ihre Genossinnen genauso ernst nehmen. Erst wenn Frauen anfangen, sich von der Frauenrolle zu lösen, lernen sie sich selbst, das eigene Geschlecht zu lieben und als wertvoll zu betrachten. Selbstbewusstsein in diesem Sinne ist die Voraussetzung einer wirklichen Befreiung. Auch ich merke, dass ich an dem Prinzip festhänge. Statt allen Freundinnen Vertrauen, Liebe und Offenheit entgegenzubringen, bin ich immer auf der Suche nach einer Freundin. Dieses Verhalten kritisiert die Partei scharf, denn es führt zu Gruppenbildung, zu Klüngelei und verhindert die Weiterentwicklung aller.

Für mich bringt es sehr viel, die genossenschaftlichen Beziehungen hier in der PKK kennen zu lernen. Ich lerne mich selbst neu kennen, ich will mich verändern. Ich beginne mich für mein Verhalten zu schämen, gerade am Anfang gab es viele Situationen, in denen ich mich ziemlich egoistisch, kleinlich und launisch verhalten habe.

Erdal, ein Freund aus der Parteischule, hat einmal gesagt: „Mit dem Anschluss an eine revolutionäre Bewegung bist du noch keine Revolutionärin, du musst dich bemühen, eine zu werden. Besonders hier unter diesen harten Bedingungen musst du versuchen, zuerst an alle und dann an dich zu denken, das Ich durch das Wir zu ersetzen." Unter den Bedingungen des Krieges kann es sexuelle Liebesbeziehungen nicht geben, schon gar nicht in einer Gesellschaft wie der kurdischen, wo die Frau als Eigentum des Mannes betrachtet wird. Der Frau aus Kurdistan fehlt die Erfahrung der europäischen Frauenbewegung, die in den 60er und 70er Jahren eine Bewusstseinsveränderung bewirkt hat, auch wenn es seitdem wieder ein Rollback gibt. Dass Beziehungen dieser Art bei der Guerilla und in der Partei quasi verboten sind, ist aus westlicher Sicht bestimmt für viele unvorstellbar. Aus meiner eigenen Sicht sage ich, die Frauen können dadurch nur gewinnen.

Metîna

Wieder einmal in Metîna, dort ist Zeit für eine längere Pause. Alle bringen ihre Sachen in Ordnung, Waffe putzen, Magazine, hier was nähen, da was flicken, die Kleider nach Läusen durchsuchen. Wenn mal frei ist, gibt es einiges zu tun.

Heval Zozan ist unsere Kommandantin. Sie ist alles andere als elitär, mit ihrer guten Laune und Ausstrahlung gibt sie unglaublich viel Zuversicht für den Aufbau der YAJK. In der Parteischule war sie wohl die einzige, die öffentlich von der Parteiführung gelobt wurde. In einer Analyseversammlung war sie, wie alle KommandantInnen, stark kritisiert worden. Daraufhin hat der Vorsitzende sie verteidigt: „Sie ist die Frau von vor 500 Jahren." Damit war gemeint, dass sie eine Frau vom Dorf ist, aus Strukturen, die seit Jahrhunderten unverändert die Frau an den Rand drängen. Aber sie ist aufgestanden und kämpft für die Bildung, für die Befreiung aller. Es stimmt, eine Frau wie Zozan, eine, die entschlossen ist und dabei soviel Kraft und Lebensfreude ausstrahlt, ist ein Vorbild für alle Frauen, sie reißt andere mit, gibt Kraft und Vertrauen in das eigene Geschlecht.

Nach einigen Tagen geht es weiter. Kaum haben wir das Camp und die schützenden Höhlen verlassen, geraten wir in einen Fliegerangriff. Türkische Kampfflugzeuge sind über uns und schießen Raketen ab. Wir befinden uns in Südkurdistan, dem Nordirak, in der so genannten UN-Schutzzone. Nach dem letzten Golfkrieg 1991 wurde sie als Bedingung des Waffenstillstandabkommens mit dem Irak eingerichtet. Nördlich des 36. Breitengrades wurde ein Flugverbot verhängt, um einen „sicheren Hafen" für die Kurden zu schaffen. Überwacht werden soll das Flugverbot von den USA, Großbritannien, Frankreich und der Türkei. Ständig sieht man jedoch amerikanische Aufklärungsflieger, die dann offensichtlich ihre Daten an die türkische Armee weiterleiten, die dann wiederum bombardiert. Nicht selten werden auch ZivilistInnen getroffen. Auch im Zap-Gebiet habe ich mehrmals solche Angriffe erlebt. Alles geht sehr schnell – Chaos. Alle rennen in irgendwelche Richtungen zu den schützenden Felsen. Zum Glück passiert nichts, es verzögert nur den Abmarsch. Entwarnung, es geht weiter.

Wir gehen durch die Dörfer Metînas, an die hundert Frauen! Die Dorfbewohnerinnen lassen ihre Arbeit liegen und beobachten interessiert unsere Truppe. Ich würde gerne wissen, was sie denken, ob sie schon mal so eine große Frauenarmee gesehen haben? Sie tragen bunte Kleider, waschen das Geschirr und die Wäsche im Fluss. Wie bunt alles aussieht, wo wir immer nur die grauen Guerillauniformen sehen. Leider können wir nicht anhalten. Trotzdem ist es ein fröhlicher Weg. Aufgrund des Waffenstillstandes mit der KDP und auch, weil unsere Späherinnen den Weg kontrolliert haben, können wir tagsüber marschieren und das Land kennen lernen. Wir verlassen die Täler und gehen wieder in die hohen Berge, passieren die Stadt Begova. Von hier oben sieht sie eigentlich aus wie ein größeres Dorf. Wir überqueren den Habur nachts und erreichen morgens ein Lager der FreundInnen. Erst mal waschen und kämmen, bevor wir ins Lager hochgehen. Wie überall haben die FreundInnen alles für uns vorbereitet, ein großes Feuer wärmt uns. Zu unserer großen Freude gibt es Käse, den jemand aus dem Dorf geholt hat, eine außergewöhnliche Köstlichkeit, zumal es sonst immer nur Reis und Bulgur gibt. Die Freundinnen haben schlechte Nachrichten für uns. Ein Freund ist in der Nähe in Haftanîn auf eine Mine getreten. Das ganze Land ist vermint, teilweise ist die irakische Regierung dafür verantwortlich, meist aber stammen die Minen von der türkischen Armee. Ein Großteil wurde in Deutschland produziert. Immer wieder hört man von Minenopfern, auch unter der Zivilbevölkerung. Die Minen liegen irgendwo auf dem Weg oder an Lagerplätzen. Manchmal hält sich eine Einheit wochenlang an einem Platz auf und plötzlich explodiert eine Mine mitten im Lager, die ganze Zeit liegt sie da, bis jemand zufällig darauf tritt. Manchmal überfällt mich Panik, die Angst unvermutet auf eine Mine zu treten, ist eben auch eine psychologische Waffe. Genauso wie die Jets, die meist nicht viel ausrichten können, außer Terror und Angst zu verbreiten. Das ist ihr eigentlicher Sinn.

Haftanîn

Weiter nach Haftanîn, vorbei an einer Kaserne der türkischen Armee, die noch nah genug liegt, um uns mit ihren Mörsergeschossen zu erreichen, wenn sie uns entdecken würden. Daher der Befehl, in Zweiergruppen mit großem Abstand zu laufen. Wenn sie ihre Granaten abschießen, treffen sie so nicht in die gesamte Gruppe. Bis jetzt habe ich noch keine nähere Bekanntschaft mit Granaten gemacht. Im Zap-Gebiet sind während des KDP-Krieges öfter welche eingeschlagen, aber meist in großer Entfernung. Rahşan hatte damals gesagt, es wäre Donner, um uns zu beruhigen. Wie naiv, das zu glauben. Diesmal passiert glücklicherweise nichts. Oben erwarten uns Freundinnen, die für uns ihre Zelte geräumt haben. Es ist noch völlig kahl hier oben, es liegt sogar noch Schnee. Alle umringen uns und wollen von der Frauenkonferenz hören. Am nächsten Tag ist eine Versammlung im Tal geplant, auf der die Ergebnisse der Konferenz vorgetragen werden.

Unten im Tal ist schon alles grün, es gibt riesige plüschige Pflanzen, wie dicht gewachsener Dill und wilde Champignons, eine willkommene Abwechslung. Eine Gruppe wird hier bleiben, zu ihnen gehören auch Nalîn und Arjîn. Nalîn ist enttäuscht, dass sie nicht nach Botan gehen wird. Arjîn ist zur Mangakommandantin ernannt worden, eine schwere Aufgabe, da sie bisher noch wenig Erfahrung hat, aber sie wird es schaffen. Zum Abschied wird mit allen Dîlan getanzt.

Wir lagern ein Tal weiter und haben Gelegenheit, unsere Kleider im Fluss zu waschen. Endlich mal wieder sauber. Ich rede viel mit Heval Sozdar, sie ist Ärztin und trägt neben dem Gewehr noch eine riesige Tasche mit Medikamenten mit sich herum. Vor allem im Norden arbeiten nur wenige Ärztinnen. Um unter diesen Bedingungen Verletzte zu behandeln, braucht man gute Nerven. Wir sammeln Eicheln, die den Winter überstanden haben und jetzt schon keimen. Es gibt einige Sorten, die ganz süß schmecken, wenn sie geröstet werden.

1. Mai 1996. Zum internationalen Kampftag der ArbeiterInnenklasse wird eine Moral veranstaltet, ein großes Ereignis. Allerhand Reden und Lieder werden vorgetragen. Besondere Erheiterung erntet ein Theaterstück über die türkische Armee: Die Soldaten werden als absolute Völltrottel dargestellt, die noch nicht mal ein Gewehr richtig herum halten können. Vielleicht etwas übertrieben, aber der Regisseur ist selber bei der türkischen Armee gewesen – er muss es ja wissen. Er erzählt mir, dass viele Kurden gegen ihren Willen bei der Armee sind und dort wie der letzte Dreck behandelt werden. Kurden müssen ihren Wehrdienst insbesondere in den kurdischen Kriegsgebieten leisten. Er war in Serhat stationiert und ist von dort desertiert, um sich der Guerilla anzuschließen. Obwohl die Versorgungslage bei der Armee sehr gut sei, wäre die Moral schlecht. Sie sind eben Söldner, lassen ihr Leben für fremde Ziele, viele wollen weglaufen, deshalb werden sie ständig stark bewacht, sogar beim Holz- und Wasserholen. Wer beim Weglaufen erwischt wird, wird getötet.

Wir setzen unseren Weg fort nach Pîrbilla, dem Tal, in dem sich die 5.-Kongress-Höhle befindet. Hier war ich schon im Winter auf dem Weg ins Zapgebiet. In dieser Höhle hatten wir übernachtet und Rûkens Gewehr war verschwunden. Im letzten Frühjahr fand hier der 5. Parteikongress statt, auf dem die Perspektiven für die Politik der nächsten vier Jahre bestimmt wurden. Die Höhle ist inzwischen zur Schule ausgebaut und kaum wiederzuerkennen. Auf einer Versammlung werden feierlich noch einmal alle Beschlüsse des Frauenkongresses vorgetragen. Aufbruchstimmung – wir werden die Armee aufbauen!

Im Anschluss an die Versammlung finden noch weitere Verteilungen statt. Meine neue Einheit, in der ich erst einmal bleiben werde, ist die einzige Fraueneinheit in Haftanîn. Die Kommandantin ist Heval Meryem Colak, sie ist ein Jahr älter als ich und hat eine Weile in Europa gelebt. Meryem hat eine dreijährige Tochter, die sie in Europa zurückgelassen hat. Das finde ich sehr beeindruckend. Alles aufgeben, um sich dem Kampf für den Aufbau der Frauenarmee anzuschließen, obwohl sie viel älter ist als der Durchschnitt hier und die Realität Kurdistans nicht gut kennt.

Eine solche Entscheidung wird auch von den Freundinnen hier sehr respektiert. Sie sagen: Wir hatten nicht viel zu verlieren, aber Heval Meryem hat ihr bequemes Leben in Europa zurückgelassen, sogar ihr Kind.

Unsere Einheit besteht hauptsächlich aus Frauen, die lange in Botan oder noch weiter „drinnen", im Norden des türkisch besetzten Teils waren. Viele sind verletzt worden und noch nicht wieder ganz auskuriert. Eylem zeigt mir einen Granatsplitter, der ihr aus dem Bauch operiert wurde, groß wie eine Pflaume, ein eckiges ekliges Metallstück. Ein Wunder, dass sie das überlebt hat, alle nennen sie Eylem birindar, was soviel heißt wie die „verletzte Aktion". Meine Mangakommandantin Zelal stammt aus der türkischen Metropole, 1989 hat sie sich dem Kampf in Dersim angeschlossen. Später hat sie viele Jahre im Botî-Camp und in der Parteischule verbracht, wo ich sie auch kennen gelernt habe. Rojda, die Hilfskommandantin, kann sie nicht akzeptieren: Wenn Zelal einen Befehl gibt, gibt sie gleich einen Gegenbefehl. Alle Probleme, die auf der Frauenkonferenz theoretisch behandelt wurden, können wir jetzt in der Praxis miterleben. Die Freundinnen aus den Dörfern versuchen ihre Art durchzusetzen, die Frauen aus den Metropolen die ihrige. Jede versucht, ihre eigenen Klasseneigenschaften durchzusetzen statt des formulierten Zieles, die militante Persönlichkeit, die freie Frau. Anstatt ihre verschiedenen Erfahrungen gegenseitig zu schätzen und zu ergänzen, entsteht ein übler Konkurrenzkampf. Heval Zelal hat Probleme mit dem Laufen. Obwohl sie sich unheimlich anstrengt, kommt sie nicht richtig mit. Das allein wird als ein Zeichen von Schwäche gewertet und immer wieder in die Kerbe reingeschlagen – puh, was soll das werden?

Oben auf dem Xanturberg ist der Punkt unserer Einheit. Vom Wachplatz aus können wir die Cudîberge (Nordwestkurdistan) sehen. Jetzt endlich beginnt für mich das ganz normale Leben in einer Einheit. Das erste Mal ist Zeit, die Freundinnen besser kennen zu lernen. Gulistan erzählt mir, dass sie sich 1993 angeschlossen hat, da war sie 11 oder 12 Jahre alt. Mit zwei anderen Freundinnen ist sie von zu Hause weggelaufen. In ihrem Dorf waren alle Çete, „Dorfschützer", sie sieht immer noch so winzig aus, sagt aber, dass sie schon sehr groß geworden ist und viele sie nicht mehr wiedererkennen würden.

Wir bauen unsere Mangaplätze. Ein Stück Erde wird begradigt, gefällte Bäume dienen als Gerüst für die Regenfolie, das ist alles.

Der theoretische militärische Unterricht bei Heval Dara beginnt. Wir lernen, mit dem Fernglas Entfernungen auszurechnen, für viele ist das sehr mühsam, da sie nie die Chance hatten, Mathematik zu lernen. Selbst einfache Aufgaben können sie kaum bewältigen. Wir lernen die Zielvorrichtung der Kalaschnikow richtig zu benutzen und die der Karnas. Ich bin davon ausgegangen, dass das für alle eine Selbstverständlichkeit sei, stimmt aber nicht, viele haben anscheinend auch im Kampf einfach draufgehalten und sicher eher aus Zufall getroffen. Der Unterricht ist sehr interessant und ständig tauchen neue Fragen auf, ob z. B. das Blut von Frauen wärmer sei als das von Männern, da sie viel häufiger von den Infrarotpanzern getroffen würden. Ein weit verbreiteter Aberglaube, sagt Heval Dara, Grund ist vielmehr, dass die Frauen sich weniger gut schützen würden als die Freunde. Wir üben Handgranatenwerfen, ohne Zünder. Heval Zozan gibt uns praktischen Unterricht im Anschleichen an Stellungen, Minensuche, Hinterhalt. Wir lernen mit Handfeuerwaffen und Panzerfäusten umzugehen.

Der politische Unterricht ist für mich meist eher langweilig, es wird aus Büchern vorgelesen, meist auf türkisch, was ich sowieso nicht verstehe. Wenn übersetzt wird, geht es mir viel zu schnell. Interessant sind nur die Diskussionen, dabei wird manchmal deutlich, dass ich nicht die einzige bin, die wenig versteht. Eine andere Schwierigkeit ist die Klüngelbildung, hier ahbabçavuş genannt. Die Freundinnen aus dem Norden hängen zusammen, die aus den Metropolen, die aus dem Süden. Statt solidarischer Kritik wird gelästert, intrigiert, bis hin zur Befehlsverweigerung.

Heval Meryem gibt sich die größte Mühe, dem entgegenzutreten. Den Unwillen ignorierend teilt sie die Gruppen neu ein. Meine Manga bekommt eine neue Hilfskommandantin, da Rojda sich absolut gegen Zelal sperrt.

Nur sehr langsam wächst dieser Haufen zu einer Einheit zusammen. Das geschieht hauptsächlich durch die gemeinsame Arbeit: Lebensmittel holen, Depots anlegen, Aktionen vorbereiten. Newroz erklärt mir: „Die Fraueneinheiten sind immer so. Anfangs kann keine die andere akzeptieren und nach einer Weile wollen sie sich nie wieder voneinander trennen." Die Grüppchenbildung löst sich zunehmend auf und wir beginnen einander zu vertrauen. Nach einiger Zeit beginnt es sehr fröhlich zu werden, häufig tanzen wir Dîlan. Trotzdem machen mir meine eigenen Probleme zu schaffen, mit der dörflichen Art vieler Freundinnen komme ich nicht so gut klar, ich empfinde sie als oberflächlich, in den Tag hineinleben, nicht über die Zukunft nachdenken. Zwar respektieren sie mich, aber sie haben wenig Verständnis für meine Schwierigkeiten, wie auch, sie waren nie in Europa und kennen das Leben in den Städten nicht. Einige wissen noch nicht einmal, dass Europa ein anderer Kontinent ist, geschweige denn, wo Deutschland liegt. Häufig liegen meine Nerven blank, wenn es zu sinnlosen Streitereien kommt und die Freundinnen sich gegenseitig nicht akzeptieren. Auf Gefühlsausbrüche wird meist mit Unverständnis reagiert. Tränen sind für sie ein Zeichen von Schwäche. Ich sehe es genauso, aber manchmal wird mir alles zuviel.

Erste Aktionen werden geplant. Eine Gruppe zieht los, um den Feind auf der anderen Seite der Grenze anzugreifen, alle wollen mit, aber nur ganz wenige aus unserer Einheit werden ausgewählt. Sie werden zusammen mit einigen Freunden von der Nachbareinheit gehen. Ich darf in der Gruppe mitgehen, die ihnen regelmäßig Proviant bringt. Mitten in der Nacht gehen wir los, wir schleichen uns ins Tal, überqueren zwei kleine Flüsse und klettern dann wieder einen Berg hoch. Dort treffen wir die Freundinnen, die uns schon entgegengekommen sind. Die Aktion ist ein voller Erfolg. Mitten im Fluss sind die Soldaten in einen Hinterhalt geraten. Viele wurden getroffen. Aus unserer Einheit durfte nur eine Freundin direkt am Angriff teilnehmen, Heval Dicle.

Aus einem Depot in der Nähe holen wir Mörsergranaten, eine wiegt etwa 12 Kilo, wir laden sie auf Esel, um sie zu der Männereinheit zu transportieren. Die Mörsergranaten werden auf eine Kaserne an der Grenze abgeschossen. Nachts sehen diese Kasernen monströs aus, weil sie von riesigen Scheinwerferketten beleuchtet werden. Bei Tag, wenn man näher herangeht, sieht man mit dem Fernglas, dass es nur ein psychologischer Trick ist. In Wirklichkeit sind es nur ein paar mickrige Gebäude, auf denen jetzt unsere Granaten zerplatzen. Jede Granatenexplosion sieht aus wie ein kleines Rauchwölkchen. Aus der Nähe betrachtet sind sie allerdings nicht so harmlos. Bei einer Explosion zerspringen sie in große und kleine Teile, die alles durchdringen, zerreißen. Man hört sie erst, wenn sie schon da sind, und das macht sie so gefährlich. Die Armee verwendet sie häufig, die Guerilla kaum, da diese schweren Waffen schlecht zu transportieren sind und ihre Bedienung eine Spezialausbildung erfordert.

Nach und nach setze ich durch, dass ich bei allen Aufgaben mitmachen kann. Anfangs haben die Freundinnen versucht, mich am Stützpunkt festzuhalten, außer Brotmachen, Wacheschieben, Wasserholen und Saubermachen gibt es da absolut nichts zu tun. Es ist langweilig und ich komme mir oft überflüssig vor. Zu unseren nächtlichen Aufgaben gehört es, Lebensmittel zu holen. Die Lebensmittel werden von den Freunden mit Autos in der Nähe der Straße abgelegt, und wir gehen sie mit Rucksäcken abholen. Wir haben einen neuen Platz weiter unten im Tal bezogen. Es wird langsam sehr heiß, das Gras verfärbt sich schon braun, alles ist sehr trocken. Im Tal tragen Obstbäume mittlerweile reife Pfirsiche und Maulbeeren, das ist immer eine gute Abwechslung. Manchmal sehen wir auch Bauern oder Hirten aus der Stadt Zaxo, die ganz in der Nähe liegt. Wenn wir Wache haben, können wir unten die Autos wie kleine Metallameisen herumfahren sehen.

Heval Besê erzählt mir vom Südkrieg 1992, bei dem KDP und PUK gemeinsam gegen die PKK in Südkurdistan gekämpft haben. Im September 1992 hatte das südkurdische Parlament, bestehend aus KDP und PUK unter dem Einfluss der USA und der militärischen Hilfe aus der Türkei, die sich mit Luftangriffen beteiligte, beschlossen Stellungen der PKK anzugreifen. Bei den Kämpfen, die den ganzen Oktober andauerten, kamen auf beiden Seiten mehrere hundert KämpferInnen ums Leben. Die Basis der PUK kritisierte die Angriffe scharf und am Ende kam es zu Verhandlungen, bei denen die PKK Stellungen der PUK im iranisch-irakischen Grenzgebiet zugesprochen bekam. Anfang 1992 hatten sich als Folge der Volksaufstände in den kurdischen Städten Tausende von Frauen der Guerilla angeschlossen. Viele waren neu und unerfahren und gerieten ohne Ausbildung in die harten militärischen Auseinandersetzungen. Besê war Bikisîcî, d. h. sie bediente das schwere russische Maschinengewehr BKS. Unten auf der Straße fuhren LKWs und Panzerfahrzeuge besetzt mit Peşmerga der KDP. Die Berge konnten sie mit ihrem schweren Gefährt nicht hoch, also sind sie ausgestiegen und haben versucht zu Fuß hochzukommen. Besê hat sie mit der Bikisî aufgehalten: schießen, weiterlaufen, wieder anhalten, wieder schießen, wieder weiterlaufen, bis sie bei den Freunden angekommen ist. „Dann hab ich erst mal geheult", sagt sie. Manchmal kann ich mir gar nicht vorstellen, dass diese jungen Mädchen schon so harte Kämpfe ausgefochten haben. Manche sind erst 15 und schon ein paar Jahre dabei. Tekoşîn z. B., auch sie ist Bikisîcî, vielleicht gerade 1,60 groß. Sie erzählt mir, dass sie immer Rückenschmerzen hat. Vor einigen Jahren hat sie einen Freund, dem während eines Angriffs ein Bein abgerissen wurde, bis zum nächsten Stützpunkt getragen. Dîlovan hat es überlebt und ist später in die Parteischule gegangen. Sie würde gerne wissen, wie es ihm geht.

Ekîn hat sich beim militärischen Unterricht die Hand aufgerissen, die Felsen sind hier spitz wie Glas. Mitten in der Nacht wird von der Nachbareinheit ein Arzt geholt, der die Wunde nähen soll, aber sie schreit wie am Spieß, die Betäubungsmittel wirken nicht. Das Ganze ist ein großes Ereignis, alle sitzen gespannt um sie herum um zuzusehen. Die Schreierei ist natürlich peinlich, überhaupt nicht „askerî". Der Arzt nimmt's gelassen und lässt sich nicht beirren, im Schein einer schwachen Taschenlampe operiert er und lacht dabei.

Wieder einmal haben wir den Platz gewechselt und campieren jetzt an einem kleinen Fluss. Super – endlich Wasser, eigentlich ist es verboten, alle Sachen auszuziehen, aber wir gehen erst mal baden. Schwimmen kann fast keine, deshalb haben alle Angst vor dem Wasser.

Heval Sozdar Avesta ist gekommen, sie ist Mitglied im YAJK-Zentralkomitee und im ZK der Partei, soweit ich weiß, die einzige Frau im Land, die diese beiden Aufgaben innehat. Es werden Versammlungen abgehalten, viel Kritik, alle Probleme werden auf den Tisch gepackt.

Einige von den Freundinnen werden in andere Gebiete gehen. Immer wenn eines der ZK-Mitglieder ein Gebiet besucht, gehören Neuverteilungen zur Tagesordnung. Die Probleme werden in den Versammlungen besprochen und dann Entscheidungen getroffen. Ich beschließe, meine Chance zu ergreifen und Heval Sozdar meinen Wunsch vorzutragen, nach Botan zu gehen. Da sie selbst eine Weile in Deutschland gelebt hat, kann ich mich mit ihr auf Deutsch unterhalten.

Sie scheint eine entschlossene Kommandantin zu sein, die auch die notwendige Autorität hat, Entscheidungen durchzusetzen. Nachdem wir uns eine Weile unterhalten haben, schlägt sie vor, dass wir mit ihr zusammen nach Botan gehen. Zunächst werden wir jedoch noch etwas in Haftanîn bleiben und verschiedene Einheiten besuchen. Inzwischen habe ich erfahren, dass Sîpan auch in Haftanîn ist. Wenn ich ihn treffe, könnte ich ihn vielleicht überzeugen, mich nach Botan zu begleiten, wir würden uns ab und zu sehen und unsere Erfahrungen austauschen. Heval Sozdar ist aus der Akademie gekommen, keine Nachrichten von zu Hause. Man fängt an über solche Begriffe nachzudenken, „zu Hause", „Heimat." Sicher, das Proletariat hat kein Vaterland, die Sprache macht jedoch viel aus, aber nicht nur das, alles ist anders, die Art zu essen, zu trinken, zu rauchen, nichts Wichtiges. Die Art zu reden, Beziehungen aufzubauen, das muss in einer revolutionären Kultur neu entwickelt werden, ist auch erst mal verschieden. Ein Jahr ist vergangen und ich fühle mich immer noch fremd. Fühle ich mich „zu Hause" nicht auch fremd? Werde ich mich nicht fremd fühlen, wenn ich wieder zu Hause bin? Ich werde überall fremd sein, oder überall zu Hause.

Die erste, die mir in Heval Sozdars Gruppe auffällt, ist Rûken. Sie ist 16 und kommt aus einem Dorf bei Şirnak. Nach und nach erzählt sie mir ihre Geschichte, die eigentlich sehr typisch für viele kurdische Frauen vom Dorf ist: Die Familie war wohlhabend, besaß viel Land und Tiere. Mit 10 Jahren wurde sie von der Mutter nach Siirt, der nächsten Kreisstadt, geschickt, da die Mutter der Meinung war, dass das Leben in der Stadt besser für sie sei. Im Haus ihres älteren Bruders musste sie sich um die kleinen Kinder kümmern, die Straße durfte sie kaum betreten. Eine Ausbildung war für sie nicht vorgesehen, sie besuchte nur die Koranschule, wo sie arabische Verse lernte, die sie nicht verstand. Jedes Jahr kehrte sie im Sommer für zwei Monate in ihr Heimatdorf zurück. Als sie 13 wurde, sah sie das erste Mal Guerillas. Ihre Familie war patriotisch und unterstützte die Guerilla mit Lebensmitteln, wie viele Familien in Botan. Rûken war sehr beeindruckt, vor allem von der Tatsache, dass Mädchen willkommen waren. So beschloss sie, von zu Hause wegzulaufen, um sich der Guerilla anzuschließen. Die Mutter war mit Rûkens Entscheidung nicht einverstanden und drängte die Freunde zur Herausgabe der Tochter, aber Rûken versteckte sich. Fast alle Frauen im Botangebiet kamen auf diese Weise zur Guerilla.

Ihre erste Zeit verbringt sie in einer Fraueneinheit in den Cudîbergen, dort trifft sie auf viele Mädchen in ihrem Alter. Das Leben ist für sie sehr hart, da sie zu Hause und bei ihrem Bruder nie körperlich arbeiten musste, aber nach und nach gewöhnt sie sich daran und wird schnell kräftiger. 1993 existieren noch viele Dörfer in Cudî, es gibt noch keine Lebensmittelprobleme, die Freundinnen gehen in den Dörfern ein und aus. Sie hat große Schwierigkeiten, das Parteileben zu verstehen, die politische Ausbildung, die Art der Beziehungen, die Reflexionsrunden, die Versammlungen. Es fällt ihr und vielen anderen schwer zu akzeptieren, dass politische Beziehungen aufgebaut werden sollen, in denen gegenseitige Kritik Grundlage der Weiterentwicklung ist. Sie dagegen trauert den Dorfstrukturen nach, die Freundinnen sollen wie Schwestern sein, die Kommandantin wie ihre Mutter.

Anfang 1994 beginnt die große Offensive der türkischen Armee in Botan. Hunderte von Dörfern werden dem Erdboden gleichgemacht. Rûkens Einheit ist in der Nähe von Şirnak und sie muss von den Bergen aus mit ansehen, wie ihr Dorf von Jets zerstört wird und alle ihre Verwandten bei dem Angriff sterben. „Ich habe tagelang geweint und geschworen, mich zu rächen“, erzählt sie mir. „Von da an habe ich mich zu jedem Einsatz gemeldet, wollte bei jedem Angriff dabei sein. Wenn ich nicht mit durfte, habe ich geweint. Wenn wir Soldaten getötet haben, habe ich mich gefreut. Ich habe ihnen die Ohren abgeschnitten, obwohl das streng verboten war. Ich bin dafür bestraft worden, habe es aber immer wieder gemacht. Zweimal bin ich schwer verletzt worden, habe Splitter im Rücken, habe oft Rückenschmerzen.“ Rûken ist eine erfahrene Kämpferin, aber von der politischen Ausbildung bleibt nicht viel hängen. Sie weigert sich, sich mit politischen Themen auseinander zu setzen, auch die Geschlechterfrage ist kein Thema für sie. Kommandantin will sie nicht werden, sie will keine Verantwortung übernehmen, sondern ihr genügt es, einfach mitzuleben, mitzukämpfen. Dass sie damit ein Hindernis für den Aufbau der Frauenarmee ist, will sie nicht verstehen. Deshalb ist sie bei Heval Sozdar. Im Hauptquartier soll sie mit Abstand zum Guerillaalltag mit einem neuen Verständnis dieser Fragen konfrontiert werden. Wenn ich Rûken sehe, kann ich mir gar nicht vorstellen, dass dieses schmale Mädchen gegen Soldaten gekämpft und ihnen die Ohren abgeschnitten hat. Ihre oberen Eckzähne sind vergoldet, ein Zeichen, dass sie aus einer wohlhabenden Familie kommt. Wir reden viel und ich sage ihr, dass es sich lohnt, Lesen und Schreiben zu lernen, nicht nur für den Kampf, sondern auch für ein befreites Kurdistan.

Wir besuchen das Haftanîn-Hauptquartier, das dem Kommando von Zekî untersteht. Ich ärgere mich über ihn, denn die Diskrepanz zwischen dem, was er redet, und dem, wie er handelt, ist eklatant groß. Zuerst sehe ich sein Zelt, das ist schon ein Schock für mich, ein rotes Campingzelt mitten in den Bergen! Neben dem Zelt eine Decke, auf der Zekî sitzt, mehrere Freundinnen, die um die Decke herum sitzen und mit Tonband aufnehmen, was er zu sagen hat, ich denke nur: Pascha! Heval Sozdar ist auch ZK-Mitglied, aber für sie wird nicht so ein Aufwand betrieben. Zekî hat sogar eine eigene Küche, wo es frisches Gemüse und allerhand Extras gibt, die kein gewöhnlicher Sterblicher hier je zu sehen bekommt.

Nachmittags findet Unterricht statt. Das Thema der Versammlung ist „sosyaleşme", was grob mit „Sozialwerdung" zu übersetzen ist. Zekî versucht den KämpferInnen klarzumachen, dass der Kern der neuen Gesellschaft ein neuer Mensch ist und dieser muss schon innerhalb der Guerilla aufgebaut werden, das betrifft vor allem das Verhältnis der Geschlechter untereinander. Wie wahr, aber warum lässt er sich dann bedienen? Das Thema „sosyaleşme" wird sicher von den meisten missverstanden. Ein sozialer Umgang zwischen den Geschlechtern, Beziehungen, die frei und offen sind, ohne die Schamgrenzen und Tabus der alten Gesellschaft, aber auch ohne die kleinbürgerliche Doppelmoral und Scheinfreiheit der westlichen Gesellschaften, ist unter den Bedingungen hier sehr schwer. Wir müssen immer sehen, wie weit wir gehen können, welche Offenheiten wir uns gegenseitig zugestehen können, ohne mit der Tür ins Haus zu fallen. Es wäre z. B. vollkommen sinnlos, wenn ich anfangen würde, mit offenen Haaren oder ohne Strümpfe Männern gegenüberzutreten, auch wenn das für die Freundinnen aus den Metropolen in der Türkei und aus Europa normal wäre. Das würde nur auf Unverständnis stoßen. Wichtiger ist, den Mut zu haben, eigene Gedanken zu entwickeln und zur Sprache zu bringen. Später am Tag sehe ich Zekî nackt im Fluss baden. Eine Ungeheuerlichkeit in der kurdischen Gesellschaft.

Ich habe mich damals nicht getraut, die Widersprüche öffentlich zu kritisieren, und weiß auch nicht, was die Folgen gewesen wären. Vielleicht habe ich mich nicht getraut, weil meine eigenen Schwächen mir so groß vorkamen, was opportunistisch ist, oder ich glaubte einfach noch zu wenig zu verstehen, um das Recht zu haben, so harte Kritik zu äußern. Zekî hat eine sehr autoritäre Ausstrahlung und gibt uns das Gefühl, dass er allein die Parteilinie vertritt. Kritik an ihm ist keine Kritik an seiner Person, sondern an der Parteilinie. Ich habe mit Freundinnen darüber geredet und die Antwort lautete lediglich: „Das ist normal, er ist schließlich

Gebietskommandant von Botan." Autorität zu akzeptieren, ist in der feudalen Gesellschaft etwas, was sozusagen mit der Muttermilch aufgesogen wird. Deshalb wird Verantwortung gerne den Kommandanten überlassen, bloß nicht selbst geradestehen für Fehler, die gemacht werden. Das ist kein geschlechtsspezifisches Problem und stellt die Partei vor die größten Schwierigkeiten. Eine antiautoritäre Bewegung wie in Europa hat es nie gegeben und auch deshalb können einzelne Kommandanten immer wieder eine Linie durchsetzen, die weit von der Haltung der Partei entfernt ist. Im folgenden halben Jahr, in dem Zekî, mit offiziellem Namen Şemdin Sakık, militärischer Oberbefehlshaber von Botan war, traten seine Fehleinschätzungen und seine persönlichen Fehler so offen zu Tage, dass er in einer Gerichtsverhandlung abgesetzt und sofort nach Syrien gerufen wurde. Nach einer weiteren Gerichtsverhandlung in der Parteischule beschloss die Versammlung der KämpferInnen, dass er als einfacher Mangakommandant ins Taurosgebirge gehen solle. Nach kurzer Zeit kam es wieder zu eklatanten militärischen Problemen im türkisch-syrischen Grenzgebiet, wobei es viel diplomatischer Arbeit bedurfte, um diese Probleme wieder aus dem Weg zu räumen. Zekî kam erneut in die Parteischule, wo wir ihn dann Ende 1997 auch noch einmal sahen. Er war in einer Befragung. Inzwischen wurde immer deutlicher, dass er die Arbeit der PKK sabotierte und offenbar Kontakte zum türkischen Geheimdienst hatte. Da er auch in Syrien ein Sicherheitsrisiko war, blieb der PKK nichts anderes übrig, als ihn ohne Waffe zurück in die Berge zu schicken. Wie vorauszusehen war, lief er nach kurzer Zeit zur türkischen Armee über. In der Guerilla waren seine Verfehlungen schon im Winter 1996/97 längst offen und breit diskutiert worden, jede/r wusste über ihn Bescheid. Die türkische und deutsche Presse versuchten ihn zum „zweiten Mann in der PKK" aufzubauen, es wurde behauptet, die Hälfte der Guerilla hätte sich abgespalten. In Wirklichkeit war jede/r froh, dass er weg war. Sakık (Zekî) wurde inhaftiert und begann sofort umfangreiche Aussagen zu machen, viele GenossInnen zu verraten und alles Mögliche zu erfinden, um seinen Kopf aus der Schlinge zu ziehen. Ich denke im Nachhinein, dass es der Partei nie gelungen ist, Zekîs feudale Strukturen zu brechen. Er wollte immer ein feudaler Herrscher, ein Ağha sein. Er wollte soviel Bedeutung wie Apo, hatte aber einfach nicht das Format.

Für mich ist die Zeit des Abschieds gekommen. Als die Freundinnen uns verlassen, bin ich doch sehr traurig. Immerhin ist es die einzige Fraueneinheit in ganz Botan und viele Frauen sind mir in den letzten zwei Monaten ans Herz gewachsen. Von den Freundinnen wurde mir viel Offenheit und Wärme entgegengebracht. Sie sind grenzenlos vorurteilsfrei. Ich glaube, in der Beziehung habe ich mich auch verändert, ich bin viel offener geworden, langsam, langsam, aber immer noch weit davon entfernt, eine solche Wärme zu fühlen wie die Freundinnen. Da, woher wir kommen, gibt es keine Wärme, nur Abgrenzung. Liebe muss neu verstanden werden. Die Liebe in der PKK „gehört" den GenossInnen, dem Volk und dem Land, nicht mehr einer einzelnen Person. Auch die Tatsache, dass der Vorsitzende so geliebt wird, beginne ich inzwischen zu verstehen. Seit 20 Jahren gibt er den GenossInnen die Perspektiven. Er wird deshalb so geliebt, weil auch er diese Menschen liebt, für die er sein ganzes Leben lang gekämpft hat. Er nähert sich nie von oben herab an, sagt ihnen nicht, was richtig oder falsch wäre, sondern er versucht sie zu gewinnen, zu überzeugen. Er gibt ihnen Zeit. Sie sollen nicht alles an einem Tag verstehen, sondern werden langsam über eine patriotische Haltung an den Sozialismus herangeführt. Dennoch ist es eine rasend schnelle Entwicklung. Vor wenigen Jahren haben die Familien ihre Töchter noch wie eine Ware verkauft, heute akzeptieren sie, dass sie in der Guerilla kämpfen.

Nach einem weiteren Ortswechsel treffen wir auf die Einheit, in der auch Sîpan ist. Auch er hat inzwischen die militärische Ausbildung absolviert und seine Einheit soll in Kürze weiter nach Botan gehen. Ich frage ihn, ob er nicht mit der Einheit vom Hauptquartier, also mit uns zusammen, nach Botan gehen will, dann hätten wir Gelegenheit, uns etwas auszutauschen. Sîpan zögert. Eigentlich möchte er seine Einheit nicht verlassen, da er sich dort mittlerweile ganz gut eingelebt hat, am Ende kann ich ihn jedoch überzeugen. Kommandant von Sîpans Einheit ist Heval

Erdal. Er erzählt mir, dass er als Einheitenkommandant lange in dem einzigen beweglichen Bataillon in Botan war. Über mehrere Jahre hat dieses Bataillon im gesamten Botangebiet sehr erfolgreich gegen die türkische Armee gekämpft. Eine Einheit ist im letzten Jahr am Çiya Reş in einer Großoffensive der türkischen Armee in einen Kessel geraten, fast völlig vernichtet worden, 49 Freunde sind dort gefallen. Eines der größten Desaster in der Geschichte der Guerilla. Jetzt ist das Bataillon aufgelöst worden, die Freunde werden auf andere Einheiten verteilt. Für Heval Erdal ist das sehr enttäuschend. Dennoch gibt er zu bedenken, dass es im Grunde besser ist, wenn es keine „Sondereinheiten" gibt, vielmehr müssen alle Einheiten das Niveau und die Schlagkraft eines beweglichen Bataillons erreichen. Heval Erdal sagt, die Grenze nach Norden wäre fast nahtlos dicht, es sei nur für kleine Gruppen möglich, sie zu überqueren. Auf meine Frage hin, welche Arten von Propaganda der Feind mache, sagt er: „Sie ist meist ziemlich schlecht, Beleidigungen und Beschimpfungen über Funk." Er erzählt, dass die Armee nach einer Aktion der Guerilla einen Punkt beschossen hätte, der eine Stunde entfernt gewesen wäre. Daraufhin hätte er sie angefunkt und ihnen gesagt, sie würden ihre Munition verschwenden. Voller Wut hätten sie den Punkt eine Stunde heftig beschossen und über Funk geantwortet: „Wir verschießen unsere Munition, wohin wir wollen."

Juni 1996: Şehîd Zîlan

Eine Genossin hat einen Selbstmordanschlag in Dersim verübt. Sie hat Handgranaten an ihrem Körper gezündet und viele Soldaten in einer Kaserne mit in den Tod genommen. Es gibt eine Versammlung, ihre Abschiedsbriefe werden verlesen: einer an die Bevölkerung, einer an die Parteiführung, einer an die YAJK. Alle sind begeistert, ich verstehe nichts. Wie kann eine junge Frau sich von Handgranaten zerfetzen lassen? Die FreundInnen versuchen, mir die Bedeutung der Aktion klar zu machen, ich lasse es nicht an mich heran. Erst zwei Jahre später, als ich sehr viel mehr über den Krieg und das Leben der KurdInnen gelernt habe, beginne ich die Bedeutung ihrer Aktion zu begreifen. In ihren Abschiedsbriefen schreibt sie: „Mein Lebenswille ist stark, mein Wunsch ist ein erfülltes Leben durch eine große Aktion. Der Grund für diese Aktion ist meine Liebe zu den Menschen und zum Leben."

Heval Zîlan hat gezeigt, dass eine Frau, eine kurdische Frau, eine solche Aktion planen kann. Die Aktionen der Guerilla, oft von erfahrenen Kämpfern geplant und durchgeführt, sind meist nach einem immer gleichen Schema angelegt. Eine Kaserne oder ein strategischer Hügel wird angegriffen. Die Verluste sind hoch, weil die KommandantInnen nur diese Art des Angriffs kennen, sie überlegen sich nichts Neues, planen nicht, wenden keine neuen Taktiken an. Bei einem solchen Angriff fallen vielleicht drei, vier FreundInnen, ohne dass es den Kampf wesentlich voranbringt. Die Parteiführung kritisiert diese Art des engen Denkens. Es ist mutig, sich einem solchen Kampf zu stellen, aber langfristig bringt es keine Lösung. Ein solcher Tod ist sinnlos. Immer wieder wird gesagt, die FreundInnen sollen Angriffe drei, vier Monate vorbereiten und planen, aber die Taktik bleibt immer die gleiche. Grund dafür ist auch die fehlende Zusammenarbeit zwischen den Einheiten. Statt koordinierte Aktionen mehrerer Einheiten oder sogar Bataillone zu planen, denkt jede Einheit nur für sich.

Die Aktion von Şehîd Zîlan hat den Freunden gezeigt, dass ein solcher geplanter Angriff selbst von einer Frau alleine durchgeführt werden kann. Der Armee in Dersim hat sie gezeigt, dass sie selbst in ihren Kasernen, ihren Hochburgen, niemals sicher ist. In ihrem Brief an die YAJK hat sie betont, dass es Frauen sind, die die Führung in diesem Kampf übernehmen müssen, und dass es die Fähigkeit zur Analyse ist, die den Weg aufzeigt. Für die Frauen im Kampf und das gesamte kurdische Volk ist sie so zu einem Symbol für die Befreiung geworden. Ihre Briefe sind ein Manifest für die YAJK. Die Parteiführung hat in einer Rede zum Ausdruck gebracht, dass es nicht darum geht, solche Aktionen zu wiederholen, stattdessen soll gelernt werden, was Führung im Kampf heißt, dass der Kampf weitsichtig und geplant geführt werden muss.

Ich denke auch an Berîvan und Ronahî, die sich Newroz 1994 in Deutschland verbrannt haben. Zu dieser Zeit hielt ich mich gerade mit einer Delegation in Batman auf. Verzweifelte Flüchtlinge berichteten uns davon, wie mit deutschen BTR-60 Panzern ihre Dörfer mit dem Vieh und allem, was sie hatten, niedergerissen und verbrannt worden waren. Auf diese verzweifelte Situation wollten Berîvan und Ronahî mit ihrer Selbstverbrennung hinweisen und aufzeigen, dass sich das Volk Kurdistans mit allen Mitteln gegen seine Vernichtung wehren wird. Die Deutschen haben diese Botschaft nicht verstanden, sie können nicht begreifen, dass Menschen bereit sind, einen so grauenhaften Tod wie die Selbstverbrennung in Kauf zu nehmen, um ihre Entschlossenheit, niemals, auch unter den schwersten Bedingungen, aufzugeben, zum Ausdruck zu bringen. Die Realität des Krieges in Kurdistan und an anderen Orten auf der Welt ist uns zu fern. Haben wir die Verhältnisse, wie sie sind, und die Niederlage der Linken akzeptiert? Haben wir keine Ziele mehr und ziehen die Bequemlichkeit vor, die der Imperialismus uns bietet, damit wir uns fügen? Wie ignorant ist eine Gesellschaft, die Menschen, denen die Freiheit ein höheres Gut ist als ihr Leben, als Terroristen bezeichnet? Die Menschen im Trikont sollen verhungern, sich abschlachten lassen und mit den Krümeln zufrieden sein, die vom Tisch der Reichen fallen. So behaupten sogar einige, die sich Linke oder Kommunisten nennen, der Kampf um Kurdistan wäre sinnlos. Kann denn jemand, der sich Mensch nennt, diese Unterdrückung akzeptieren?

Endlich geht es los, wir werden die Grenze in den Norden überqueren. Sîpan kommt auch mit, er wird in der Gruppe von Zekî gehen, ich gehe mit Heval Sozdar. Zuerst müssen wir einen hohen Berg überqueren, der schon im Grenzgebiet liegt. Rundherum brennen die Berge, der Feind vermutet uns wohl irgendwo hier und hat die ganze Gegend mit Mörsergranaten eingedeckt. Vor einigen Tagen ist eine Freundin hier ganz in der Nähe durch Mörsergranaten gefallen. Die Freundinnen sagen, sie wäre nicht in der Stellung gewesen, sondern habe auf dem Felsen gestanden. Es sei ihre eigene Unvernunft gewesen, sie habe sich nicht an die Regeln gehalten. Der Berg, auf dem sie gefallen ist, wurde nach ihr benannt, Tepe Partîzan.

Der Berg ist steil, es gibt keinen Weg, teilweise müssen wir klettern, es ist stockfinster und rutschig, hoffentlich stürzt keine ab. Wir müssen ganz leise sein, denn der Feind soll in der Nähe sein. Gegen Morgen erreichen wir ein enges Tal, erst mal schlafen. Wir dürfen nicht auf die Hügel rundherum, weil wir gesehen werden könnten. Als wir gegen Abend aufbrechen wollen, schlagen plötzlich Mörsergranaten ein. Wir quetschen uns alle in eine kleine Höhle. Ohne Unterbrechung explodieren sie direkt um uns herum, der Feind weiß also, dass wir hier sind.

Ich habe seit Tagen schrecklichen Durchfall, fühle mich schwach, habe die schlimmsten Befürchtungen, was den Marsch angeht. Es geht steil bergauf, ich kann kaum mithalten. Heval Leşker nimmt mir die Waffe ab. Es ist das erste Mal, dass ich sie abgebe, es ist mir peinlich, aber ich will niemanden auf mich warten lassen. Heval Leşker hat eine Behinderung an den Beinen, vermutlich Kinderlähmung, aber er läuft schneller als die meisten anderen. Manchmal bin ich wirklich überwältigt, was die FreundInnen alles leisten, wie sie mit jeder Schwierigkeit fertig werden. Sicher denken sie: War ja klar, dass die Deutsche nicht laufen kann, Mist! Leider kommt es noch schlimmer. Auf dem Weg gibt es kein Wasser und ich werde immer schwächer, bin völlig ausgetrocknet, bleibe ständig zurück. Bei einer Pause schnauzt Zekî mich an: Wieso läufst du nicht? Ich murmele irgendwas von krank, möchte am liebsten im Erdboden versinken. Dass ich ausgerechnet hier im Grenzgebiet schlappmache, ist mir mehr als unangenehm. Beim Abstieg nimmt Ekîn mein Gewehr und gibt mir ihre leichte Maschinenpistole. Heval Sozdar nimmt meine Tasche. Das ist wirklich extrem, dass meine Kommandantin meine Tasche trägt. Ich versuche nur, mich auf den Beinen zu halten, beim Abstieg falle ich sicher 100 Mal hin und würde am liebsten gleich liegen bleiben. Aber ich nehme alle meine Kräfte zusammen und stehe jedes Mal sofort wieder auf. Endlich, nach vielen Stunden, sind wir am Ava Hezil!!! Ich renne gleich dreimal in die Büsche und dann zum Wasser, egal, was es für eine Brühe ist, immer rein mit dem Zeug. Leider können wir hier nicht bleiben. Es wird beratschlagt, ob wir heute noch den Fluss durchqueren oder erst am nächsten Tag. Erst morgen, lautet der Beschluss, deshalb gehen wir wieder ein Stück zurück, den Berg hoch. Ich krieche mittlerweile auf allen Vieren, inzwischen ist mir egal, was die FreundInnen denken. Oben angekommen, habe ich leider schon wieder schrecklichen Durst und kann nicht schlafen, dabei will ich doch morgen wieder fit sein.

Am Morgen ist es zum Glück nicht mehr weit zum Lager, wir überqueren den Fluss, ich trinke noch mal fünf Liter Wasser und bin wiederhergestellt. Klatschnass nach dem erfrischenden Bad kommen wir im Lager an. Dann, nach einer kurzen Pause, geht es weiter einen Gebirgspfad hoch, wie schön es hier ist. Wir sind in Botan!!

Beim Überqueren des Hezilflusses

Cudî

Völlig übermüdet erreichen wir einen schönen Punkt. Es gibt unreife Pflaumen und Walnüsse. Ich gehe zu den Männern um ein bisschen Tabak bitten. Wahrscheinlich ist das wieder völlig unmöglich, aber das ist mir gerade egal. Sie sind freundlich und füllen mir gleich die Dose voll. Obwohl man auf so einem Marsch doch relativ nah zusammen ist, gibt es wenig Kontakt, ja, andere Länder, andere Sitten. Gerade als wir schlafen wollen, kommen Mörsergranaten, wir flüchten in ein enges Tal, kauern in Felsvorsprüngen. Ganz schön nah die Explosionen! Sowieso ist die ganze Gegend völlig verkohlt, verbrannt. Wir müssen weiter, hier ist es zu gefährlich, wir sind so müde, also wieder los, bergauf, bergab.

Die nächsten Tage verbringen wir an verschiedenen Punkten im Cudîgebirge. Die Freundinnen hier haben pechschwarze Hände von den unreifen Walnüssen. Ich treffe einige Frauen, die ich noch aus Haftanîn kenne und die schon vor längerem nach Botan gegangen sind, Heval Dicle zum Beispiel. Cudî ist sehr schön, sehr hohe Berge, viele Flüsse, aber auch viele zerstörte Dörfer. Auf den Straßen liegen umgefallene verrostete Strommasten, überall verwilderter Wein. Es ist nicht so trocken wie in Haftanîn, eine wilde, aber gleichzeitig sanfte Landschaft. Mit Newroz und Arjîn gehe ich in dem lauwarmen, flachen Fluss baden. Gerade als wir im Wasser sind, hören wir Hubschrauber, schnell raus, verstecken. Wenn sie uns sehen, sind wir geliefert, aber sie entdecken uns nicht. Von so weit oben nehmen sie nur Bewegungen wahr.

Bestler

Von Cudî geht es weiter nach Bestler, wir müssen etliche Flüsse durchqueren. Obwohl Bestler sehr wasserreich ist, gefällt es mir nicht so sehr, die Berge sind nicht besonders hoch und es sieht kahl aus. Endlich, nach tagelangem Marsch, bleiben wir für einige Tage an einem Punkt. Mein Durchfall ist immer noch nicht weg und ich fühle mich ziemlich schlapp. Von Heval Sozdar bekomme ich zu hören, dass mein Şutik unmöglich sitzt. Das stimmt, es ist natürlich Bequemlichkeit. Hier wird viel Wert auf solche Äußerlichkeiten gelegt, denn schließlich sind wir Mitglieder einer Armee, sollten immer bereit sein. Trotzdem rechtfertige ich mich und sage ihr, dass ich wegen dem dauernden Durchfall es nicht mehr hinkriege, mich ständig neu einzuwickeln. Ihrer Meinung nach bin ich selbst Schuld, ich würde unvernünftig essen, sie wäre schon sieben Jahre in der Guerilla und hätte noch nie Durchfall gehabt. Spätestens jetzt werde ich wirklich sauer, ich bin so wütend, dass mir die Tränen ins Gesicht schießen. Was sollen diese Vergleiche? Da ist sie wieder, diese Emotionalität, dieses Selbstmitleid, ich hasse mich dafür. Ich laufe in den Wald und heule mich aus. Als ich wiederkomme, sagen Arjîn und Sozdar Urfa, dass es ihre Schuld sei, dass ich mich nicht verstanden fühle, sie würden sich nicht genug mit meinen Schwierigkeiten auseinander setzen. Ich heule schon wieder, diesmal, weil ich mich für meine Empfindlichkeit schäme. Abends rede ich mit Heval Sozdar. Sie sagt, es tut ihr leid, sie habe nur Spaß gemacht, wäre manchmal etwas unsensibel. Auch ich entschuldige mich und wir reden noch lange zusammen.

In der Nacht stelle ich fest, dass ich meinen Kefîyê, das große Tuch, verloren habe, das ist wirklich ärgerlich, denn als Bettdecke, Sonnen- und Regenschutz ist er unentbehrlich.

Kanî Rengîn, bunte Quelle. Ich verstehe nicht, dass dieser öde Ort einen so schönen Namen hat, zumal die Quelle im Grunde nur ein schlammiges Wasserloch ist. Dann höre ich, dass der Name von zwei Freundinnen stammt, die hier gefallen sind: Kanî und

Rengîn. Auch die Einheit von Heval Ferhad, den ich aus der Parteischule kenne, ist hier. Dort lerne ich Heval Xanê kennen, die in Deutschland groß geworden ist. Es ist schön Deutsch zu reden. Die Schwierigkeiten, die Xanê hat, ähneln meinen, auch sie fühlt sich manchmal fremd und allein. Es tut gut, sich darüber auszutauschen. Auf einer Versammlung mit den Frauen hält Heval Sozdar einen mitreißenden Vortrag über die Frauenarmee. Arjîn bekommt eine Karnas, eine Scharfschützenwaffe. Ich beneide sie dafür. Ich würde selbst gern eine tragen, auch wenn sie schwerer ist als die Kalaschnikow. Aber ich falle zu oft hin und würde womöglich das Fernrohr beschädigen.

Wir setzen unseren Weg fort, überqueren häufig Flüsse und Bäche, nie werden unsere Schuhe trocken. An einer Stelle ist das Flussbett von Felsen so eingeschlossen, dass wir dem Flusslauf durchs Wasser folgen müssen. Mir geht es nur bis zu den Oberschenkeln, die meisten Freundinnen müssen die Rext, den Munitionsgürtel, ablegen und werden bis zu den Hüften nass. Meistens sind mir meine langen Beine unangenehm, weil ich alle, sogar die meisten Männer überrage, aber sie haben eben auch Vorteile.

Unser nächster Platz ist das neue Hauptquartier von Botan, zwei kleine Flüsse treffen hier zusammen. Das Wasser in Bestler, obwohl reichlich vorhanden, ist trübe von Lehm und warm, weil die Bäche so flach sind. Wir Frauen bilden nur eine kleine Gruppe und lagern etwas abseits. Eine Schule wird aufgebaut und der Unterricht kann wieder beginnen. Auch eine Pressestelle wird eingerichtet. Heval Şervan berichtet von seiner Arbeit. Funksprüche aus dem Hauptquartier werden auf Kassette aufgenommen und abgetippt, vervielfältigt und an die verschiedenen Einheiten verteilt, die einzigen Nachrichten für die FreundInnen, sie werden beim Appell vorgelesen. Zur Zeit gibt es kein Radio und auch keine Zeitung für die Guerilla. Das einzige Informationsmaterial, was hier zur Verfügung steht, sind kleine Bücher, hauptsächlich Reden der Parteiführung, oder Dialoge mit KommandantInnen und KämpferInnen. Alles ist auf Türkisch verfasst. Da die meisten sowieso nicht lesen können oder nur sehr wenig und schlecht türkisch sprechen, ist es für sie eigentlich nicht möglich, sich weiterzubilden. Heval Şervan gibt zu, dass kurdische Literatur notwendig wäre, aber sie haben hier keine Möglichkeiten, Texte in größerer Zahl zu vervielfältigen. Auch ich habe ewig kein Buch gelesen und vermisse es sehr. In der Guerilla lebt man zunehmend im Hier und Jetzt, macht sich immer weniger Gedanken über die Welt draußen, weiß im Grunde kaum, was bei der nächsten Einheit los ist. Auch ich selbst mache immer weniger den Versuch, über Themen zu diskutieren, die uns nicht direkt berühren. Der vollkommene Gegensatz zu Europa, wo die Menschen mit Informationen geradezu überschüttet werden, dass sie nichts mehr einordnen oder verarbeiten können und der Kopf sich verteilt. Wenn es nicht mehr möglich ist, die Informationen zu filtern, können keine Handlungsstrategien mehr entwickelt werden, die Entfremdung wird immer stärker. Hier ist das Leben nicht entfremdet, trotz des Krieges, aber die geistigen Aktivitäten verflachen, vereinfachen sich. Heval Zelal hat mir mal erzählt, dass sie nach vier Jahren in den Bergen dem Unterricht in der Parteischule kaum noch folgen konnte, obwohl sie in ihrem zivilen Leben studiert hatte. Seit geraumer Zeit soll die geistige Verflachung über den Unterricht aufgefangen werden, aber viele FreundInnen sagen: Lieber fünf Tage laufen als einen Tag Unterricht. Es ist ein harter Kampf, die Guerilla politisch zu schulen.

In den nächsten Tagen kommen Freundinnen aus anderen Gebieten zum Hauptquartier. Einige sollen nach Südkurdistan gehen, um an so genannten Kaderschulungen teilzunehmen. Zu der Gruppe gehören Frauen, die viele Jahre in Botan gekämpft haben und über wenig theoretische Bildung verfügen, denn hier war der Krieg besonders heiß und ließ wenig Raum für politische Schulungen. Heval Zozan Faraşîn hat einmal gesagt, dass es heute nicht mehr so einfach ist, Kommandantin zu sein. Heute muss eine Kommandantin die Freundinnen auch politisch weiterentwickeln können, die Parteilinie muss in allen Bereichen verstanden und durchgesetzt werden. Für die Frauen heißt das vor allem auch, die Geschlechterfrage zu verstehen und die Interessen der YAJK durchzusetzen. Auch für die Männer ist es sehr schwer, die Probleme zu verstehen und sich zu verändern. Viele können es zum Beispiel nicht akzeptieren, wenn eine Frau Kommandantin wird, obwohl sie nicht über die gleichen Fähigkeiten und Erfahrungen verfügt wie ein Mann. Die Freundinnen waren bisher in erster Linie Kämpferinnen; um Verantwortung als Kommandantinnen übernehmen zu können, ist aber ein größeres politisches Verständnis notwendig. Dagegen wehren sie sich. Sie haben Angst, das Vertraute zu verlassen, die gewohnten Strukturen nicht mehr so ohne weiteres weiterleben zu können. Viele aus den Metropolen sind enttäuscht, wenn sie zur Guerilla kommen und dort statt des politischen Kampfes, den sie an der Universität eher theoretisch kennen gelernt haben, das reinste Dorfleben vorfinden. Sie kennen die Realität der Bevölkerung nicht und können es nicht akzeptieren, dass viele so ungebildet und desinteressiert sind. Ihrer Aufgabe, die anderen auszubilden, mit ihnen zu diskutieren, werden sie nicht gerecht, sie sind unzufrieden und resignieren. Das ist eins der Hauptprobleme in Botan. Seit Jahren werden politische Kader hierher geschickt und sie werden zu Dörflern, werfen ihre Bildung, ihre Bücher über Bord und passen sich allem an. Die Situation in den anderen Guerillagebieten wie Erzurum, Erzincan, Amed, Dersim oder Serhat soll anders sein. Dort ist die Anzahl derer, die studiert haben, wesentlich größer. Das ist der Grund, weshalb viele FreundInnen aus der Türkei und aus den Metropolen nicht in Botan bleiben wollen. Das ist eine Haltung, die den Schwierigkeiten ausweicht, statt Lösungen zu entwickeln, und im Grunde ist es eine kleinbürgerliche Haltung.

Viele Freundinnen aus Botan glauben nicht, dass ihnen Bildung im Alltag etwas nutzen kann. Dicle sagt sogar: Ich werde sowieso irgendwann fallen, wozu soll ich dann lernen. In der Parteischule wurde dieses Phänomen als Todesphilosophie beschrieben. Die Freundinnen und Freunde sind eher bereit zu sterben als für ein neues Leben zu kämpfen. Sie sind mutig und opferbereit, schrecken nicht davor zurück, in den sicheren Tod zu gehen. Angriffe werden gemacht, bei denen von vornherein sicher ist, dass es Verluste geben wird. Für viele zählt aber nur, im Angriff stark zu sein, dort Mut und Todesverachtung zu zeigen und eher einen ruhmvollen Tod zu sterben als Verantwortung für das Leben zu übernehmen. Für das Leben zu kämpfen ist dagegen unendlich schwerer als zu sterben. Für eine langfristige Lebensperspektive ist eine Praxis notwendig, die ständig kurzfristige, mittelfristige und langfristige Planung, Überprüfung und Veränderung erfordert, denn dafür muss sich ständig den neuen Gegebenheiten angepasst, analysiert und daraus die Praxis entwickelt werden. „Ein/e Revolutionär/in denkt nie an den eigenen Tod", hat mal ein Freund gesagt, „er/sie kämpft immer für das Leben, für das neue Leben." Die Partei akzeptiert eine Haltung, in der einfach nur mitgelebt wird, nicht mehr. Jede und jeder hat die Verpflichtung, sich selbst in Tempo und Lebensart der Partei anzunähern, sich in allen Bereichen zu hinterfragen und zu verändern, denn nur so kann auch der Kampf weiterentwickelt werden. Der „billige" Tod, der unnötige Tod, wird nicht mehr akzeptiert. Somit tragen KommandantInnen die schwere Verantwortung, ihre KämpferInnen nicht leichtfertig ihr Leben aufs Spiel setzen zu lassen. Vor der Partei müssen sie dafür Rechenschaft ablegen. Im Programm der PKK wird betont: „Für die Partei ist das Wertvollste der Mensch, die Genossin oder der Genosse."

Gulistan, mit uns aus Haftanîn gekommen, ist jetzt entschlossen, sich die Vorraussetzungen für eine Kommandantinnenaufgabe anzueignen. Zuerst will sie lesen lernen. Sie liest jeden Tag mehrere Stunden und macht schnelle Fortschritte. Ich bewundere ihre Ausdauer und Entschlossenheit, die nicht von Karrierismus, sondern durch die schlichte Einsicht in die Notwendigkeit getragen sind. Sie hat immer gute Laune und beteiligt sich auch im Unterricht immer öfter an den Diskussionen. Auch ich beginne, negative Eigenschaften von mir klarer zu sehen. Ich ertappe mich dabei, fremden Menschen gegenüber misstrauisch zu sein. Sicher, in unserer Gesellschaft ist Misstrauen reiner Selbstschutz, aber auch hier fällt es mir schwer, offen auf alle zuzugehen, immer vermute ich irgendeine Hinterhältigkeit, was meist vollkommen unbegründet ist.

Sîpan und ich sind der Meinung, dass wir uns jetzt lange genug im Hauptquartier aufgehalten haben, zumal dort hauptsächlich der Unterricht für die KommandantInnen im Vordergrund steht und nicht die Praxis. Heval Xabat Derîkist gekommen, der im Moment hier für das Gebiet zuständig ist. Er war schon unser Kommandant in der Parteischule, daher kennen wir ihn. Er ist sehr sympathisch. Wenn er lacht, zerspringt sein Gesicht in viele kleine Lachfalten. Er ist aus dem Kleinen Süden, spricht aber auch türkisch. Schon bald ergibt sich die Gelegenheit, mit ihm zu reden, wir schlagen vor, zu einer normalen Einheit zu wechseln. Wir wollen länger bei einer Einheit bleiben, nicht so viel unterwegs sein, sonst werden wir unseren Sondergaststatus nie los. Er ist einverstanden, vorher sollen wir aber noch die Gebiete Kelê Mamê und Beytüşşebab kennen lernen. Ich bin sehr zufrieden.

Kelê Mamê

Zwei Freunde gehen mit uns, Heval Xalil und Heval Tahir, sie haben den Auftrag, mit der Bevölkerung in Kelê Mamê zusammenzuarbeiten. Es ist ungewohnt für mich, plötzlich mit Männern allein zu sein, denn seit einem halben Jahr bin ich nur mit Frauen zusammen. Das anfängliche Unbehagen ist aber unbegründet, denn die beiden sind sehr nett und offen. Heval Xalil hat alles in seinem Rucksack, was man für so einen Marsch braucht. An einem kristallklaren Bach kochen wir Tee – wie schön, aus dem Lager raus zu sein. Nachts kommen wir vom Weg ab und müssen seitwärts am Hang entlanglaufen, was sehr anstrengend und schmerzhaft für meine Knie ist, ich komme kaum noch mit. Irgendwann halten wir einfach an und schlafen unter ein paar Felsen, sicher, weil die Freunde sehen, dass ich keine Kraft mehr habe. Es ist dieser wochenlange Durchfall, der mich so geschwächt hat. Ich schäme mich, dass ich schon wieder schlappgemacht habe. Wir durchqueren ein schönes Tal, Xalil versucht Rebhühner zu schießen, aber sie sind zu geschickt. Langsam wird es grüner, überall kleine Bäche, wir haben das Hochland erreicht – auf Kurdisch Zozan. Wir kommen an großen Steinkreisen vorbei, die Sommerlager der Nomaden. Auch hier oben, auf drei- bis viertausend Meter Höhe, gibt es zerstörte Dörfer. Der Staat hat den Menschen verboten, ihr Vieh auf die Zozan zu treiben. Es macht mich traurig, dass diese Kultur so gnadenlos vernichtet wird. Heval Tahir sagt, das ist der Platz, an dem Mem und Zîn gelebt haben sollen. Es ist eine Legende aus dem jahrhundertealten Kampf, in der Zîn das Land verkörpert und Mem das Volk. Sie können nicht zusammenleben, obwohl sie sich lieben – das Schicksal Kurdistans und der Menschen, die von hier immer wieder vertrieben werden.

Wir erreichen den Stützpunkt am Kelê Mamê, hier befinden sich zwei Taxims. In der ersten sind keine Frauen, aber wir bleiben trotzdem über Nacht. Heval Ferhad, der Kommandant der Einheit, begrüßt uns. Er ist schon seit den frühen 80er Jahren in der Guerilla und ich nehme mir vor, ihn bei Gelegenheit mal über diese Zeit zu befragen.

Die andere Taxim ist noch ein Stück entfernt, wieder kommen wir an Nomadenplätzen vorbei. Das Klima auf dem Hochland ist ganz anders, noch immer liegt Schnee und wir passieren einen kleinen Gletscher, der langsam vor sich hinschmilzt. Es kommt mir so vor, als wenn der Geist der Menschen, die hier über Generationen ihr Vieh getränkt haben, immer noch unverändert existiert. Es sind Orte von magischer Schönheit und Anziehungskraft. Einige Milizionäre begleiten uns. Die Milizen sind aus diesem Gebiet, alle sind Goyî, Mitglieder eines großen Stammes aus der Gegend der Stadt Uludere. Ihre Familien leben, seitdem ihre Dörfer zerstört sind, größtenteils im Camp Etruş. Die Milizen kennen die Gegend hier sehr genau, kennen jedes Dorf und wissen, wer hier Freund und Feind ist. So sind sie eine sehr wichtige Hilfe für die Guerilla. Ihr Wissen ist zudem wichtig, da es in dieser Gegend sehr viele „Dorfschützer" gibt. Einige Dörfer kollaborieren unfreiwillig, andere aus Überzeugung. „Hogir-Praxis", so die Bezeichnung der Freunde. Hogir war ein Kommandant, der in diesem Gebiet viele Fehler gemacht hat. In der Anfangszeit des bewaffneten Kampfes bewegte er sich hier wie ein Bandenchef, überfiel Dörfer und brachte so das Volk gegen die Guerilla auf. Die türkische Presse hat ihn als Banditenkönig protegiert, und in seinem feudalen Stolz hat er diese Rolle gern gespielt. Intellektuelle, die sich der Guerilla angeschlossen hatten, ließ er hinrichten, seine Begründung lautete, sie seien Agenten. In Wirklichkeit konnte er es nur nicht ertragen, dass sie seine Praxis kritisierten. Damals gab es noch keinen Funk, und die verstreuten Einheiten waren oft lange Zeit ohne Kontakt untereinander. Ihm ist es zu „verdanken", dass die Guerilla in Uludere viele Feinde hat, was der Staat bis heute ausnutzt und sie als „Dorfschützer" missbraucht. Diese Fehler wieder gutzumachen, kostete die Guerilla viel Zeit und Kraft. Für die Praxis von Hogir und denjenigen, die seine Verbrechen mitgetragen haben, wurde Rechenschaft gefordert. Die Fehler vergangener Jahre werden im Unterricht immer wieder dargestellt und diskutiert, damit jede/r daraus lernen kann. Die mit der Guerilla sympathisierenden Dörfer hat der Staat mittlerweile fast vollständig zerstört. Kurdistan, eine der Mangakommandantinnen, erzählt mir, dass vor 1994 fast alle Dörfer bewohnt waren. Die Bevölkerung ging in den Guerillapunkten ein und aus, man feierte Feste zusammen, z. B. den Parteigründungstag (27.11.1978) und das Newrozfest (21.3.). Bei ihrem Bericht bekommt sie wehmütige Augen. Wie die Milizen stammt auch sie aus Hîlal, dem Dorf, das gerade zwei Stunden vom Punkt entfernt ist.

Auf diesem Berg gibt es nur zwei Frauen-Mangas. Ich werde der von Heval Berîvan zugeteilt. Dicle, mit der ich zusammen an der militärischen Ausbildung teilgenommen habe, ist auch hier, wie schön. Sie ist immer noch Bizwingcî, d. h. sie trägt die Panzerfaust, und die Freundinnen erzählen, dass sie vor zwei Tagen fast einen Kobrahubschrauber abgeschossen hat. Viele Frauen aus Südkurdistan entwickeln sich in der Guerilla sehr schnell. Durch eine gute Schulbildung, die sie in Syrien erhalten haben, verfügen sie über eine gute Basis, sie kennen die Realität der Bevölkerung und beherrschen die Sprache.

Weil unser Platz von der türkischen Armee entdeckt worden ist, ziehen wir um. Morgens stehen wir noch im Dunkeln auf und halten uns in Stellungen bereit, falls der Feind ein weiteres Mal kommt. Anders als in Südkurdistan leben wir hier direkt zwischen dem Feind. Mit ihren Kobras und Jets kann die Armee in wenigen Minuten an Ort und Stelle sein. Die Stadt Uludere, wo ein Armeestützpunkt liegt, ist nicht weit. Außerdem hat die Armee in Botan Kasernen in den Städten Şirnak, Eruh und Beytüşşebab, im Sommer nimmt sie außerdem bestimmte strategische Berge ein, vor allem entlang der Grenze.

Am nächsten Tag bekommen wir Besuch von zwei Freundinnen. Jîyan und Tekoşîn sind aus Beytüşşebab gekommen, um Munition aus den hiesigen Depots zu holen, vor allem Bizwingraketen. Zu Jîyan fühle ich mich sehr hingezogen, was wohl daran liegt, dass wir altersmäßig nicht so weit auseinanderliegen. Ich schlage Heval Ferhad vor, dass wir gleich mit den beiden nach Beytüşşebab weitergehen. Aber so einfach ist das nicht. Es gibt keine eindeutigen Befehle von Heval Sozdar, obwohl sie offensichtlich die Verantwortliche ist. Jîyan und Tekoşîn müssen ohne uns zurückgehen. Schade, ich wäre gern mit ihnen gegangen.

Also versuchen wir, uns an den notwendigen Arbeiten so gut wie möglich zu beteiligen. Wir holen Wasser, das sehr weit entfernt mit Kanistern geholt werden muss, scheren und melken Schafe, deren Wolle in den Dörfern zu Winterstrümpfen für die Guerilla verarbeitet werden soll, und heben Gräben aus, die vor Kobraangriffen schützen sollen.

Nach einigen Tagen beginnt die erwartete Operation, offensichtlich aber doch schneller als vorausgesehen. Die Tepecîs haben Soldaten entdeckt. Es kommt der Befehl: „Sachen packen". Viel zu packen gibt es nicht, da jede ihre Tasche immer bereithält und die Gemeinschaftssachen fest zugeordnet sind. Dazu gehört die Decke, unter der wir schlafen, Extramunition, Schaufel und Hacke, ein Teekessel, ein paar Gläser, ein Aluminiumteller und Löffel. Der Küchenkram wird verteilt, jede Gruppe nimmt etwas. Kaum sind wir einige hundert Meter von den sicheren Gräben entfernt, kommen Kobras. Wir sind völlig schutzlos, hier oben im Hochland gibt es keine Felsen, zwischen denen man sich verstecken kann. Wir werfen uns sogleich auf den Boden, die Kobras fliegen über uns hin und her, offensichtlich haben sie uns nicht gesehen. Allerdings scheinen sie den Platz der anderen Taxim entdeckt zu haben, denn von dort kommen jetzt Explosionsgeräusche. Als sie für einen Moment außer Sicht sind, flüchten wir in eine flache Kuhle am Wegrand. Wir sind zu viert, Dilber, Kemal, Ferhan und ich. Sie wissen, dass wir hier irgendwo sein müssen und decken die ganze Gegend mit einem Bombenteppich ein. Wir rennen in der Kuhle hin und her, immer auf die Seite, von der sie kommen, um ihren Salven zu entgehen. Direkt am Rand der Kuhle explodiert eine Rakete, Erde, Steine und Teilchen prasseln auf uns herab. Ich denke, unser letztes Stündchen hat geschlagen, als eine Maschinengewehrsalve auf uns zukommt – direkt am Rand der Kuhle stoppt die Salve. Dilber und ich halten uns an den Händen, wir rauchen, um die Angst auszuhalten. Wir denken an die Freunde, hoffentlich ist keinem etwas passiert. Es dauert eine

Ewigkeit. Sie fliegen hin und her, sie sind so nah über uns, warum sehen sie uns nicht? Plötzlich ist es wieder ruhig. Genauso schnell, wie der Angriff begonnen hat, ist er auch wieder vorbei. Jetzt heißt es rennen, hauptsächlich bergauf. Ich denke, mir platzen die Lungen. Nach einer knappen Stunde haben wir unser Ziel erreicht. Wir erfahren, dass eine Rakete genau bei der Höhle explodiert ist, in der sich Heval Sozdar mit ihrer Gruppe versteckt gehalten hatte. Sie waren gerade aus Bestler gekommen. Einige Freundinnen sollen verletzt sein. Zuerst kommt Ekîn, sie ist bedeckt mit Blutspritzern, ihr Tuch ist von kleinen Teilchen durchsiebt, aber ihr selbst ist nichts passiert. Heval Sozdar zum Glück auch nicht. Nach und nach kommen die anderen, teilweise auf Maultieren. Am schlimmsten hat es Heval Evîn erwischt: In ihren Rücken sind mehrere kleine Raketensplitter eingedrungen. Mizgîn fehlt ein Stück vom Ohr, Gulistan hat einen kleinen Splitter unter dem Auge abbekommen und Arjîn kleine Teilchen an Armen und Beinen. Die Verletzten werden mit Jod versorgt und verbunden, alle Körperteile werden abgesucht. Zunächst einmal aber wird Tee gekocht, alle sind ziemlich geschafft, die Angst und Erschöpfung ist in jedes Gesicht geschrieben. Teilweise sieht es schlimmer aus, als es ist. Danach werden die Verwundeten auf Maultieren weiter nach Bestler ins Krankenhaus geschickt, wohin es glücklicherweise nicht mehr weit ist.

An unserem neuen Platz ist es sehr kalt, wir können nachts nicht schlafen. Heval Sozdar hält einige Versammlungen ab. Auch die Fehler, die zu den Verletzungen der Freundinnen geführt haben, werden ausführlich diskutiert. Zunächst wird geklärt, warum der Punkt vom Feind entdeckt werden konnte. Die Fehler liegen auf der Hand: Zum einen wurde ständig zwischen Heval Sozdars Gruppe und dem Platz der Freunde gefunkt, weil sie den Weg nicht kannten. Zum anderen waren die Pferde direkt am Punkt, so dass der Feind sie sehen konnte. Das hat den Standort dechiffriert, wie die FreundInnen sagen. Die Tepecîs hätten die Kobras beschießen müssen, um sie vom Punkt abzulenken, bis alle in Sicherheit sind. Statt selbst zu entscheiden, haben sie auf Befehle gewartet. Trotz der vielen Fehler hätte auch Schlimmeres geschehen können. Immerhin werden die Fehler analysiert, so dass daraus gelernt werden kann.

Heval Sozdar wird in den nächsten Tagen nach Beytüşşebab gehen und nach einer kurzen Unterredung steht fest, dass wir sie begleiten werden. Zuerst besuche ich noch das Krankenhaus. Es befindet sich in einer Höhle unten im Tal, versteckt hinter großen Walnussbäumen. Eine Quelle ist nur wenige Meter entfernt. Außer den Verletzten jedoch erinnert nicht viel an ein Krankenhaus. Die Freundinnen sind in einem abgetrennten Teil der Höhle untergebracht. Der Arzt versucht die Raketensplitter herauszuoperieren, die schmerzhafte Schwellungen verursachen. Bei Arjîn, Mizgîn und Gulistan ist das kein Problem, weil die Splitter nicht so tief liegen. Gulistan wird eine Narbe am Auge zurückbehalten, wäre der Splitter zwei Zentimeter weiter oben eingedrungen, hätte sie ihr Auge verloren. Bei Evîn, die mit ihrem Körper Heval Sozdar geschützt hat, sitzen die Splitter teilweise zu tief, um sie herauszuholen. Sie müssen vorerst drinnen bleiben. Die strengen Bekleidungsregeln sind für die Verletzten aufgehoben, wenn es sein muss, geht es eben auch anders. In der Höhle ist auch eine Schneiderei untergebracht, mit Fußnähmaschinen werden hier Uniformen angefertigt. Woher kommen in dieser Einöde diese großen Stoffballen? Weil es gerade keine Reißverschlüsse gibt, improvisieren die Freunde mit Klettverschlüssen. Für die Kranken gibt es allerlei Extraleckereien. Hartnäckig hält sich das Gerücht, dass Süßes für die Kranken gut sei, angeblich ist es blutbildend, deshalb gibt es Marmelade und süße Kuchen. Immerhin wird es die Laune steigern, denke ich, und ein paar zusätzliche Kalorien können ja auch nicht schaden. Für die verletzten FreundInnen wird alles Menschenmögliche getan. Lieber hungern alle anderen, als dass die Verletzten zu wenig bekommen. Um die Stimmung zu heben, wird am Abend eine sogenannte Moral, eine Kulturveranstaltung, organisiert. Hezil und Koçer singen ein schönes Lied über den Kelê Mamê und die hier gefallenen FreundInnen. Die meisten Guerillalieder sind eher melancholisch, aber wunderschön.

Näherei

Krankenhaus

Frühsommer 1996, Beytüşşebab

Zwei Tage später geht es weiter nach Beytüşşebab. Zunächst müssen wir den Qaplanberg überqueren, die heiße Mittagssonne macht den steilen Aufstieg zu einer mühseligen Angelegenheit, aber oben auf dem Berg gibt es kühle Quellen. Kurdistan kennt den Weg, als Öncu geht sie voraus und bestimmt den Weg. Trotzdem gibt es Streitereien, warum kann es niemand akzeptieren, wenn eine Frau die Führung übernimmt, auch nicht die anderen Frauen?

Schließlich gehen wir doch den Weg, den Kurdistan eingeschlagen hat. Wir sehen die Felsenkette, die das Hochland von Beytüşşebab abschließt. Von hier oben sehen wir die Endlosigkeit der kurdischen Berge, ein wunderschöner Ausblick, endlose Natur, keine Straßen, Häuser, alles sieht unberührt, unzerstört aus.

Beim Abstieg gelangen wir in ein Tal mit Obstbäumen, das erste Obst seit Monaten! Wir stopfen uns die Taschen mit dem noch unreifen Obst voll. Wir pausieren in einem leeren Dorf, bis der Mond aufgeht.

Morgens beginnt der Aufstieg. Ein Weg ist nicht vorhanden, daher klettern wir eine schmale Felsspalte hinauf; oben erwarten uns die FreundInnen. Es wird vielleicht eine Operation stattfinden, hören wir. Heval Sozdar sagt im Spaß zu mir: „Wir ziehen die Operationen mit uns mit.“ Bis die Lage geklärt ist, müssen wir abwarten.

Plötzlich hören wir das Geräusch herannahender Kobras. Seit dem Angriff auf dem Kelê Mamê verursacht das Geräusch von Hubschraubern schon ein Panikgefühl in mir. Glücklicherweise haben sie uns nicht gesehen, wir hocken am Wegrand und warten, bis nichts mehr zu hören ist.

Unser Stützpunkt befindet sich oben auf dem Kato Jirîke, einer hohen Felsenkette. Jirîk heißt der Stamm, der unterhalb des Kato seit langer Zeit lebt. Viele Dörfer existieren nicht mehr, sind leer und zerstört, die übrigen werden von *Korucu*, „Dorfschützern“, bewohnt. Der Kato ist sehr felsig, die Felsen bilden merkwürdige große und kleine Ringe. In einem der Ringe sind die Frauen untergebracht, in zwei anderen die Männer. Heval Zozan Faraşîn ist auch hier, sie ist jetzt die YAJK-Verantwortliche für die Taxims in Beytüşşebab und Kelê Mamê. In regelmäßigen Abständen halten die Taximkommandantinnen mit ihr über Funk Kontakt.

Zozan und Ekin am Funkgerät

Nachdem alle ihre Plätze zugewiesen bekommen haben, ist endlich Zeit, die Freundinnen zu begrüßen und Nachrichten auszutauschen. Ekîn ist froh Rojîn wieder zu treffen, die sie lange nicht gesehen hat. Ich freue mich besonders, Newroz zu sehen, die mittlerweile Mangakommandantin geworden ist. Eigentlich sollte sie längst in Dersim sein, aber jetzt ist sie vorerst hier gelandet. Viele FreundInnen aus den Metropolen wollen dorthin. Dersim ist ein Mythos, ein Traum: Bin ich erst mal in Dersim, hören alle Schwierigkeiten auf. Diese Denkstruktur ist mir sehr vertraut: bin ich erstmal im Land, ist erstmal die militärische Ausbildung zu Ende, bin ich erstmal in Botan... Die Unfähigkeit, sich auf das Hier und Jetzt einzulassen, scheint eine Krankheit der Metropolenmenschen zu sein.

Rojîn berichtet uns von einer Operation, die vor wenigen Tagen auf der Zozan Faraşîn stattgefunden hat. Sechs Freundinnen und Freunde sind durch Kobras gefallen. Zu der Einheit gehörte eine große Schafherde, die von den Freunden in einem Korucu-Dorf enteignet worden war. Die Kobras hatten die Schafe entdeckt und daraufhin ein Blutbad angerichtet. Die FreundInnen waren gerade erst von einer Aktion zurückgekommen. Rojîn berichtet, dass sie einfach zu kraftlos waren, um sich in Sicherheit zu bringen, zumal es auf der Zozan keine Versteckmöglichkeiten gibt.

Zwei Freundinnen versuchten, sich unter einem kleinen Felsen zu verstecken, aber die Kobras hatten sie gesehen und ihnen die Beine zerschossen, die nicht mehr unter die Felsen passten. Sie sind verblutet. Auch mehr als 500 Schafe wurden getötet. Die Schafherde ist jetzt hier, wo es sicherer ist, weil es mehr Felsen gibt. Viele Tiere sind verletzt, haben Splitter in den Beinen, humpeln.

Trotz der schrecklichen Ereignisse geht der Alltag der Einheit weiter. Nachmittags gibt es Unterricht. Der unterrichtende Freund fragt die Einzelnen, wie sie zur Guerilla gekommen sind. Die unterschiedlichsten Antworten werden genannt, aus einer politisch bewussten Entscheidung allerdings hat sich keine/r angeschlossen. Die meisten sagen, vor ihrem Eintritt in die Guerilla kannten sie die Ziele der Partei im Grunde gar nicht. Ihr Dorf war zerstört worden, Leute aus dem Dorf oder Verwandte waren gefallen oder sind ermordet worden, ein Freund ist sogar durch Zwangsrekrutierung zur Guerilla gekommen. Zu Beginn des bewaffneten Kampfes hatte die Guerilla in den Dörfern Jugendliche einfach zwangsweise eingezogen, was aber schnell als Irrweg aufgegeben wurde. Wer wollte, konnte nach Hause zurückkehren. Viele jedoch blieben freiwillig in den Reihen der PKK.

Heval Faraşîn, die noch sehr jung ist, sagt gar nichts, sie hat nicht den Mut, vor all den Freunden zu sprechen. Mit meinem schlechten Kurdisch versuche ich meine internationalistische Überzeugung auszudrücken, dass die PKK eine große Hoffnung für die gesamte Menschheit im Kampf für die Befreiung der Frau und einen neuen Sozialismus bedeutet, dass ich gekommen bin, um von der PKK zu lernen.

Auf dem Kato halten sich die üblichen Probleme der Einheiten in Grenzen. Trotzdem sind die Freundinnen unzufrieden und beschweren sich darüber, dass sie im Grunde eine reine Logistikeinheit sind. Ihre Hauptbeschäftigung besteht darin, Lebensmittel aus den Dörfern zu besorgen und die Schafe zu versorgen. Sie brauchen mehr Leute, denn auch sie wollen Aktionen organisieren und durchführen. Heval Sozdar sichert zu, dass noch eine weitere Taxim zur Verstärkung hierher kommen wird. Dann heißt es Abschied zu nehmen. Sîpan und ich haben die Erlaubnis bekommen, bei dieser Einheit zu bleiben. Heval Sozdars Gruppe wird weitergehen, die Freundinnen, mit denen ich so lange zusammen war, Gulistan, Rûken, Arjîn, werden sie begleiten. Ich rede noch lange mit Arjîn. Wir diskutieren darüber, wie der neue Sozialismus in einem befreiten Kurdistan aussehen soll. Wie kann eine Wirtschaft aufgebaut werden, können und wollen die vielen Menschen, die in die Türkei oder nach Europa geflohen sind, sich wieder an das einfache und schwere Leben in den Bergen gewöhnen? Wie soll das Leben hier aussehen? Man könnte hier Tourismus aufbauen, meint Arjîn, bei der Schönheit des Landes. Unvorstellbar, denke ich, hier ist nicht das kleinste bisschen Infrastruktur. Kurdistan wäre doch reich an Bodenschätzen, da könnte man Fabriken bauen. Ich glaube, viele können sich das Elend der Industriestaaten gar nicht vorstellen, die Einsamkeit und die Zerstörung der Menschlichkeit und der Natur.

Ich gebe zu bedenken, dass der Export des kurdischen Reichtums neue Abhängigkeiten hervorrufen könnte. Einen sozialistischen kurdischen Staat wird es nicht geben, ein autarkes System ist nach den Versuchen des Realsozialismus nicht mehr realistisch. Die PKK hat lange Jahre einen unabhängigen sozialistischen Staat Kurdistan propagiert. Das war sicher auch notwendig, um die Stammesfehden zu überwinden und die Kurden zu vereinigen. In den 70er Jahren, als die PKK gegründet wurde und überall nationale Befreiungsbewegungen Erfolge verbuchen konnten, schien das auch noch realistisch. Heute, nach dem Rollback des Sozialismus, müssen größere Ziele angestrebt werden, ein sozialistischer Staat Kurdistan ist überholt, zumal in den umliegenden Staaten momentan keine ernst zu nehmenden sozialistischen

Bewegungen vorhanden sind. Daher hört man in der PKK auch immer mehr Vorschläge für eine demokratisch-sozialistische Föderation des Mittleren Ostens.

Uns allen scheinen diese Pläne doch reichlich abstrakt. Mit Unbehagen denke ich an die, die in Europa in den Startlöchern sitzen und sich schon als die Architekten des neuen Kurdistans wähnen, selbst aber nichts für den Kampf gegeben haben. Ich sage zu Arjîn: „Es ist so wichtig, dass ihr jede Bildung mitnehmt, die es hier gibt, denn eines Tages ist der Krieg vorbei und dann muss die Guerilla der Kern des neuen Lebens sein. Die gekämpft haben, müssen entscheiden, wie das Leben aussehen soll. Vor allem die Frauen brauchen dann viel Klarheit für ihre Entscheidungen."

Wir diskutieren über die Frage: „Wie leben?" Avantgarde heißt auch zu entscheiden, wo der Weg hingeht, wie dieses neue Leben aussehen soll, und es sind die Frauen, von denen die Partei die Beantwortung dieser Frage erwartet. In den Bergen findet die Diskussion dieser Frage zu wenig Beachtung. Ich glaube, es liegt auch daran, dass die Freundinnen zu wenig Beispiele haben, wie ein anderes Leben aussehen könnte. Guerilla, das ist die freieste Lebensform, die sie sich vorstellen könne. „Wollt ihr etwa nach dem Sieg noch weiter in Mangas leben?", frage ich sie, „oder wollt ihr einfach in euer Dorf zurückgehen und heiraten?" Sie lachen. Es fehlt an klaren Vorbildern, Beispielen. Viele können sich unter Sozialismus, oder gar einem neuen Sozialismus, wenig vorstellen, sie haben nicht wie wir die Möglichkeiten gehabt, die realsozialistischen Länder kennen zu lernen und deren Versäumnisse zu analysieren. Dass das Leben in der Guerilla, wo ein „Ich" durch ein „Wir" ersetzt wurde, einem sozialistischen Ideal sehr nahe kommt, ist für viele sehr abstrakt. Hier wird jedoch die neue Gesellschaftsform, werdden neue Beziehungen aufgebaut. Arjîn sagt mir, ich solle jede Gelegenheit nutzen, um mit den FreundInnen über den Sozialismusbegriff der PKK und über den Realsozialismus zu diskutieren.

Wir gehen mit Heval Zozan zu der Schafherde, die etwa eine halbe Stunde vom Punkt entfernt weidet. Es sind noch einige hundert Schafe übrig, sie müssen zweimal am Tag gemolken werden.

Aus der Milch wird Käse gemacht, der für den Winter in großen Plastikkanistern eingelagert wird. Um die Milch zu Käse zu verarbeiten, wird sie mit einem Ferment versetzt, sie gerinnt dann und der Quark wird in saubere Tücher geschlagen, mit Steinen beschwert, damit die Flüssigkeit herausgepresst werden kann. Der fertige Käse wird dann am nächsten Tag in Salzwasser eingelegt und in Kanister gefüllt. Die frische Schafmilch wird gekocht, sie ist viel fetter als Kuhmilch und schmeckt köstlich. Am nächsten Tag kommt Mahabat, damit ich nicht alleine bei den Männern bleiben muss. Direkt am Platz fließt eine eiskalte Quelle, so dass wir auch mit frischem Wasser versorgt sind. Holz gibt es auf der Zozan nicht, deshalb wird getrocknetes Helis gesammelt, eine Pflanze, die im grünen Zustand aussieht wie buschiger Dill, um diese Jahreszeit jedoch knochentrocken ist und als Brennmaterial dient. Wenn Brot gebacken oder gekocht wird, ziehen alle los und kommen mit riesigen, mit dem Şutik zusammengebundenen, Büscheln wieder. Nachts halten Mahabat und ich zusammen Wache, vor allem müssen wir aufpassen, dass die Schafherde sich nicht zu weit vom

Yaşar und Xayrî

Stützpunkt entfernt oder ein Schaf von Wölfen gerissen wird. Zu unserer Herde gehört eine kleine Ziege, deren Mutter gestorben ist. Damit sie nicht verhungert, fangen wir Schafe ein, bei denen sie trinken kann, allerdings haben wir keine Ahnung, wie oft so eine Babyziege trinken muss. Heval Xayrî, ein sehr junger Freund, hat ein kleines Schaf so großgezogen, er nennt es Muxtar (Dorfvorsteher). Kuscheltiere bei der Guerilla, schon irgendwie absurd.

Am nächsten Tag bekommen wir Besuch von Heval Zerdeşt. Er erzählt, dass seine Schwester Jîyan, die er acht Jahre nicht gesehen hat, bei einer Einheit in Garisan ist. Als er selbst 1989 zur Guerilla gegangen ist, war sie noch ein Kind, jetzt ist auch sie beigetreten, er freut sich, dass sie ganz in der Nähe ist.

Das Leben bei den Schafen ist geruhsam. Abends sitzen wir am Feuer und die Freunde erzählen. Heval Bakur ist schon seit sieben Jahren bei der Guerilla, dabei ist er erst 19 Jahre alt. Er berichtet, dass eines Tages Soldaten ins Dorf kamen und eine Gruppe Guerillas in einen Hinterhalt lockten. Alle wurden von der Armee ermordet, die Leichen ließen die Soldaten einfach liegen. Bakur und seine Mutter gingen zum Brunnen und dort lagen die Ermordeten. Die ersten Guerillas, die sie je gesehen hatten. Die Dörfler begruben die toten Freunde. Er erzählt, dass der Hass auf die Soldaten bei ihm so groß wurde, dass er sich bei der nächsten Gelegenheit der Guerilla anschloss, obwohl er erst ein zwölfjähriges Kind war.

Nachts sind wir wieder auf der Weide und schauen in die endlosen Sterne. Die Luft hier oben im Hochland ist sehr dünn, deshalb sind die Sterne noch klarer zu sehen, man sieht die gesamte Milchstraße. Mahabat nennt sie die Straße der Karawanen. Ich stelle mir große Karawanen vor, die bepackt vom Fernen Osten über den Himmel ziehen. Früher verlief die Seidenstraße durch Kurdistan, welches schon damals von großer geopolitischer Bedeutung war. Schon in vorchristlicher Zeit wurde Seide von China nach Syrien transportiert, über Kurdistan. Wenn in Kurdistan nicht die beiden Überlebensadern des Mittleren Ostens,

Euphrat und Tigris, verlaufen würden und das Öl aus dem Kaukasus und aus den kurdischen Städten Batman und Kirkuk nicht über Kurdistan transportiert werden müsste, Kurdistan nicht das Tor nach Osten bildete für die NATO, würde sich vermutlich kein Mensch für diese Berge hier interessieren. Oben am Himmel ziehen Satelliten ihre Bahnen, die man in der klaren dünnen Luft gut erkennen kann. Selbst den Himmel hat der Imperialismus unter seiner Kontrolle. Die Schafe bleiben dicht zusammen, einige schlafen, andere kauen vor sich hin. Dann kommt unsere Wachablösung.

Nach einigen Tagen gehen wir zurück zur Einheit, die jetzt ganz in der Nähe lagert. Zur Einheit gehört eine Maultierherde, die immer direkt am Stützpunkt bleibt. Abends wird sie oft zusammengetrieben, weil einige FreundInnen ins Dorf gehen, um dort Lebensmittel zu holen. Die Maultiere wissen natürlich, dass dies eine Plackerei ist und versuchen zu entwischen, bevor ihnen die Packtaschen aufgeladen werden. Die ganze Einheit rennt, um ihnen den Weg abzuschneiden. Manchmal dauert es Stunden, bis alle eingefangen sind, ein sich täglich wiederholendes Ritual.

Morgens kommen einige Dorfbewohner in die Nähe des Stützpunktes, um Lebensmittel aus dem Dorf zu bringen. Wir gehen zu ihnen, um sie mit Tee, Brot und Käse zu bewirten. Einer der Milizionäre erzählt mir, dass er schon seit sieben Jahren für die Partei arbeitet. Er schenkt mir seinen gewebten Şutik, den seine Frau selbst gemacht hat. Die Milizen sind bis auf die Weste genauso gekleidet wie die Guerilla. Offiziell sind diese Dörfler unten in den Tälern „Dorfschützer“, vom Staat erhalten sie Waffen und Geld, um gegen die Guerilla zu kämpfen. Würden sie das nicht tun, würde ihr Dorf vom Staat zerstört werden. Es ist den Dorfleuten, die traditionell von der Schafzucht leben, verboten, ihre Herden auf die Zozan zu treiben, da dieses Gebiet in der Hand der Guerilla ist. Jeder Kontakt zwischen Guerilla und Volk soll verhindert werden. Mit dem Weideverbot ist den Dorfbewohnern jegliche Lebensgrundlage genommen, der Staat will sie auch finanziell abhängig machen. Die Dörfler sympathisieren fast alle mit der Guerilla, deshalb sind sie in einer üblen Zwickmühle. Legen sie die

Waffen nieder, wird das Dorf zerstört und die Menschen müssten in die Flüchtlingslager im Süden oder in die türkischen Metropolen gehen, dann aber könnten sie auch die Guerilla nicht mehr mit Lebensmitteln versorgen. Die Armee vertraut ihnen nicht und weiß, dass es Kontakte zur Guerilla gibt. Deshalb gibt es im Sommer ein Embargo gegen die Dörfer, die Bewohner dürfen nur ein Minimum an Lebensmitteln einkaufen. Nur im Winter, wenn der Schnee auf der Zozan dreißig Meter hoch liegt und die Guerilla sich in Täler in anderen Gegenden zurückzieht, ist es den Dörflern erlaubt, unbeschränkt einzukaufen. Sie kaufen dann so viel ein, dass sie Depots außerhalb der Dörfer einrichten können und im Sommer öffnen sie die Depots und bringen Mehl, Reis, Savar, Tee, Zucker, Kleidung und Schuhe hoch in die Berge. Dabei laufen sie ständig Gefahr, von Soldaten erwischt oder von Spitzeln verraten zu werden, was unweigerlich Gefängnis, Folter und Druck auf sie und ihre Familien bedeuten würde. Ich bewundere den Mut und die Entschlossenheit dieser Männer, die teilweise schon sehr alt sind und trotzdem aus Überzeugung dieses fast unkalkulierbare Risiko eingehen. Zudem laufen sie als Korucu ständig Gefahr, bei Operationen der türkischen Armee gegen die Guerilla in den Kampf ziehen zu müssen. Auch für die Guerilla ist es eine sehr schwierige Situation. Um die Milizen und ihre Familien zu schützen, muss sie ihre Angriffe sehr gezielt ansetzen. Oft benutzt die Armee die Bevölkerung als Schutzschild, sogar Frauen und Kinder werden auf Transporten mitgenommen, in der Gewissheit, dass die Guerilla sie dann nicht angreifen wird. Da in Botan fast alle Dörfer mit der Guerilla sympathisierten und viele sich geweigert haben zu kollaborieren, wurde ein Großteil der Dörfer zerstört. Das Volk, in dem sich die Guerilla gleich einem Fisch im Wasser bewegen kann, wurde fast vollständig vertrieben. In der großen Operation im Frühjahr 1994 wurden tausende Dörfer in Botan zerstört. Nicht allein der Kontakt zur Guerilla ist der Grund, die Zerstörung gilt vielmehr den KurdInnen, ihrer Kultur und ihrer Lebensgrundlage. Für die Guerilla in Botan, dem Kerngebiet ihrer Aktivität, ist es sehr schwer geworden sich zu versorgen und den Kontakt zum Volk aufrechtzuerhalten. Jeden Tag wird stundenlang mit den Milizen diskutiert, welche Taktiken angewendet werden müssen, um die

Situation in der Gegend zu Gunsten der Dörfler und der Guerilla zu verbessern. Heval Şoreş, der Kommandant, ist ein häufiger Besucher der Dörfer, um mit der Bevölkerung zu reden. Auch die Milizen haben die Aufgabe, in andere weiter entfernte Dörfer zu gehen, um die Bewohner davon zu überzeugen, nicht mit dem Feind zu kollaborieren.

Jeden Tag kommen FreundInnen aus anderen Gebieten, um Lebensmittel oder Salz zu holen. Von einer nahe gelegenen Salzquelle wird das Salz sackweise mit Maultieren zu unserer Einheit transportiert. Neben unserem Küchenplatz liegen daher immer viele der großen Salzplatten bereit. Unsere Hauptnahrung ist Fleisch, denn davon gibt es reichlich. Jeden Tag werden zwei Schafe geschlachtet. Inzwischen habe ich gelernt, sie zu zerlegen, die Knochen zu zerhacken. Meist wird dazu eine Daz benutzt, eine sichelförmige kleine Axt. Das Fleisch wird in Wasser gekocht und mit Brot gegessen.

Unsere Frauentaxim ist sehr stark, was vor allem an den selbstbewussten Kommandantinnen liegt. Rûken, die Taximkommandantin, ist aus dieser Gegend, vom Jîrikstamm. Ich kenne sie schon von der Frauenkonferenz, wo sie kurzzeitig meine Mangakommandantin war. Sie ist klein und blond, wie viele aus der Gegend hier. Sie hat nie eine Schule besucht, kann nicht schreiben und lesen, dennoch verfügt sie über viel Wissen und Selbstvertrauen, das sie den Freundinnen auch weiterzuvermitteln versucht. Da sie die Gegend sehr gut kennt, entscheidet sie selbstverständlich bei allen Planungen mit. Auch die Freunde ordnen sich ihrem Befehl ohne Diskussion unter. Die Mangakommandantinnen sind Newroz Batman und Jîyan. Newroz hat in ihrem Zivilleben Medizin studiert und ist daher für unsere medizinische Versorgung zuständig. Jîyan ist aus dem Kleinen Süden und etwas älter als die meisten. Ihre ruhige und bestimmte Art erzeugt viel Vertrauen und die Freundinnen kommen mit allen Problemen und Schwierigkeiten zu ihr. Die Mangas sind sehr gemischt, Frauen aus allen Teilen Kurdistans sind hier und im Gegensatz zu unserer Einheit in Haftanîn gibt es hier kaum Spannungen und Konkurrenz, im Gegenteil. Die Kraft kommt von den Kommandantinnen, mit ihrem Verhalten üben sie viel Einfluss aus. Sind sie Vorbild, gibt es meist wenige Probleme.

Zekî ist überraschend gekommen. Ich traue meinen Augen nicht, als unten auf der Wiese ein Volleyballnetz aufgebaut wird. Jetzt ist er völlig übergeschnappt, denke ich. Er wird zum Hauptquartier bestellt, wir erfahren, dass er als Gebietskommandant von Botan abgesetzt ist und nach Syrien in die Parteischule gerufen wurde. Dennoch lässt er es sich nicht nehmen, noch eine Rede zu

halten, sein Thema: sosyaleşme (Sozialwerdung). In der Freizeit, so Zekî, wenn keine festen Aufgaben anstehen, sollen die FreundInnen ihre Zeit nicht verschlafen, sondern sie sinnvoll nutzen. Lesen, diskutieren, sich weiterbilden. Schlaf wäre wie ein kleiner Tod, die Freunde würden in jeder freien Minute schlafen, was durchaus stimmt. Er schlägt vor, Ball zu spielen, denn auch das wäre eine soziale Betätigung. Seine ständigen Reden über soziales Leben usw. haben dazu geführt, dass statt Krieg zu führen hier in Botan Fußball gespielt wird. Da ich Zekî schon aus Bestler kenne und weiß, wie weit seine theoretischen Überlegungen von seiner eigenen Praxis entfernt sind, weine ich seiner Absetzung keine Träne nach. Das gibt mir den Glauben an die Wirksamkeit der Parteimethoden zurück.

Ich gehe mit einer Freundin zu den Schafen, um Joghurt zu holen. Auf dem Weg sehen wir ein Schaf, das von Wölfen gerissen worden ist. Morgens hat es die Gruppe von Zekî von der Herde mitgebracht und hier angebunden, allein war es den Wölfen ausgeliefert. Nur die Innereien sind aufgefressen, der Rest ist nicht angerührt. Es gibt eine Diskussion, ob das Fleisch noch genießbar ist. Als wir von den Schäfern wiederkommen, schmurgelt es schon im Kochtopf und schmeckt hervorragend. Die Logistikerin ist nicht zimperlich. Abends findet das erste Fußballspiel statt. Besonders die Freunde sind nicht mehr zu bremsen.

Heval Zozan Faraşîn schlägt uns vor, sie zu begleiten, ihr Ziel ist der Çiya Nizmu, der höchste Berg hier in der Gegend, er muss etwa 3500 Meter hoch sein. Auf dem Weg treffen wir ein paar Freunde, die gerade von einer Aktion wiedergekommen sind, strahlende, aber erschöpfte Gesichter. Der Angriff auf eine Kaserne war erfolgreich. Wir trinken zusammen Tee, dann müssen wir uns wieder trennen. Der Weg führt uns immer weiter bergauf. Mitten in der Nacht erreichen wir das Hauptquartier. Es ist so kalt, dass an Schlaf nicht zu denken ist, und so versuchen wir es erst gar nicht. Als der Morgen dämmert, blicke ich auf einen schönen kleinen See. Die Freunde gehen schwimmen, was für uns Frauen bedeutet, dass wir praktisch nicht in die Nähe des Sees können, nun ja.

Das Kochen ist eine schwierige Angelegenheit, hier gibt es noch nicht einmal Helis, nur eine Art stacheliges Heidekraut, und nach dem Pflücken sind unsere Hände ganz zerkratzt. Im Hauptquartier befindet sich ein großes Funkgerät, das mit einem Sonnenkollektor und einer Autobatterie betrieben wird, das ist eigentlich der einzige Unterschied zu den normalen Einheiten. Abends hören wir von dem Gebietskommandanten Heval Piling, dass die Armee möglicherweise eine Operation plant, deshalb wechseln wir an einen geschützteren Platz weiter oben. Die Aussicht ist überwältigend, Berge, unberührte Natur, so weit das Auge reicht. Die Berge gehören der Guerilla, sie sind ihr Schutz. In den Bergen kennt sie jeden Stein, überall sind unsere Einheiten. Die türkischen Soldaten, denke ich, müssen doch wahnsinnig werden hier in diesem für sie fremden Land. Kommen sie sich nicht klein und verlassen vor? Die Kampfmoral der einfachen Soldaten ist sicher nicht sehr hoch, sie haben kein Ziel, kommen nicht freiwillig, sondern unter Zwang, nicht mal ihr Sold ist üppig. Anders die überzeugten Faschisten, die Spezialeinheiten. Aber auch sie sind als Fremde hier unerwünscht und vom Volk gehasst. Die Freundinnen kennen die Namen der Berge oder haben ihnen eigene Namen gegeben. Tepe Sozdar, so der Name eines großen Berges in Richtung Beytüşşebab, ist ein Gedenken an eine Freundin, die hier gefallen ist. Für die Soldaten sind die Berge namenlos und fremd. Der Anblick der mächtigen Berge gibt Kraft, nur Menschen, die diese Berge lieben, können hier leben. Auf diesen Hochalmen ist nur das traditionelle Leben der Nomaden möglich.

Hier im Hauptquartier gibt es einen Arzt, Doktor Timof. Ekîn ist mitgekommen, um sich einen schmerzenden Zahn ziehen zu lassen. Nach drei Spritzen schreit sie immer noch, wenn Doktor Timof den Zahn nur ansieht. Entnervt gibt er auf. Alles gute Zureden nützt nichts, dann muss sie eben weiter mit den Schmerzen leben. Ekîn hat vor Jahren bei einem Angriff vier Kugeln in die Brust bekommen. Mir ist es schleierhaft, dass sie die härtesten Strapazen im Krieg aushält, aber eine Krise bekommt, sobald sie einen Arzt sieht.

Nachmittags ist Unterricht, die Abschrift eines Telefongesprächs mit der Parteiführung wird vorgelesen und übersetzt. Die Kritik an der diesjährigen Praxis in Botan fällt sehr streng aus. In Garisan hat sich der Feind unbemerkt an einen Wachposten angeschlichen, bei dem Angriff ist trotz erbitterter Gegenwehr die ganze Wachtruppe gefallen. Zu den Toten gehört auch Heval Jîyan, die Schwester von Heval Zerdeşt, die er acht Jahre nicht gesehen hatte. Schon vor einiger Zeit sind sieben Freunde gefallen, die am Weg gerastet hatten, ohne Wachen aufzustellen. Die Kritik der Parteiführung ist sehr hart. Wenn die FreundInnen ums Leben kommen, nur weil Regeln nicht eingehalten werden, dann ist das nicht zu akzeptieren. Die Konsequenz ist, dass alle KommandantInnen in Garisan abgesetzt werden. Auch Heval Ferhad, der gerade erst mit uns aus Haftanîn gekommen ist.

In der Manga entsteht eine Diskussion, ich habe keine Ahnung, wie wir auf dieses Thema gekommen sind. Berîvan sagt: „Eine Frau, die in der Guerilla schwanger wird, muss hingerichtet werden." Ich bin schockiert. Ich sage, dass eine Schwangerschaft eine ziemlich normale Angelegenheit ist. Ob es etwa normal sei, in der Guerilla schwanger zu werden, bekomme ich zu hören. Natürlich nicht. Aber zum Schwangerwerden gehören immer zwei, warum soll nur die Frau bestraft werden? Ich denke, da kommen wohl die alten Ehrbegriffe ins Spiel. Nach langer Debatte einigen wir uns darauf, dass beide bestraft werden müssen, nicht nur die Frau. Auch die Todesstrafe wird als viel zu hart abgelehnt. Schwangerschaft im Krieg? Für die Frau muss es furchtbar sein, so etwas durchzumachen. Wenn sexuelle Beziehungen innerhalb der Guerilla vorkommen, dann ist in jedem Fall die Frau diejenige, an der die Beziehung wie ein Schandfleck kleben bleibt. Sie wird „die mit der Beziehung" bleiben und wohl lange keine Aufgabe als Kommandantin bekommen, während der Mann einigermaßen ungeschoren aus der Geschichte herauskommt. Hinter dieser Ungerechtigkeit verbergen sich noch immer moralische Werte der alten Gesellschaft. Neues und Altes vermischen sich. Der Mann wird wahrscheinlich eine Weile ohne Aufgabe bleiben, aber irgendwann wird es vergessen sein. Unter diesen Bedingungen ist der Druck für eine Frau wesentlich höher, sich nicht auf eine Beziehung mit einem Mann einzulassen, schon gar nicht auf eine sexuelle. Frauen können, was Beziehungen zu Männern angeht, nur verlieren. Dass sie nicht nur wegen des feudalen Ehrbegriffs auf so genannte „Liebes"beziehungen verzichten, sondern weil sie erkannt haben, dass nur das der Weg zur vollkommen selbständigen freien Frau ist, dieses Bewusstsein muss noch wachsen. Sicher, Beziehungen sind verboten, was dem Bedürfnis nach Sexualität entgegensteht. Verbote sind immer problematisch. Aber sie schaffen gleichzeitig einen Raum, in dem gelernt werden kann, sich dem jeweils anderen Geschlecht auf eine neue, genossenschaftliche und gleichberechtigte Art anzunähern. In Kurdistan hat die so genannte Liebe noch eine andere Bedeutung als bei uns. Die Frau ist zu nichts anderem geboren, als für den Mann in Sklaverei zu leben, für ihn zu sorgen, für ihn da zu sein, es ist ihr einziges Lebensziel. Dieses Denken aus den Köpfen herauszureißen, bedeutet einen langen entschlossenen Kampf. Inzwischen bin ich davon überzeugt, dass das „Beziehungsverbot" zumindest in der jetzigen Phase notwendig ist.

Ich denke auch an meine eigenen Beziehungen, die ich in der BRD hatte, oft genug waren sie das Gegenteil des Bemühens gegenseitiger Weiterentwicklung. Die Männer in der „Linken" haben nicht viel verstanden, Gewaltverhältnisse sind auch in der Linken an der Tagesordnung, wie oft zerspringen die sowieso schon schwachen Zusammenhänge an den Beziehungsquerelen. Auch wir Frauen tragen unseren Teil dazu bei, dass patriarchale Strukturen nicht angetastet werden. Besitzverhalten, Konkurrenz, Beziehungen als eine Ware zu begreifen, in der sich gegenseitig vorgerechnet wird, wer wie viel gegeben und genommen hat, das beherrscht im Kapitalismus alle Beziehungen, nicht nur die zwischen Frau und Mann. Der Krieg hat besondere Gesetze, wir müssen auf vieles verzichten, können nicht das ausleben, wonach uns gerade der Sinn steht, ohne Disziplin kann niemand einen Krieg erfolgreich führen. Die genossenschaftlichen Beziehungen hier halte ich für das Freieste, was möglich ist. Es gibt immer die Grenze, wenn sich Mann und Frau begegnen, es ist von vornherein klar, wenn ein Mann sich nicht daran hält oder sich gegen Frauen verhält, hat das festgelegte Konsequenzen.

Die Sexualität, die Zweierbeziehung fehlen mir nicht, sie wären nur ein Hindernis. Liebe ist das Verhältnis zu allen Genossinnen und Genossen, zum Volk, zum Land, zur Freiheit, nicht die kleinbürgerliche Verlogenheit, mit der der Begriff Liebe in unserer Gesellschaft gefüllt wird. Das Bedürfnis nach Zärtlichkeit und Wärme stillt sich im Zusammenleben mit den Freundinnen. Der Umgang miteinander ist sehr eng und liebevoll.

Nach einigen Tagen auf dem Nizmu gehen wir zurück zur Einheit. Schon auf dem Weg hören wir, dass es wieder eine erfolgreiche Aktion gegeben hat. Eine Gruppe hat in der Stadt Beytüşşebab eine Polizeikaserne angegriffen, wo Soldaten und Polizei gerade ein Saufgelage veranstaltet haben. Die Freunde haben mehrere Soldaten und Polizisten getötet und ihre Waffen erbeutet. Heval Botan ist im „friendly fire", d. h. von den eigenen Leuten leicht verletzt worden. Die ganze Einheit ist über die gelungene Aktion in Jubelstimmung. Es ist das erste Mal, dass eine solche Aktion mitten in der Stadt von dieser Einheit durchgeführt wurde. Die Soldaten in ihrer scheinbar sicheren Hochburg anzugreifen ist für alle auch ein großer moralischer Sieg. Geleitet hat die Aktion Heval Zerdeşt, auch eine Freundin war beteiligt, Heval Newroz, ihre erste Aktion. Wir sind alle sehr stolz auf sie.

Da eine weitere Aktion geplant ist, verlegen wir unser Lager näher an die Stadt Beytüşşebab heran. Die ganze Einheit soll sich an der Aktion beteiligen, nur eine kleine Gruppe wird am Stützpunkt mit den Pferden bleiben. Bei der Verlesung der Gruppenaufteilung fängt Tekoşîn an zu heulen, weil sie nicht in der Angriffsgruppe mitgehen darf. Ein sehr unreifes Verhalten, noch vorher hat sie sich beim Hochgehen geweigert, einen Wasserkanister zu tragen, weil sie angeblich Rückenschmerzen hatte, und jetzt will sie als Bizwingcî mitgehen, wo schwere Raketen getragen werden. Merkwürdig, dass sie den Widerspruch nicht selbst merkt. Die Freundinnen in Angriffsgruppen bekommen von allen die besten Sachen: die besten Waffen, Munitionsgürtel, Handgranaten, Uniformen. Ihre persönlichen Sachen verteilen sie, falls eine fällt, soll nichts dem Feind in die Hände fallen. Uhren, Hefte, Tabakdosen, alles wird abgegeben. Ich bin gerührt, als eine Freundin mir ihr Heft und ihr Fotoalbum gibt. Dann wird Dîlan getanzt, obwohl eigentlich geschlafen werden soll, damit nachts alle ausgeruht sind. Aber es regnet und zum Schlafen ist es zu kalt. Plötzlich bekommen wir die Nachricht, dass sich Jeeps unten auf dem Weg befinden und Soldaten im Anmarsch sind. Kurz wird debattiert, ob eine Gruppe sie angreifen soll. Dann aber stellt sich heraus, dass sie nur gekommen sind, um Holz in dem zerstörten Dorf zu holen. Nachdem sie weg sind und die Dunkelheit angebrochen ist, geht es los. Ich begleite die Spähgruppe um Heval Şoreş, obwohl ich da wohl nicht von großem Nutzen sein werde. Ein Milizionär ist unser öncu, er kennt den Weg. Es geht seitlich am Berg entlang und ich muss ganz schön kämpfen, um nicht zurückzubleiben. Als wir einen Bach passieren, ist es so stockfinster, dass ich Weg und Wasser kaum unterscheiden kann und fast hineinfalle. Damit zieht Heval Zerdeşt mich noch tagelang auf. Wir laufen immer weiter ins Tal hinein, viele Stunden. Noch oberhalb der Stadt beziehen wir Stellung. Die Lichter der Stadt sind direkt unter uns, allerdings sind es nicht viele, denn die Stadt Beytüşşebab ist klein. Um die Lage auszukundschaften, gehen die Milizen vor. Wir warten, dürfen uns nicht bewegen, nicht reden. Nach zwei Stunden kommen die Milizen zurück und bringen schlechte Nachrichten: Es gibt Hinterhalte, wir können nicht angreifen, da es Dorfschützer aus befreundeten Dörfern sind. Es bleibt uns nichts anderes übrig, als uns zurückzuziehen, die ganze Vorbereitung war umsonst. Alle sind sehr niedergeschlagen. Auf dem Rückweg gehen wir nicht querfeldein, sondern auf der Straße. Nach und nach finden sich alle Gruppen zusammen. Im Tal finden wir einen großen Apfelbaum voll mit reifen Äpfeln. Wir stopfen uns die Taschen und Bäuche voll, wie lange haben wir kein Obst gesehen? „Das war eine Apfel-Aktion“, sagt eine. Ja, so viel Aufwand und unser einziges Ergebnis sind ein paar Äpfel. Es wird langsam hell und wir müssen uns sputen.

Es heißt, dass die Armee eine Operation in unserer Gegend plant. Ziemlich überstürzt brechen wir auf. Jede Aktion der Guerilla beantwortet die Armee direkt mit einer Racheaktion, die Aktion in der Stadt haben sie sicher noch nicht verdaut. Einige Leute sollen zum Lager zurückkehren, dass auch ich zu dieser Gruppe gehören soll, erfüllt mich nicht gerade mit Begeisterung, aber Befehl ist Befehl. Meine Begleiter sind Heval Aydin und Heval Azad, der auch relativ neu ist. Aydin kennt die Gegend nicht besonders gut und wir verlaufen uns zunächst. Endlich finden wir sie doch noch, obwohl das Funkgerät nicht funktioniert. Sie sind ganz oben auf dem Kato. Zum Glück sind zwei Frauen aus einer anderen Taxim hierher gekommen, so dass ich zumindest nicht alleine unter den Männern bin. Sie schlafen unter einer Wolldecke, ich lege mich einfach dazu. Morgens höre ich plötzlich Gefechtslärm. Unterhalb von unserem Stützpunkt fliegen Kugeln hin und her, sie sind gut zu sehen, da beide Seiten Leuchtspurmunition verwenden. Am Stützpunkt bricht jetzt das Chaos aus. Der Kommandant, Heval Bahoz, hat die Lage nicht richtig unter Kontrolle, einmal soll alles gepackt werden, dann wieder will er alle ins Gefecht schicken. Diese Unentschlossenheit macht mir Angst. Mir wird bewusst, dass in einer kritischen Situation tatsächlich alles von den Entscheidungen der KommandantInnen abhängt. Brechen sie in Panik aus, überträgt sich das auf alle. Haben sie die Lage unter Kontrolle, gibt es keine Probleme. Oft ist es besser, eine vielleicht nicht ganz richtige Entscheidung zu treffen als gar keine. Auf jeden Fall würde ich mich jetzt wesentlich besser fühlen, wenn Heval Rûken oder Şoreş hier wären. Schließlich gehen einige Freunde hinunter, die anderen fangen an, die Sachen zusammenzupacken und zu verstecken, falls der Feind den Kato heraufkommt. Nach einiger Zeit kommt der größte Teil unserer Einheit hier an. Die Gruppe, die in die Auseinandersetzung geraten ist, ist die von Heval Cuma, einem der Mangakommandanten.

Wir Frauen lagern etwas abseits von den Freunden und warten ab oder versuchen zu schlafen. Im Laufe des Tages kommt die Nachricht, dass die Gruppe von Heval Egîd in einen Hinterhalt geraten ist, es heißt, alle wären gefallen. Wir sind sehr angespannt. Dass eine ganze Gruppe gefallen sein soll, ist sehr bedrückend. Faraşîn bekommt schreckliche Kopfschmerzen, fängt an zu schreien und zu heulen, nichts hilft. Ein weiteres Mal macht sich eine Gruppe bereit, um die Soldaten anzugreifen. Später erreichen uns neue Nachrichten: Die Gruppe von Heval Jîyan hat an der Brücke einen Hinterhalt gelegt. Viele Soldaten sind getötet worden, der Rest ist in heilloser Panik geflohen. Gegen Abend ziehen wir den Kato hinunter, in einer langen bedrückten Prozession. Die Operation ist zu Ende, allmählich treffen die verstreuten Freunde ein. Es bestätigt sich, dass vier Freunde gefallen sind. Eine Versammlung wird stattfinden, wo alles bewertet werden soll.

Mit Kritik wird auch diesmal nicht gespart. Heval Egîds Gruppe bewegte sich in Richtung Çiya Nizmu, auf einem strategischen Hügel. Da sie nicht wussten, dass der Feind schon in der Nähe Hinterhalte gelegt hatte, haben sie sich ohne Vorsicht bewegt und sind so ins Feuer der Soldaten geraten. Heval Egîd und ein anderer Freund konnten fliehen, die vier anderen sind gefallen. Egîd nimmt die ganze Schuld auf sich, sie hätten niemals den strategischen Hügel verlassen dürfen, da dieser für die Soldaten uneinnehmbar war. Die Gruppe von Heval Cuma wiederum hatte nachts an einem Stützpunkt gelagert und nicht gemerkt, dass direkt unter ihnen die Soldaten ihr Lager aufschlugen. Bei dem Gefecht waren sie zwar in der besseren Position, aber alles in allem verlief ihr Angriff ziemlich chaotisch. Heval Bakur z. B. hat eine Rakete in der Stellung liegen gelassen. An den Aktionen wird außerdem kritisiert, dass die Freunde zu viel Munition sinnlos verschossen haben, obwohl der Feind noch gar nicht in Reichweite der Kalaschnikows war. Şoreş ist richtig wütend: „Das Volk hungert und ihr ballert herum, als ob ihr eine Munitionsfabrik hättet. Auch Munition ist ein Wert, der nur von der Arbeit des Volkes gekauft werden kann, mit diesen Werten muss angemessen umgegangen werden." Auch an Heval Bahoz gibt es viel Kritik, er hat Panik, Angst und Unsicherheit verbreitet und damit auch die anderen entmutigt. Alle Freunde und Freundinnen sagen ihre Meinung, kritisieren sich selbst, dann kommen Vorschläge, wie die Verantwortlichen zur Rechenschaft gezogen werden sollen. Heval Egîd und Heval Bahoz werden vorläufig ohne Aufgabe bleiben.

Es hat angefangen zu regnen und wir halten einen Appell ab für die gefallenen Freunde. Heval Zerdeşt und Şoreş halten eine Abschiedsrede, alle heben das Gewehr als letzten Gruß an die

Gefallenen. Dann werden Beschlüsse bekannt gegeben: die Einheit in zwei Taxims aufgeteilt, die voneinander getrennt werden. Für eine wird Heval Zerdeşt die Verantwortung tragen, für die andere Şoreş selbst. Ab jetzt ist jegliches Lagerleben vorbei, wir sind ständig in Bewegung.

Ein weiteres Mal wechseln wir den Stützpunkt. Oben, auf den höchsten Felsen des Kato, wachsen merkwürdige Bäume, sie werden Karçe genannt. Ihr Holz ist sehr hart. Jîyan, Xelat und ich gehen noch weiter hoch, als Tepecî haben wir die Aufgabe, von hier oben die Gegend zu beobachten. Auf der anderen Seite ist das Dorf von Heval Rûken. Plötzlich sehen wir unten im Tal Feuer und benachrichtigen die Freunde. Soldaten und „Dorfschützer" zünden die ganze Gegend an! Unsere Einheit bereitet sich zum Angriff vor. Im Morgengrauen gehen mehrere Gruppen hinunter, als es hell wird, greifen sie an. Von oben können wir alles beobachten. Mit dem Fernglas können wir sehen, dass die „Dorfschützer" Dîlan tanzen. Nicht mehr lange – gleich werden die FreundInnen angreifen. Heval Şoreş und Heval Suleyman koordinieren. Über Funk hören wir, dass die Korucu in heller Panik fliehen und alles stehen und liegen lassen. Von den Militärs bekommen sie den Befehl umzukehren, weigern sich aber. Dann kreisen die Freunde eine Gruppe Soldaten ein, die in einem kleinen Tal Schutz gesucht haben, und werfen Handgranaten in den Kessel. Heval Şoreş brüllt so laut ins Funkgerät, allein die Stimme müsste die Soldaten in die Flucht schlagen. Das Gefecht ist vorbei. Über Funk hören wir: Zwei Freunde sind verletzt, aber auch der Feind hat viele Opfer. Nachdem Heval Şoreş einer zweiten Angriffsgruppe den Befehl gegeben hat, hinunterzugehen, bleiben nur noch wenige zurück. Für den Fall, dass der Feind Verstärkung bekommt und hier hochkommt, verstecken wir alles in Felslöchern. Kobras kommen. Ein einziges Schaf ist noch bei uns, das auch verstört in eine Höhle flüchtet, selbst die Schafe haben schon gelernt, sich vor Kobras zu schützen. Die ersten Gruppen kommen wieder, völlig zerschlagen von der Anstrengung. Sie haben einen Gefangenen genommen, einen etwa 50-jährigen Korucu in Tarnkleidung und Turnschuhen. Auf den Ärmeln und auf der Brust sind Embleme mit der türkischen Fahne. Selcan fängt an, mit ihm zu diskutieren. Warum er auf Operationen mitgeht, wenn doch sein Sohn ein Taximkommandant in der Guerilla ist, fragt Selcan. Sie hätten ihn gezwungen, so seine Antwort, außerdem hätte er nicht auf die Freunde geschossen, alle seine Patronen wären Platzpatronen. Selcan entgegnet, ihre Eltern wären ins Lager nach Etruş gegangen, als der Feind sie zwingen wollte, „Dorfschützer" zu werden.

Alîşer beschimpft den Çete, verbietet, dass jemand mit ihm redet, und nimmt ihm den Patronengurt ab. Einer soll bei ihm Wache halten. Eine weitere Gruppe kommt hoch, unter ihnen auch Jîyan, die völlig blass und erschöpft aussieht. Heval Zerdeşt ist gefallen, sagt sie, wirft sich auf den Boden, sagt nichts mehr, guckt niemanden an. Alle sind wie gelähmt, die Freude über die gelungene Aktion ist vergangen, alle denken nur noch an den gefallenen Freund, einige weinen. Alle haben Heval Zerdeşt besonders gern gehabt, er war ein hervorragender Kommandant und ein sehr liebenswerter Mensch.

„Gefangener" Dorfschützer

An einem versteckten Stützpunkt in einem kleinen Tal wird Heval Zerdeşt beerdigt – schon wieder eine Beerdigung. Heval Şoreş hält eine Rede. Noch vor wenigen Tagen hat Heval Zerdeşt da vorne gestanden und für die anderen gefallenen Freunde gesprochen. Es ist Freitag, der 13. September, ein Tag, den wir so schnell nicht vergessen werden. Şoreş sagt, noch vor wenigen Jahren hätte kein Mensch geglaubt, dass die Kurden jemals aufstehen würden, es sah so aus, als ob sie für immer aus der Geschichte der Menschheit zu verschwinden hätten. Als der Kampf begann, hat niemand geglaubt, dass sich diese Kämpfer auch nur einen Tag auf den Beinen halten könnten. Dass es heute eine Armee gibt, die gegen den Feind kämpft, ist der Verdienst der gefallenen Freunde, mit ihrem Blut wurde diese Armee erkämpft. Wir stehen in ihrer Verpflichtung.

Wir alle erheben die Waffe zum letzten Gruß. Dann gibt es eine kleine Prozession zu der Stelle, wo der Freund begraben wird. Seine Leiche ist mit der Fahne der PKK und der ARGK bedeckt. Alle rufen: „Şehîd namirin!“ – die gefallenen RevolutionärInnen sind unsterblich.

Beerdigung von Heval Zerdeşt

Natürlich gibt es wieder eine Versammlung. Rûken berichtet, dass es Heval Zerdeşt selbst war, der für seinen Tod die Verantwortung trägt. In dem kleinen Tal hatten sie Soldaten eingekesselt. Die Soldaten haben sich verzweifelt gewehrt, die Freunde haben Bomben in den Kessel geworfen und gedacht, es gäbe keine Überlebenden. Leider ein Trugschluss. Anstatt sich zu ergeben, hat der letzte überlebende Soldat einen tödlichen Schuss auf Heval Zerdeşt abgegeben. Sein Tod überschattet diese sehr erfolgreiche Aktion. Laut Bericht des Feindes, den wir später über Funk hören, sind 28 Soldaten getötet worden. Ihre ganze Ausrüstung haben sie liegengelassen. Ich wundere mich, was sie für schwere Taschen mit sich herumtragen, alles voll mit Kleidung, Parkas, Decken. Ein riesiges Fernglas ist darunter, mit dem man sicher noch die Aufschrift einer Zigarettenschachtel am gegenüberliegenden Berg lesen kann. Für die Guerilla ist das Ding jedoch völlig ungeeignet. Wir finden eine Karte, auf der jede Pfütze hier auf dem Kato eingezeichnet ist. Die Namen sind alle auf Türkisch. Unfassbar, jedem Dorf, jedem Fluss, jedem Berg haben sie einen türkischen Namen gegeben, sie benennen dieses Land einfach um und glauben, damit hätten sie ein Recht, es zu besetzen.

Die Soldaten sind gut ausgerüstet, aber mit dem ganzen Zeug völlig unbeweglich. Warum haben sie sich wie auf dem Präsentierteller hingestellt und gewartet, bis sie angegriffen werden? Ihre Taktik ist unbegreiflich, scheint planlos. Ein Freund sagt, Heval Zerdeşt hätte nicht an dem Angriff teilnehmen sollen. Heval Şoreş weist das zurück, auch ein Kommandant muss mit seinen Leuten kämpfen, so wie alle anderen auch. Die persönlichen Sachen von Heval Zerdeşt werden vergeben, die M16 bekommt Heval Jîyan. Ich sehe ihr an, dass sie die Waffe mit sehr gemischten Gefühlen nimmt, aber die FreundInnen haben es so bestimmt.

Am nächsten Tag gehe ich mit der kleinen Newroz zur Salzquelle, mit einem Maultier machen wir uns auf den Weg. Die Quelle ist etwa zwei Stunden entfernt. Wenn das Salz aus dem Boden austritt, trocknet es zu festen Platten, die wir mit Hilfe der Reinigungsstäbe unserer Gewehre abbrechen. Auf dem Rückweg kommen wir an einem Bach vorbei. Newroz fragt mich nach Seife, denn ihr kefîyê, das große Tuch, ist voller Blut von Heval Zerdeşt. Sie sagt, nachdem er gefallen war, konnte sie nicht aufhören zu weinen, die Freunde haben gesagt: „Wenn du so heulst, können wir dich nie wieder auf eine Aktion mitnehmen, der Feind ist noch in der Nähe und du verlierst vollkommen die Kontrolle über dich." „Das stimmt", sagt sie, „man muss sich zusammenreißen, bis man in Sicherheit ist, erst dann darf man den Gefühlen freien Lauf lassen. Die Männer haben ihre Emotionen besser unter Kontrolle." Newroz ist mit 13 zusammen mit ihrem Bruder vor drei Jahren zur Guerilla gekommen. Ihr Bruder ist schon früh gefallen. Sie hat ihre erste Aktion unter der Leitung von Heval Zerdeşt gemacht und sie hat ihn sehr gemocht. Sie sagt, seitdem seine Schwester gefallen war, war er nicht mehr zu bremsen, wollte Rache, sonst wäre er vielleicht besonnener gewesen.

Es sieht so aus, als ob schon wieder eine Operation stattfindet. Heval Zozan und Heval Piling sind gekommen. Heval Zozan will mich nach Bestler schicken, ich möchte aber hier bleiben. Mir kommt es so vor, als wenn sie uns – die Deutschen – immer nur aus ihrem Kommandobereich schicken wollen, wenn es ernst wird, um nicht die Verantwortung für unseren eventuellen Tod übernehmen zu müssen. Heval Zozan will unbedingt, dass ich gehe. Ich sage, die Operation kann genauso gut hier wie in Bestler stattfinden. Entnervt schickt sie mich zu Heval Piling. Im Grunde ist es nicht in Ordnung, den Befehl der Kommandantin zu übergehen und den nächsthöheren Kommandanten zu fragen, aber diesmal fühle ich mich im Recht. Heval Piling hört sich meine Einwände an und bestimmt, dass Sîpan und ich bleiben können. Für die Dauer der Operation allerdings sollen wir bei seiner Gruppe bleiben und nicht bei der Einheit. Ja, diese Lösung gefällt mir zwar auch nicht so ganz, aber sie ist besser, als nach Bestler zurückgeschickt zu werden und danach wer weiß wo zu landen. Wir müssen gleich aufbrechen, denn es wird schon Abend, in einer kleinen Höhle backen wir noch schnell ein paar Brote, dann geht es den Kato hoch. Wir nehmen Lebensmittel, ein Schaf und einen großen Wasserkanister mit.

Der Weg ist so schlecht, dass das Schaf sich weigert weiterzugehen, also binden wir es mit Sîpans kefîyê an. Morgens ist das Schaf weg, ausgerissen, der Kanister so gut versteckt, dass wir ihn nicht mehr wieder finden. Von oberhalb können wir die Gefechte mitverfolgen. Soldaten sind ganz in der Nähe. Kugeln pfeifen über unsere Köpfe. Es kommt schon zu Schießereien, sie versuchen auf den Kato zu kommen. Wie schon so oft haben wir die Aufgabe, die Sachen von allen KämpferInnen zu transportieren. Mit mehreren Taschen bepackt ziehen wir uns in eine kleine Höhle zurück und beginnen das Essen für die anderen zuzubereiten. Immerhin ist es eine sinnvolle Aufgabe. Kobras und Jets kommen und rund um uns herum schlagen Raketen ein, immer wieder kriechen wir in Deckung. Ich hoffe, auch die FreundInnen haben einen guten Platz. Die Warterei ist schrecklich. Irgendwann bekommen wir Nachricht, dass der Feind an unseren alten Platz vorgerückt ist. Glücklicherweise ist aber von uns niemand verletzt oder gefallen – allerdings ein paar Soldaten. Über Nacht ziehen wir uns auf die andere Seite des Kato zurück, die ganze Gegend scheint zu brennen, vor allem unten im Tal haben die Raketen alles in Brand gesetzt. Wir sind an der Derîya Karçe, der „Karçe-Tür“.

In der Manga von Heval Zozan fühle ich mich nicht sehr wohl, als einzige Nicht-Kommandantin scheine ich auch die einzige zu sein, die sie herumkommandieren können. Gegen Abend hat sich die Lage so weit beruhigt, dass wir zu unserer Einheit zurückkehren können. Es regnet in Strömen, wir werden klatschnass, aber unsere Laune ist gut. Mitten in der Nacht beginnt Heval Rûken, ein Schaf zu schlachten, und wir fangen an, es zu braten. Es ist das erste Mal seit langem, dass alle so ausgelassen sind, die klatschnassen Kleider stören plötzlich niemanden mehr. Die Soldaten sind zurückgeschlagen und niemand von uns ist zu Schaden gekommen.

Einige Tage später erreicht uns die Nachricht, dass die gesamte Einheit nach Bestler gehen soll – also doch Bestler! Bestler ist ein Gebiet im Zentrum von Botan, wir erreichen es in wenigen Stunden. Heval Cemal will für uns eine Versammlung abhalten. Ein ganzes Bataillon ist gekommen. Schon lange habe ich nicht mehr so viele Menschen auf einem Haufen gesehen, es ist richtig beängstigend. Wie seltsam, dass sich Menschen so schnell daran gewöhnen, in einer übersichtlichen Gruppe zu leben. Im Vergleich zu Beytüşşebab ist es hier wie im Urwald, riesige Walnuss- und Birnbäume. Wir bekommen die Erlaubnis, gruppenweise zum Baden zu gehen und unsere Kleider zu waschen. Darin bin ich inzwischen geübt, schnell bin ich fertig und halte Wache. Jede Gruppe hat eine eigene Höhle. In zwei Tälern sind an die 200 Freunde und Freundinnen verteilt. Wir gehen ins Nachbartal, um die anderen zu begrüßen. Die Versammlung soll am nächsten Tag beginnen, aber es kommt anders. In der Nacht ist ein Einheitenkommandant verschwunden. Ist Berxwedan zum Feind übergelaufen? Als Heval Jîyan und ich Wache halten, hören wir eine Explosion: Die Tepecîs haben Soldaten entdeckt und eine Bizwingrakete abgeschossen, wir müssen uns zurückziehen. In einem kleinen Tal werfen wir uns in einen schmalen Graben, keinen Augenblick zu spät. Kobraraketen schlagen rundherum ein, alles brennt. Wenige Meter neben uns wird der gefangene Dorfschützer getroffen. Ironie des Schicksals. In Panik ist er aufgesprungen, da haben ihn die Kobrapiloten gesehen und abgeschossen. In dichtem Qualm flüchten wir weiter, Heval Reber ist am Knie verletzt und muss getragen werden. Die Männer laufen einfach weiter, obwohl Jîyan sie noch ruft und zum Helfen auffordert. Das ist leider kein Einzelfall, immer wieder sind es die Frauen, die einfach mehr Verantwortung tragen, wenn Verletzte in Sicherheit gebracht werden müssen. Wir kommen in ein kleines Tal, es ist felsig und wir warten, bis von den Kobras nichts mehr zu hören und zu sehen ist. Die Gruppe reißt auseinander. Plötzlich sind die vor uns nicht mehr zu sehen und die hinter uns auch nicht, ich bin mit Xelat und Şînda ganz allein. Wieder kommen Kobras, wir verstecken uns in einem großen Seegrasgebüsch. Wir rufen die anderen – keine Reaktion. Şînda geht zurück, um die anderen zu suchen und kommt unverrichteter Dinge wieder. Mir ist das unheimlich, wir wissen noch nicht mal, zu welchem Stützpunkt sie gegangen sind. Ich sehe uns schon tagelang umherirren, ohne eine Ahnung, wo Feind, wo Freund ist. Plötzlich hören wir Stimmen, Xelat läuft gleich aus dem Versteck und ruft. „Sei still!“, flüstern Şînda und ich, es können auch Çete sein. Stattdessen beschließen wir, uns durch ein kleines Tal den Hang hochzuarbeiten und zu warten, bis es dunkel ist. Wir haben etliche Taschen und sogar eine Bizwing dabei, allerdings ohne Munition. Bei einbrechender Dunkelheit machen wir uns auf den Weg, die ganze Gegend brennt, sieht gespenstisch aus. An der Quelle unterhalb des Kato hören wir wieder Stimmen. Inzwischen sind wir vorsichtig geworden und schleichen uns an: Wir haben Glück, es sind unsere Leute! Sie backen Brot und wir werden gleich zum Holzholen geschickt.

Meine Mangakommandantin ist froh, dass wir nicht verloren gegangen sind. Şînda erzählt von den Stimmen und alle gehen davon aus, dass es Korucu gewesen sein müssen. Wir erfahren, dass es außer Reber keine weiteren Verletzten gegeben hat. Das einzige Opfer ist der Korucu. Zurück in sein Dorf hätte er nicht gehen können. Als überlebender Gefangener der Guerilla hätten die Soldaten ihn ermordet, da sie davon ausgehen, dass jeder, der Kontakt zur Guerilla hatte, für die Guerilla arbeitet. Das wusste auch der „Dorfschützer“. Deshalb blieb ihm nichts anderes übrig, als bei der Guerilla zu bleiben. In Bestler wollte er als Schäfer arbeiten. Hätte er nicht so panisch reagiert, wäre ihm nichts passiert.

Heval Cemal verabschiedet uns am Kato

Herbst 1996, Beytüşşebab

Da noch nicht abzusehen ist, ob die Operation beendet ist oder nicht, nehmen die verschiedenen Züge strategische Punkte oben auf dem Kato ein, so genannte Türen. Diese Türen ermöglichen den Aufstieg von der Talseite zum Kato und können dem Feind als Einfallstor dienen. Der Punkt, den wir eingenommen haben, heißt Derîya Baran, die „Regentür". Wahrscheinlich hat es einmal stark geregnet, als hier eine Einheit gelagert hat. Es ist mitten in der Nacht und Faraşîn beginnt, ein Schaf zu schlachten, das wir hier den Berg heraufgebracht haben. Pervîn und ich backen Brot. Es ist kein Blech da, deshalb müssen wir zunächst eine Munitionsdose auseinander schlagen, was gar nicht so einfach ist. Neue Munition ist gekommen, alle unsere Magazine sind leer, auch meine, bei jeder Aktion habe ich meinen Vorrat abgegeben. Die neuen Patronen sind noch original verpackt und glänzen um die Wette. Abwechselnd halten wir Wache und schlafen. Heval Şoreş ist gleich am Feuer eingeschlafen, wahrscheinlich hat er tagelang kein Auge zugemacht.

Mittags werden wir zu Heval Cemal gerufen. Die große Versammlung soll jetzt hier stattfinden. Ich habe Schwierigkeiten, ihn zu verstehen, aber im Wesentlichen geht es um die Praxis des Gebietskommandanten Zekî. Zekî und der größte Teil der Leitung in Botan sind abgesetzt worden. Grund für seine Absetzung ist die militärische Stagnation unter seiner Führung. Als die FreundInnen aus der Winterausbildung kamen, hat er sie wieder zum Unterricht zusammengerufen, obwohl sich in dieser Zeit die Einheiten auf die Frühjahrsoffensive vorbereiten müssen. So wurde dem Feind die Möglichkeit gegeben, sich in Botan zu bewegen und strategische Berge einzunehmen. Zekî hat die Frage der „Sozialwerdung" in den Vordergrund gerückt und so den Eindruck vermittelt, dass die Guerilla in Botan keine Probleme mehr mit dem Krieg hätte, sondern nur noch Probleme des Zusammenlebens. Diese Frage ist wohl die missverständlichste überhaupt. Heval Cemal sagt dazu: „Wer für den Sozialismus kämpft, der ist sozial, wer nicht kämpft, hat verloren." Zekî habe nicht den Befehl gegeben, Depots für den

Winter anzulegen, und so sei kein Vorrat angelegt worden. Jetzt müssen die FreundInnen entweder hungern oder teilweise doch nach Südkurdistan gehen. Heval Cemal sagt, es hätte nicht mehr viel gefehlt und der Krieg in Botan wäre gänzlich zum Erliegen gekommen. Als Zentrum des Krieges habe Botan seine Rolle nicht gespielt, und dementsprechend sind die Auswirkungen auf die gesamten inneren Gebiete. Es wäre sozusagen eine Phase der „Verständigung mit dem Feind" gelaufen: Greifst du mich nicht an, greife ich dich auch nicht an. Entgegen den Befehlen, den Krieg auszuweiten, sei alles geradezu zum Erliegen gekommen.

Heval Şergeş ist zu Besuch bei unserer Einheit und sie schlägt mir vor, dass ich sie nach Gabar und Garisan begleite. Ich bin hin- und hergerissen, kann mich nicht entscheiden. Einerseits wäre es eine gute Gelegenheit, die Situation in den anderen Gebieten kennen zu lernen, andererseits habe ich sehr dafür gekämpft, in Beytüşşebab bleiben zu können, und möchte gerne einen ganzen Jahresrhythmus in einem Gebiet miterleben. Außerdem behagt mir die Vorstellung nicht, wieder in einem Hauptquartier zu sein, wo immer gewisse Sonderbedingungen herrschen. Die FreundInnen im Hauptquartier reden meist türkisch, was ich nicht verstehe. Ich werde es mir überlegen.

Letztendlich entscheide ich mich dafür, Beytüşşebab zu verlassen. Es heißt, dass wir vor dem Beginn des Winters wieder umkehren können. Dann geht alles ziemlich schnell. Zunächst geht es in das nahe gelegene Masîro. Am Hauptquartier gibt es auch eine Unterrichtsgruppe. Zum größten Teil besteht sie aus KommandantInnen, die abgesetzt wurden. Sie sind in einer Befragungsphase, müssen Berichte schreiben. Auch Heval Sosin muss einen Bericht schreiben, weil auch sie für die „Zekî-Praxis" mitverantwortlich gemacht wird. Es gibt aber auch einige FreundInnen, die hier sind, weil sie Verletzungen haben, die noch nicht auskuriert sind. Außerdem natürlich Freunde, die zur Führung des Hauptquartiers oder zum Sicherheitsdienst von Heval Cemal gehören. Das Hauptquartier ist normalerweise nicht in Kriegshandlungen verwickelt und zieht sich im Regelfall bei Operationen zurück. Es gibt drei Frauengruppen: Neben der

Unterrichtsgruppe ist das die von Heval Zozan Faraşîn, die hier in Beytüşşebab bleiben wird, und die von Heval Şergeş, zu der auch Heval Sosin und ich gehören. Wir lagern an einem Fluss, dem Ava Masîro. Im Gegensatz zum Hochland wachsen hier viele Bäume und somit gibt es kein Feuerholzproblem. Da es mit der Lebensmittellage schlecht aussieht, ziehen wir los, um in den leeren Dörfern nach Äpfeln zu suchen. Unsere Hauptnahrung besteht aus Äpfeln und Fleisch.

Ich habe mit Nergiz Küchendienst. Während wir gerade die geschlachteten Schafe für das Essen vorbereiten, kommt plötzlich Heval Cemal vorbei. Er fordert mich auf, bei ihm vorbeizukommen und ein wenig zu reden. Mit dem Hinweis, dass ich leider den ganzen Tag Küchendienst habe, lehne ich ab. Als er weg ist, staucht Nergiz mich zusammen: „Du musst sofort alles stehen und liegen lassen und hingehen." Das war also quasi ein Befehl und keine Einladung, habe ich wohl falsch verstanden.

Eine andere Freundin wird geholt, die für mich weiterarbeitet, und ich gehe zu Heval Cemals Manga. Wir trinken zusammen Tee und er fragt nach meinen Plänen. Ich sage, dass Sîpan und ich wohl bis zum Frühjahr oder Sommer in Botan bleiben wollen und dann langsam an eine Rückkehr nach Deutschland denken, falls es möglich ist. Er nickt, ob ich Fragen hätte? Ja, Fragen habe ich jede Menge. Zum Beispiel der Umgang mit den „Dorfschützern". Einerseits heißt es, Dorfschützer sollten nicht angegriffen werden, um sie von der Richtigkeit unseres Kampfes zu überzeugen, andererseits hat er in seiner Rede darauf verwiesen, verstärkt Korucu anzugreifen. „Das ist die liberale Haltung von Zekî, der, bewusst oder unbewusst, fast den ganzen Krieg zum Erliegen gebracht hat. Es gibt den Befehl, Korucu, die potentiell mit uns zusammenarbeiten könnten, nicht anzugreifen, aber die, die fest an den Feind gebunden sind, werden natürlich mit aller Härte angegriffen", so Heval Cemals Antwort. Dann habe ich noch eine Frage zu den Angriffszielen. Es heißt, Kasernen und Tepes vom Feind sollen nicht mehr angegriffen werden, weil da die Verluste zu hoch sind. Taktiken wie Hinterhalte wären deshalb angemessener und erfolgversprechender. Statt ohne Planung eine Kaserne anzugreifen, sollte es eine bessere Planung und Vorbereitung geben. Mehrere Einheiten arbeiten gemeinsam einen Plan aus, wie eine solche Kaserne z. B. angegriffen wird, gleichzeitig können Stellungen vorbereitet, Depots angelegt, Hinterhalte gelegt werden, in die der Feind gelockt wird. Weg von den Angriffen auf Einheitenebene hin zu koordinierten Angriffen, das ist es, was die Parteiführung haraketlî savaş (beweglichen Krieg) nennt. Zekî hingegen hat den neuen Befehl so ausgelegt, gar keine Kasernen mehr anzugreifen. Natürlich bleibt die Frage offen, warum einer allein soviel Macht hat, warum die Kontrollmechanismen hier versagt haben, warum die Bataillions- und EinheitenkommandantInnen Zekî nicht früher gestoppt haben. Das ist ein sehr kurdisches Problem, sagt Heval Cemal, die fehlende Kritikfähigkeit, der Autoritätsglaube machen es immer wieder möglich, dass KommandantInnen auf der hohen Ebene selbständig Entscheidungen treffen und es zu lange dauert, bis Abweichungen von der Parteilinie klar erkannt und entsprechend geahndet werden. Auch Heval Sosin hat darauf nicht rechtzeitig reagiert, deshalb müsste sie jetzt einen Bericht schreiben. Er sagt: „In Kurdistan schreiben die Strukturen der traditionellen Gesellschaft eine kritiklose Unterordnung unter die Herrschaft des Ağha, des Großgrundbesitzers, vor. Die Kommandanten begreifen ihre Autorität oft in diesem Sinne. Die Freundinnen und Freunde ordnen sich den Kommandanten unter. Es dauert oft sehr lange, bis erkannt wird, dass ein Kommandant sich von der Art der Partei entfernt hat und seine eigenen Interessen statt die der Partei durchsetzt. Es hat sich schon vieles geändert, aber es reicht noch nicht." Heval Cemal bietet mir an, dass ich jederzeit zu ihm kommen kann, wenn ich Fragen habe.

Wir gehen zurück zum Kato und treffen einige Freunde von der Einheit. Ich bin mir inzwischen gar nicht mehr so sicher, ob meine Entscheidung richtig war. Vor allem der Umstand, dass im Hauptquartier so viel Türkisch gesprochen wird, macht mir zu schaffen. Dann wird eine Gruppe zusammengestellt, die gehen soll.

Heval Sosin, Bihar und Yekbûn werden im Hauptquartier bleiben. Zu der Gruppe, die gehen wird, gehören neben einer Männergruppe Şergeş, Evîn, Hebûn, Piroz, Arjîn, Newroz, Zozan, Dîlan und ich. Die Führung übernimmt Heval Kazim, ein türkischer Freund, der bisher zur Leitung des Hauptquartiers gehörte. Heval Cemal gibt noch einige Anweisungen. Unterwegs treffen wir auf eine Gruppe, die Proviant für uns auf einem Maultier bereithält. Es kommt zu einer unschönen Streiterei, Heval Kazim will das zweite Pferd, obwohl die Proviantgruppe den Befehl hat, es wieder mit zurückzubringen. Die Diskussion wird ziemlich heftig und respektlos geführt, wobei Heval Kazim ins Türkische wechselt. Obwohl er so lange in der Partei ist, spricht er immer noch kein Kurdisch. Schlussendlich nehmen wir das Pferd mit. Heval Şergeş sagt, Yaşar war im Unrecht, die Freunde hier in Beytüşşebab würden immer nur ihre eigenen Bedürfnisse wahrnehmen, nicht das Ganze im Auge behalten. Mich stört eher der respektlose Umgang miteinander. Mit dem Sommer verlassen wir Beytüşşebab. Dicke Wolken hängen am Himmel, direkt über dem Kato, eine unheimliche und gleichzeitig faszinierende Stimmung. Am Derîya Karçe sollen noch weitere Depots sein, aber sie sind leer. Wir verlassen Beytüşşebab in Richtung Bestler.

Herbst 1996, Bestler

In dem zerstörten armenischen Dorf, in dem damals die Versammlung mit Heval Cemal abgehalten werden sollte, sind nur wenige Freunde, die Walnüsse für den Winter sammeln sollen. Bis es weitergeht, ruhen wir uns kurz aus, aber es wird stockduster und regnet in Strömen. Wir haben den Befehl, uns hier nicht aufzuhalten, aber draußen ist es so dunkel, dass wir die Hand vor Augen nicht sehen, und es regnet Bindfäden. Trotzdem gibt Heval Kazim den Befehl zum Aufbruch, einige Freunde packen draußen die Pferde, aber dann sieht auch Kazim ein, dass wir so nicht vorankommen werden, wir bleiben. Am nächsten Tag geht es weiter Richtung Bestler. Es ist ein steiler Weg, felsiger Untergrund, das Pferd rutscht aus, liegt auf dem Rücken, rutscht ab und stürzt in den Abgrund. Es überschlägt sich mehrmals und bleibt dann unten liegen, bestimmt 30 Meter tief. Die Freunde laufen den Abhang hinunter und packen unseren Proviant auf das Maultier. Das Pferd ist schwer verletzt und weint große Tränen, noch nie habe ich ein Pferd weinen sehen. Es dauert ziemlich lange, bis wir es an der rutschigen Stelle vorbeiführen können. Das Maultier muss jetzt alles alleine tragen und wir müssen es an mehreren Kletterstellen entladen, damit es überhaupt hochkommt.

Auf dem Weg kommen wir durch einige zerstörte Dörfer. In der Nähe eines Dorfes treffen wir auf Freunde, fast alle tragen Zivilkleidung. Neue Freunde, die gerade erst in Amed beigetreten sind. Amed ist die Region nordwestlich von Botan, der kurdische Name von Diyarbakir. Sie sollen nach Südkurdistan gehen, um dort die militärische Ausbildung zu erhalten. Da sie kaum Lebensmittel haben, teilen wir unsere Vorräte. Das verletzte Pferd wird zu einer nahe gelegenen Einheit gebracht.

„Avîyan liegt im Herzen von Bestler", hat Heval Nefel einmal gesagt, „wenn du nach Bestler kommst, musst du in mein Dorf gehen, es ist das Herz von Bestler, Bestler ist das Herz von Botan und Botan das Herz von Kurdistan." Şergeş sagt, dass das alle von ihrem Dorf behaupten. Jîyans Manga sammelt hier Nüsse. Das ganze Gebiet ist dicht mit Obstbäumen bewachsen, vor allem mit riesigen alten Walnussbäumen. Nachts bei der Wache hören wir in unregelmäßigen Abständen das „Klack" der herabfallenden reifen Nüsse. Das einzige intakte Gebäude ist die Dorfschule, die aus Beton gebaut ist. Da kein Funkkontakt mit Garisan zustande kommt, sitzen wir fest und so richten wir uns auf einen längeren Aufenthalt ein. Eine Gruppe muss noch einmal nach Beytüşşebab zurückgehen, um Lebensmittel zu holen. Es dauert fast eine Woche, bis sie wieder im Lager eintrifft. In der Zeit ernähren wir uns hauptsächlich von Birnen und Nüssen. Viel Zeit zum Reden. Evîn erzählt mir von ihrer Geschichte. Sie ist in Hîlal, am Kelê Mamê, aufgewachsen. Die Kindheit war sehr schön, sagt sie, den ganzen Tag waren die Kinder draußen unterwegs, manchmal bis tief in die Nacht. Im Dorf gab es alle Sorten von Früchten, vor allem Weintrauben. Mit dem Beginn des Terrors der Armee wurde das Leben im Dorf immer mehr von Angst bestimmt. Dorfbewohner wurden gefoltert, ganze Familien ermordet, deshalb haben sich immer mehr Menschen der Guerilla angeschlossen. Evîn selbst hat diesen Entschluss 1989 gefasst, zu dieser Zeit gab es noch sehr wenige Frauen in der Guerilla und sie mussten in Männergruppen leben. „Anfangs sind wir mit Kopftüchern in die Dörfer gegangen, weil die Bevölkerung uns sonst nicht akzeptiert hätte. Ich war ja noch fast ein Kind, alle haben mich für einen Jungen gehalten. Einmal habe ich unter den Frauen des Dorfes mein Kopftuch abgenommen, da haben alle gesehen, dass ich ein Mädchen bin. Sie konnten kaum glauben, dass Frauen sich am Kampf beteiligen. Damals waren die Beziehungen unter Männern und Frauen noch ganz anders, der Abstand war nicht so groß. Es war unverkrampfter, aber gleichzeitig waren es auch sehr unpolitische Beziehungen, eher wie zwischen Geschwistern, die Frauen hatten es sehr schwer, sich zu entwickeln." Insgesamt, sagt Evîn, waren die Beziehungen aber wesentlich enger. Oft hat man monatelang keine anderen Gruppen gesehen, war völlig auf sich gestellt und musste entsprechend mehr aufeinander achten. Die Bedingungen waren sehr hart, man wusste nie, wo der Feind sich gerade befand. Erst Anfang der 90er gehörten Funkgeräte zur Ausstattung der Guerilla, die eine Kommunikation zwischen den Einheiten ermöglichten.

Oberhalb des Dorfes liegt eine zerstörte Militärstation. Der

Anblick erfüllt mich mit einer gewissen Genugtuung. Immer wieder versucht die Armee, feste Kasernen im Botangebiet einzurichten, ohne Erfolg. Die Guerilla lässt es nicht zu. Wir treffen oft auf solche Ruinen.

Auf dem Weg nach Garisan erzählt mir Heval Şergeş ihre Geschichte. Sie hat in Amed studiert, dort geheiratet und bald ein Kind bekommen. Sie und ihr Mann Hamza haben sich an der Universität für die Partei engagiert. Şergeş ist mehrmals ins Gefängnis gekommen, wo sie auch gefoltert wurde. Ihr Mann schloss sich der Guerilla an. Bei einer Operation fiel er in die Hände des Feindes. Vor den Augen der Dorfbevölkerung wurde er viele Stunden lang gefoltert. Die Soldaten ließen geschmolzenes Plastik in seine Augen tropfen. Mit diesen Folterungen versucht die Armee, das Volk in Angst zu versetzen und vor einer Unterstützung der Guerilla abzuschrecken. Aber sie hat genau das Gegenteil erreicht. Şergeş sagt, nachdem das Volk gesehen hatte, wie unmenschlich die Armee handelt und wie groß der Widerstand der FreundInnen ist, begann sie die Guerilla in Amed noch mehr zu unterstützen und viele schlossen sich dem Kampf an. Nachdem ihr Mann so brutal ermordet worden war, wurde Şergeş wieder verhaftet. Als sie aus dem Gefängnis entlassen wurde, schloss sie sich der Guerilla in Amed an. Ein Jahr war sie in der Parteischule, wo sie nach der Frauenkonferenz mit Heval Arîya, die im Frühjahr gefallen ist, ein Buch über den Aufbau der Frauenarmee geschrieben hat. Sie schreibt Tagebuch für ihre kleine Tochter Hebûn. Şergeş sagt: „Die Freundinnen sagen, du schreibst nicht wie die Mutter an die Tochter, sondern wie eine Kommandantin an die Kämpferin."

Unterhalb des Tepe Pîro haben die Freunde eine kleine versteckte Werkstatt, wo Uniformen genäht werden. Glücklicherweise ist es ein kleines Haus mit richtigen Wänden und einer Veranda, denn es fängt an zu regnen. Şergeş begrüßt sie und sagt: „Wir haben auch eine deutsche Freundin bei uns." „So, wer denn?", fragen die Freunde. „Ist doch klar", sagt Şergeş, „welche Kurdin würde sich wohl mit langen Beinen setzen?" Ja, überführt, das ist auch so eine kurdische Sitte, mit der ich nicht klarkomme. „Militärisch sitzen" bedeutet, mit angezogenen Beinen zu sitzen. Es drückt Respekt aus. Mir tun die Knie weh, ich möchte ja gerne respektvoll sitzen, aber die Bequemlichkeit und der Schmerz siegen. Natürlich sind die Freunde bemüht zu sagen: „Sitz ruhig bequem", naja, so richtig kurdisch werde ich wohl nie.

Am nächsten Morgen klappt die Funkverbindung nach Garisan immer noch nicht. Die Freunde sind unruhig. Gegen Mittag kommen die Funker, die den Kontakt vom Tepe Pîro aus hergestellt haben und bestätigen, dass eine Operation stattfindet. Alles, auch die Nähmaschinen, muss in den Depots versteckt werden. Innerhalb einer halben Stunde gibt es keinen Hinweis mehr auf diese Werkstatt. Jeder Handgriff sitzt, die Freunde scheinen Übung zu haben. Die Nähmaschinen sind altertümliche schwere Dinger aus Gusseisen, mit schweren Holzplatten – alle Achtung. Für uns bedeutet die Lage leider, dass wir noch mal nach Bestler zurückmüssen. Hätte nie gedacht, dass diese Reise nach Garisan Wochen dauern würde. Tatsächlich müssen wir ganz bis nach Avîyan zurück. Das Lebensmittelproblem ist leider immer noch nicht gelöst, also heißt es wieder Nüsse und Birnen essen. Im Dorf ist inzwischen schon alles ziemlich abgegrast, so dass wir richtige kollektive Sammelaktionen starten müssen, um noch einigermaßen satt zu werden. Ansonsten ist es eher langweilig. Nie hätte ich gedacht, dass das Leben bei der Guerilla langweilig sein könnte. Die Freunde haben ein Verfahren entwickelt, um „Kaffee" herzustellen: Kleine hellblaue Beeren, Guzwana, werden geröstet, zu einem schwarzen Brei zerstampft, der dann lange mit Wasser gekocht wird. Da es auch keinen Tee gibt, ist es eine nette Abwechslung und ein guter Zeitvertreib. Dann endlich der erlösende Funkspruch aus Garisan, wir machen uns wieder auf den Weg. Ich habe Zweifel, ob es wirklich notwendig gewesen wäre, die ganze Strecke zurückzulaufen. Wieder zu dem Nähmaschinenplatz. Hier soll unsere Gruppe sich trennen, Evîn und Pîroz gehen direkt nach Gabar. Die Trennung fällt mir schwer. Evîn ist eine wirklich verwandte Seele, selten habe ich eine Freundin getroffen, die trotz der Sprachprobleme so viel Lust hatte, sich auseinanderzusetzen. Sicher, alle Freundinnen sind liebenswert und offen, aber Evîn hat so eine Art zu erzählen, manchmal frage ich ihr Löcher in den Bauch, über das Leben in den Dörfern, über den Krieg, über die Frauenarmee, einfach über alles.

Bevor wir uns auf den Weg machen, werden noch Schuhe von der Logistik aus Bestler vorbeigebracht. Eigentlich hatten wir auf Lebensmittel gehofft. Die Schuhe sind Größe 43, wo doch die meisten Freundinnen etwa sechs Nummern kleinere Füße haben. Zozan nimmt trotzdem ein Paar, ihres ist völlig zerrissen. Morgens kommen wir auf dem Pîro an, die Aussicht ist atemberaubend. Die Sonne geht gerade im Osten über dem Derîya Karçe auf – Beytüşşebab, da sind wir aufgebrochen. Weit weg liegt es am Horizont, was die Freundinnen dort jetzt wohl machen? Çiya Herekol liegt nördlich von uns, ein gewaltiger Berg. „Auf den Herekol musst du unbedingt mal rauf", sagen die Freundinnen. Ja, auf jeden Berg in Kurdistan müssten wir mal rauf, jeden Berg in Kurdistan befreien. Auf jedem dieser Berge sind FreundInnen gefallen, jeder Berg hat seine eigene Geschichte, eine Geschichte des Kampfes, des Widerstandes gegen die Besatzer, gegen Hunger und Kälte und der Entschlossenheit, diese Berge nicht dem Feind zu überlassen.

Garisan

Nur noch wenige Stunden bis Garisan, Heval Zozan erzählt von Dersim. Dort ist Barbara Kistler, eine Internationalistin aus der Schweiz, gefallen. Barbara Kistler war früher in der Schweizer Linken aktiv. Als Aktivistin der TKP-ML hat sie in der Türkei im Gefängnis gesessen und dort den Gefängniswiderstand kennen gelernt. Später schloss sie sich der Guerilla der TIKKO (Guerilla der TKP-ML) an. In vielen Briefen an ihre GenossInnen in der Schweiz hat sie deutlich gemacht, dass es keine Rolle spielt, wo wir kämpfen. Ihre Briefe haben mich sehr beeindruckt. Auch im Gefängnis betrachten sich die Genossinnen nicht als Opfer. Trotz der harten Bedingungen sehen sie sich in erster Linie als KämpferInnen, nutzen ihre Zeit, um sich zu schulen und greifen auch im Gefängnis in den Kampf draußen ein. Guerillagruppen der türkischen Linken, die auch zu mindestens 80 % aus KurdInnen bestehen, haben Kontakt mit der ARGK, man hilft sich gegenseitig. Zahlenmäßig sind sie leider nicht stark. In den 80er Jahren nach dem Militärputsch verließen viele linke Organisationen das Land und gingen nach Europa ins Exil. Die PKK hatte das Land schon vor dem Putsch verlassen, um sich im Libanon neu zu organisieren und sich auf den Guerillakampf vorzubereiten. Während die PKK nach Kurdistan zurückging, hat sich der größte Teil der türkischen Linken lediglich im Exil organisiert. Die türkische revolutionäre Linke spaltete sich immer wieder und konnte so nur geringe Kraft entwickeln. Gegenüber dem kurdischen Befreiungskampf nahmen große Teile der türkischen Linken eine chauvinistische und ignorante Haltung ein, die das Problem des Kolonialismus in Kurdistan ausklammerte. Seit vielen Jahren versucht die PKK, Bündnisse mit türkischen linken Kräften zu schließen, aber immer wieder zerbrechen diese, da die Linke es nicht schafft, die Stärke der PKK anzuerkennen, und sehr dogmatisch ist. So zumindest die Analyse der GenossInnen aus der DHP (Devrimci Halk Partisi), die jetzt wiederum versucht, eine Plattform der revolutionären Kräfte in der Türkei und Kurdistan zu entwickeln.

Zozan, Şerges, Berîvan und Hebûn an der Kanîya Mara

Wir gehen am Fuße des Herekol entlang und erreichen Kanîya Mara, den „Schlangenbrunnen". Am Punkt bereitet sich gerade eine ganze Tabur auf eine Aktion vor, die schon in der folgenden Nacht stattfinden soll. Der Girê Nîsk, ein strategischer Berg, der von Soldaten besetzt ist, soll angegriffen werden. Viele Freundinnen, die ich kenne, sind hier: Gulistan, Rûken, Mizgîn, Rojda und Zekîye. Abends stellen wir uns zum Appell auf, um die FreundInnen zu verabschieden, die an der Aktion teilnehmen. Es ist Vollmond. Die FreundInnen gehen durch ein Tal, noch lange sehen wir ihnen nach. Es ist immer ein komisches Gefühl zurückzubleiben, wenn die anderen auf eine Aktion gehen. Wir liegen wach und können nicht schlafen. Als ich Wache halte, ist es noch ruhig. Da der Mond hell scheint, kann man weit ins Tal hinein sehen. Gerade als ich abgelöst werde, geht es los. Es ist furchtbar, die einschlagenden Granaten zu hören und zu wissen, dass sich die FreundInnen inmitten dieses Bombardements befinden. Die Explosionsgeräusche von Mörsergranaten rufen in mir immer einen tiefen Ekel hervor, Angst und Hass. Hunderte Mörsergranaten explodieren, es ist kaum auszuhalten. Schon zwei

Stunden später kommen die ersten wieder. „Die Aktion ist nicht gelungen“, sagen sie. Sie wurden entdeckt, bevor sie angreifen konnten. Es ist noch nicht klar, ob alle heil herausgekommen sind. Ungewisse Stunden, bis am Morgen klar ist, dass niemand verletzt oder gefangen genommen wurde. Trotzdem ist die Niedergeschlagenheit groß. Die Aktion ist sorgfältig geplant worden, tagelang waren SpäherInnen unterwegs, um das Ziel auszukundschaften. Es ist schwer zu akzeptieren, dass alle diese Anstrengungen jetzt ins Leere gelaufen sind. Ich bin nur froh, dass niemand verletzt worden ist. Wenn eine Aktion misslingt, bricht die ganze aufgestaute Energie in sich zusammen, schleppen sich die FreundInnen mit letzter Kraft zurück. Erst als es richtig hell ist, erreichen die letzten den Stützpunkt.

Die Fehler der Aktion werden auf einer Versammlung bewertet. Die Stimmung ist sehr gereizt, allen sind die Erschöpfung und die Enttäuschung über das Misslingen der Aktion ins Gesicht geschrieben. Trotz der genauen Absprache, wer welche Position beim Angriff einnimmt, haben sich einige nicht daran gehalten. Bevor das Zeichen zum Angriff gegeben wurde, haben sie ihre Position verlassen und sind gesehen worden. Daraufhin hat der Feind die ganze Gegend mit Mörsergranaten eingedeckt. Die Freunde geben Gulistan die Schuld. Unbesonnen sei sie auf einen Hügel geklettert, um die Stellung des Feindes auszukundschaften. Über den Funk des Feindes kam die Meldung, dass sie entdeckt sind, und damit war der Überraschungsangriff gescheitert. Alle sagen ihre Meinung und viele fordern, dass Gulistan die Konsequenzen zu tragen hat, indem sie als Kommandantin abgesetzt wird. Zudem wird kritisiert, dass einige auf dem Rückzug Zigaretten geraucht haben, was bei Aktionen streng verboten ist, da es im Dunkeln dem Feind die Stellung verraten kann. Auch diese Freunde werden bestraft, die zuständigen Kommandanten abgesetzt. Alles in allem ist es ein glücklicher Zufall, dass niemand verletzt wurde. Viele erzählen, dass die Granatsplitter teilweise direkt an ihnen vorbeigeflogen sind. Ein Freund zeigt Löcher in seiner Weste, so nah waren die Granatenteile. Mir fällt es schwer zu beurteilen, ob das Scheitern der Aktion wirklich allein auf Gulistans Versagen zurückzuführen ist oder ob die FreundInnen in ihrer Enttäuschung nicht eine Schuldige suchen, um die vergebliche Anstrengung zu kompensieren.

Bei einer weiteren Versammlung am nächsten Tag wird eine neue Taximkommandantin bestimmt, Heval Kurdistan, die ehemalige Mangakommandantin. Ihre Stelle wird Heval Zozan einnehmen, die Freundin aus Dersim. Auch Dîlan, die Ärztin, wird in Garisan bleiben, gleich nachmittags werden ihre Kenntnisse gebraucht: Sie muss Heval Engin einen schmerzenden Backenzahn ziehen. Ich assistiere, indem ich ihm den Kopf halte. Er macht keinen Mucks, ein kurdischer Mann kennt keinen Schmerz.

Abends müssen wir den Stützpunkt wechseln, denn es ist anzunehmen, dass die Armee den misslungenen Angriffsversuch zu rächen versucht. Wir durchqueren ein Tal, in dem die Armee oft Hinterhalte legt. Die Freunde sagen, Garisan ist „eng", das Gelände ist hier nicht so weitläufig wie zum Beispiel in Bestler. Der Feind kann bestimmte strategische Hügel einnehmen und so Durchgänge oder Pässe kontrollieren, Hinterhalte legen. Viele Stunden vor uns sind SpäherInnen aufgebrochen, um zu überprüfen, ob es Feindbewegung gibt. Genau in diesem Tal, das wir jetzt bei hellem Vollmond passieren, ist im Frühjahr Heval Newroz in einen Hinterhalt geraten. Jetzt, wo wir das Tal durchqueren, muss ich daran denken. Heval Xabat, der ehemalige Kommandant der Einheit, erzählte mir, dass sie deswegen gefallen ist, weil sie ihrer jüngeren Freundin Bihar, die hinter ihr gelaufen ist, helfen wollte. Heval Xabat sagte, die beiden waren oft zusammen, als der Angriff des Feindes begann, wurde zuerst Heval Bihar getroffen und dann Heval Newroz, die direkt vor ihr lief. Ich kannte Heval Newroz aus der Parteischule, habe viel mit ihr über ihre Geschichte geredet. Sie war schon mit 13 der Guerilla beigetreten. „Auf dem Frauenkongress 1995 haben wir uns das erste Mal selbst gesehen, das erste Mal die Frau selbst gesehen", das ist ein Satz, der mir noch immer in den Ohren klingt, wenn ich an Heval Newroz denke. Kommandantinnen wie Heval Newroz sind beim Aufbau der Frauenarmee von sehr großer Bedeutung. Diese Frauen, die in den Dörfern groß geworden sind und für die die Partei den ersten Zugang zu Bildung ermöglicht hat, haben einen viel offeneren Zugang zur Revolution als wir aus den Metropolen. In uns sitzt der innere Feind viel tiefer, unsere kleinbürgerliche, bequeme oder herablassende Haltung, die Unfähigkeit zu wirklicher Wärme und Liebe. Wenn Frauen wie Heval Newroz die Möglichkeit bekommen, sich politisch zu bilden, machen sie oft in sehr kurzer Zeit unglaubliche Entwicklungen durch. Ihre Energie, ihre Überzeugungskraft, ihr Beharren darauf, wie wichtig die eigenständige Frauenorganisation ist, macht es zusätzlich schwer, ihren frühen Tod zu akzeptieren. Sie hätte dem Kampf und besonders auch dem Aufbau der Frauenarmee noch so viel geben können. Das war wohl auch der Grund, warum die Parteiführung sie nicht sofort in den Norden schicken wollte, sondern sie erst im YAJK-Hauptquartier weiter ausbilden wollte. Aber Newroz hat sich durchgesetzt, wollte nach Botan, dorthin zurück, wo sie aufgewachsen war.

Da eine Aktion geplant ist, müssen wir unseren Aufbruch nach Gabar erst mal verschieben. Hier in der Nähe hatte Heval Egîd (Mahsum Korkmaz) seine Operationsbasis, als er die Angriffe des 15. August 1984 koordinierte, dem Beginn des bewaffneten Kampfes. Deshalb heißt der Platz Nokta Egîd, Punkt von Egîd. Damals bestand die Guerilla nur aus einer kleinen Gruppe, heute kämpfen in ihr mehr als 10.000 Menschen. Ein Depot wird geöffnet. Im letzten Frühjahr sind hier bei Auseinandersetzungen zwei Freunde gefallen, ihre Sachen wurden beim Rückzug hier versteckt. Heval Berîvan überreicht mir ein Heft, das einem der gefallenen Freunde gehört hat, sein Name war Cudî. Das Heft ist liebevoll mit einem Bild von Apo beklebt. Jetzt ist es mein Tagebuch, aber beim Schreiben werde ich immer der gefallenen Freunde gedenken. Es ist zu Auseinandersetzungen gekommen, es gibt mehrere Verletzte. Ich gebe meine Jacke einem der Freunde, er hat mehrere Splitter im Gesicht abbekommen, zum Glück ist nichts ins Auge gegangen. In der Nähe werden Soldaten gesichtet. Wir müssen uns an einen strategisch besser gelegenen Punkt zurückziehen. Die Soldaten können wir mit dem Fernglas sehen, deshalb dürfen wir uns auch nicht bewegen und kein Feuer machen. Erst als es dunkel ist, kehren wir um. Es geht über Stock und Stein. An einem steilen Felsabschnitt verdrehe ich mir das Knie, verdammt, das tut weh. Ich bin selber schuld, warum habe ich mir nicht helfen lassen. Dieser falsche Stolz kann einer ganzen Armee das Rückgrat brechen. Es geht weiter, wir müssen ziemlich weit laufen und wieder durch ein Tal, in dem oft Hinterhalte gelegt werden. Gulistan sagt mir, ich soll immer bei ihr bleiben, auch wenn ein Angriff kommen sollte. So fühle ich mich dann doch einigermaßen wohl. Das Knie schmerzt, ich humpele, bloß nicht zurückbleiben. Auf halbem Weg stößt die Gruppe von Heval Cemal zu uns mit Pferden und Schafen. Wir halten und der Kommandant gibt Instruktionen. Wenn Schüsse fallen, sollen wir uns sofort auf den Boden werfen. Es ist fast Vollmond, geradezu gespenstisch, in dieser großen Karawane durch das hell erleuchtete Tal zu laufen. Wir laufen und laufen, immer wieder im Dauerlauf bergauf, den Schmerz in meinem Bein ignoriere ich. Erst als wir fast oben sind, hören wir den Einschlag von Mörsergranaten. Lauf, lauf in Sicherheit, ruft Gulistan. Wir stürzen alle den Berg hoch, verschwinden gleich in der Sicherheit einer Senke. Niemand ist verletzt. Wahrscheinlich haben sie uns nur gehört, aber nicht gesehen, haben einfach aufs Geratewohl ins Tal hineingeschossen. Von hier aus ist es nicht mehr weit und im Morgengrauen erreichen wir den Stützpunkt. Dort treffen wir Heval Sozdar, Nergiz und Berîvan. Sie sind Wochen nach uns aufgebrochen und jetzt treffen wir uns hier, dabei wollten wir ja längst in Gabar sein. Heval Sozdar erzählt mir von Sîpan: Er soll im Krankenhaus in Bestler sein, er sei auf den Rücken gefallen, aber jetzt gehe es ihm schon besser.

Mittags kommen zwei alte Frauen ins Lager. Ich bin wirklich erstaunt, sie müssen viele Stunden lang gelaufen sein und das während einer Operation! Sie tragen lange geblümte Hosen. Wir bringen ihnen erst mal Tee und Frühstück. Sie wollen mit dem Kommandanten sprechen. Ich frage, ob ich an dem Gespräch teilnehmen darf. Heval Reşîd, der Kommandant der Einheit, hat nichts dagegen. Unter Tränen erzählt eine uns, dass ihre beiden Söhne schon vor Jahren ums Leben gekommen sind, mit einem Traktor sind sie auf eine Mine gefahren. Reşîd wird etwas ungeduldig, was sie denn wollen? Sie sind aus seinem Dorf. Er muss sich gedulden. Nach allerhand Klatsch und Tratsch über diese und jene Verwandten und Bekannten kommen sie zur Sache: Sie bitten die Guerilla, Schafe aus einer Herde zurückzugeben, die vor einiger Zeit bei einer Aktion aus dem Dorf geholt worden sind. Von den etwa 1000 Schafen wollen sie jedoch nur einige Dutzend zurückhaben, vor allem die ihrer Familien. Sie jammern und klagen. Heval Reşîd bleibt sehr sachlich und argumentiert, dass es in dem Dorf Korucu gäbe, das Dorf die Guerilla nicht unterstützte. Die Guerilla müsste hungern, wenn sie den „Dorfschützern“ nicht Schafe wegnehmen würde. Verhandlungen gehen hin und her. Zu guter letzt ist das Ergebnis, dass die Frauen 500 Schafe zurückbekommen. Allerdings ist die Rückgabe mit Auflagen verbunden. Das Dorf soll sich der Guerilla nicht länger verschließen, und dass FreundInnen kommen werden, um mit der Bevölkerung zu reden. Die beiden Frauen sind zufrieden, mit einigen Freunden werden sie nach Bestler gehen, um die Schafe abzuholen. Reşîd ist nicht ganz so zufrieden. Es wäre mal wieder typisch, alte Frauen zur Verhandlung zu schicken, die Männer seien zu feige, um zu kommen, da würde man mal wieder sehen, wie sehr Männlichkeit nur aufgeblasene Äußerlichkeit sei. Es bleibt abzuwarten, ob sich die Dörfler an ihren Teil der Abmachung halten.

Endlich brechen wir nach Gabar auf. Langsam wird mir klar, dass ich vor dem Wintereinbruch wohl nicht mehr zurück in Beytüşşebab sein werde. Vielleicht ist es auch egal, zumal Sîpan ja jetzt auch nicht mehr da ist. Warum ist er nicht mit Heval Cemal gekommen? Den ganzen Winter nicht richtig reden können, das ist schon schwer.

Der Weg nach Gabar führt uns über eine Straße, die Straße Eruh-Şirnak, das erste Mal seit langem sehe ich wieder Autos. Wir müssen abwarten, bis die Straße frei ist, um sie zu überqueren. In kleinen Gruppen gehen wir rüber, warten auf die anderen. Hinter einem zerstörten Dorf geht es dann stundenlang bergauf. Unten im Tal befindet sich eine hell erleuchtete Kaserne, wir müssen daher ganz leise sein. Vor mir läuft Dilar mit der Bikisî auf der Schulter. Mehrmals habe ich das Gefühl, am Ende meiner Kräfte zu sein, aber wenn ich sie sehe, reiße ich mich zusammen. Wir gehen langsam, machen viele Pausen. Niemand weiß, wo sich die Freunde befinden, oben irren wir noch lange herum, ich habe längst jegliche Orientierung verloren. Auf der anderen Seite des

Berges sind wieder Lichter zu sehen, „der Kleine Süden“, sagen die Freundinnen, der syrische Teil von Kurdistan. Ich hatte keine Ahnung, dass wir uns schon so weit westlich befinden. Da es keine Landkarten gibt, kann ich die Gebiete nicht einordnen. Gegen Morgen geben wir unsere Suche nach den FreundInnen auf, alle sind völlig erschöpft.

Hier oben im Hochland ist es sehr kalt. Der Berg gehört eigentlich noch nicht zu Gabar, es ist der Ciraw. Obwohl es noch nicht hell ist, machen wir ein Feuer. Alle haben schrecklichen Durst. Ein Freund weiß, wo eine Quelle liegt, ich melde mich freiwillig zum Wasserholen, schlafen kann ich sowieso nicht. Der Brunnen ist noch mal eine ganze Stunde entfernt. Er liegt völlig ungeschützt auf einer Hochebene, sicher ein gutes Angriffsziel für Kobras, deshalb halten wir uns nicht lange auf. Den Rückweg hätte ich ohne den Freund nicht wiedergefunden, hier im Hochland sieht alles gleich aus.

Die Einheit, die wir die ganze Nacht gesucht haben, hat uns inzwischen gefunden. Nach dem Umzug bauen wir unser Lager auf. Aus Felssteinen entsteht ein Ring, der hinterher mit einer Folie als Dach dient und etwas vor der Kälte und dem Wind schützt. Lebensmittel gibt es nicht, in einem verlassenen Dorf in der Nähe sammeln wir Walnüsse und Trauben, dafür werden leere 10-Liter-Fettkanister in Säcken auf den Rücken geschnallt. Dann geht es etwa drei Stunden bergab. Am Dorfbrunnen baden die Freundinnen der anderen Einheit, auch wir waschen uns schnell die Haare. Das Dorf scheint noch nicht so lange zerstört zu sein, vermutlich in der 1994er Offensive der Armee. Überall stehen Weinstöcke und große Walnuss- und Granatapfelbäume. Die Dörfer in Gabar sind reich an Obst und jetzt, wo der Herbst angefangen hat, ist alles reif. Schnell sind unsere Kanister voll.

Am nächsten Tag besuche ich mit Heval Şergeş die Einheit. Da es auf dem Ciraw sehr kalt ist, wohnen die Freundinnen in festen Hütten mit Wellblechdächern. Die Einheit hat zur Zeit vor allem die Aufgabe, Lebensmittel aus den Dörfern zu holen und zu deponieren. Fast jede Nacht sind sie unterwegs, alle sind sehr erschöpft. Bald werden sie nach Gabar gehen und dort das gemeinsame Winterlager mit allen Freundinnen und Freunden aus diesem

Gebiet aufbauen. Die Freundinnen erzählen von den Problemen der Taxim. Probleme gibt es vor allem mit Rûgeş, da sie sich weigert, an den Aktivitäten der Einheit teilzunehmen. Bei einer Operation hat sie sich sogar geweigert weiterzulaufen, setzte sich einfach hin, obwohl der Feind immer näher rückte. Durch ihr Verhalten hat sie die ganze Einheit in Gefahr gebracht. Die Freundin ist völlig in sich zurückgezogen und reagiert nur noch gereizt auf jede Frage, die ihr gestellt wird. Heval Şergeş versucht, mit ihr über ihre Probleme zu reden. Sie sagt, dass sie von den anderen nicht anerkannt wird. Die anderen Freundinnen berichten hingegen, dass sie sich intensiv um sie bemüht haben, nun aber mit ihrem Latein am Ende sind. Die Freundin wuchs in einer türkischen Großstadt auf. Vor mehreren Jahren hat sie sich mit ihrem Ehemann der Guerilla angeschlossen und ist nach Gabar gekommen. Wegen ihres distanzierten Verhältnisses zu den Freundinnen ist sie irrtümlicherweise für eine Agentin gehalten worden. Daraufhin wurde sie in die Parteischule geschickt, um diese Probleme zu klären. Jetzt scheint sich alles zu wiederholen. Ich denke, es hat damit zu tun, dass junge Freundinnen aus den Metropolen ein sehr romantisches Bild von der Guerilla haben und dann mit der harten Realität nicht klarkommen. Erschwerend kommt hinzu, dass Rugeş eine Zeit lang im Hauptquartier zu Zekîs Pressegruppe gehörte. Dort hat man sie bevorzugt behandelt, ein Teil von Zekîs verquerer Praxis, junge hübsche Frauen um sich zu scharen. Diese Freundinnen haben jetzt große Schwierigkeiten, sich in den normalen Alltag einzuleben – als normale Kämpferinnen ohne Privilegien.

Da das Gerücht umgeht, dass eine Operation geplant ist, werden alle Lager abgebrochen und entschieden, dass einige Gruppen schon nach Gabar vorgehen. Auch ich gehöre dazu. Außer mir und Medya sind in der Gruppe nur Männer. Beim Einbruch der Dunkelheit brechen wir auf. Es geht natürlich steil bergab, zum Glück geht der Mond bald auf. Beim Abwärtslaufen in absoluter Dunkelheit habe ich immer große Probleme, vor allem meine Knie schmerzen stark. Wir laufen viele Stunden. Im Mondlicht können wir Olivenhaine sehen. Vor 1994 war Gabar eine reiche, fruchtbare Gegend und dementsprechend dicht besiedelt, jetzt lebt hier niemand mehr. Medya kennt eine Höhle an einer Schotterstraße, in der wir übernachten können. Medya und ich schlafen allein, abseits von den Männern unter meinem Regenmantel, es ist schon sehr kalt.

Spätherbst 1996, Gabar

Morgens sehen wir, dass wir direkt neben einem zerstörten Dorf gelagert haben. Es gibt viele Mandelbäume, alle sammeln riesige Berge Mandeln und Trauben, wie im Paradies. Das Dorf heißt Spîviyan. Der Feind hatte hier eine Kaserne errichtet, ein hässlicher Betonklotz, der oberhalb des Dorfes liegt und alles überragt. Wie alles hier ist auch die Kaserne verlassen. Die ganze Gegend ist hügelig, von den Bergen in die Täler ziehen sich Terrassen, eine reiht sich an die nächste. Jahrhunderte muss es gedauert haben, bis diese Kulturlandschaft gewachsen ist, Generationen von Menschen müssen daran gearbeitet haben, diese Felder den Bergen abzutrotzen. Ich muss an einen Satz aus dem Parteiprogramm denken: „Ein Mitglied empfindet tiefe Liebe zum Land." Die Liebe zum Land heißt eben auch, dieses so schwer gewonnene Land nicht kampflos dem Feind zu überlassen. Seit Generationen wurde hier gegen die Großgrundbesitzer und die verschiedenen Besatzer gekämpft. Die Menschen empfinden eine tiefe Verbundenheit zum Land. Wer das Land und das Volk nicht liebt, kann es auch nicht befreien.

In der Bundesrepublik wird von großen Teilen der Linken der Staat mit dem Land gleichgesetzt. Im Grunde zeigt das, dass die Linke immer noch mit den Herrschenden verbunden ist, genauso wie die türkische Linke. Allerdings hat es auch in der BRD Ansätze gegeben, das Land gegen die Herrschenden zu verteidigen, z. B. als in den 80er Jahren industrielle oder militärische Großprojekte wie die Startbahn West oder die WAA in Wackersdorf gegen das Interesse der Bevölkerung durchgesetzt werden sollten. In Kurdistan und überall, wo gegen neokoloniale Ausbeutung gekämpft wird, wird das Land nicht für die Herrschenden verteidigt, sondern gegen sie, die kein Recht haben, es zu beanspruchen und zu plündern.

Über Funk erfahren wir, wo das Lager der FreundInnen liegt. Die Einheit von Heval Erdal liegt in einem Tal unterhalb eines weiteren Dorfes. Der Feind hat in den letzten Tagen die strategischen

Berge geräumt, die in den Sommermonaten besetzt worden waren. Mittlerweile gibt es in Gabar keine Soldaten mehr, erzählen die Freundinnen. Sie sagen, dass es im Sommer teilweise sehr schwer ist, sich hier zu bewegen. Die Lagerplätze müssen oft weit von den Wasserläufen entfernt aufgeschlagen werden, die oft von der türkischen Armee kontrolliert werden. Im Sommer kann man nicht in die Dörfer gehen, aber heute steht uns alles offen. Im Herbst, jetzt, wo die Nüsse und Früchte reif sind, kann alles eingesammelt werden. Die Freunde sind auf die geräumten Hügel gestiegen, wo die Soldaten alle möglichen Konserven, teilweise sogar Munition zurückgelassen haben. Ararat schenkt mir ein Paar Socken. Die nächsten Tage sammeln wir Nüsse, die für den Winter deponiert werden. Hunderte von Säcken kommen zusammen, die Wasserläufe stehen voll mit Walnussbäumen. Überall wachsen süße Trauben, nach den langen Monaten im Hochland ohne ein Stück Obst erleben wir wahrhaft paradiesische Zustände.

Nachdem diese Gegend abgeerntet ist, ziehen wir weiter in das nächste Dorf. Wir lagern oberhalb des Dorfes, der Platz ist befestigt, wie eine Burg. Nachts halte ich Wache mit Raperîn. Obwohl sie noch sehr jung ist, ist sie Mangahilfskommandantin und zuständig für die Depots. Es gibt nur wenige FreundInnen, die die Plätze der Depots kennen. Raperîn erzählt mir von Gabar und wie es war, bevor der Feind alle Dörfer zerstört hat. Sie sagt, im Grunde hätte es gar keine Trennung zwischen Guerilla und Volk gegeben. Da es keine Kollaborateure gab, wurde hier alles gnadenlos zerstört und alle Menschen vertrieben. Die Bewohner ihres Dorfes haben sich gegen die Vertreibung zur Wehr gesetzt. Eine ganze Nacht haben die Dorfbewohner gekämpft, als die Männer gefallen waren, haben die Frauen weitergekämpft. Natürlich hatten sie keine Chance gegen die überlegene Technik der Armee. Männer, die nicht flüchten konnten, wurden verhaftet, gefoltert, viele starben. Die Überlebenden flohen zum Großteil in die türkischen Metropolen. Einige sind jedoch auch bei der Guerilla, erzählt Raperîn. Sie selbst ist die jüngste und schon am längsten dabei.

Das Dorf, in dem wir arbeiten, heißt Derşaw, früher lebten hier über 4000 EinwohnerInnen. Es war kein kurdisches, sondern ein armenisches Dorf.Diese Dörfer wurden während des Genozids 1915 – 1918 von der osmanischen Armee entvölkert.Später siedelten sich hier KurdInnen an. Heval Şervan, einer unserer Taximkommandanten, hat früher hier gelebt. Das Dorf liegt im Sonnenschein und sieht von weitem ganz intakt aus. Die Häuser sind aus hellen Lehmziegeln gebaut, die Fensterläden hellblau gestrichen, wie Dörfer in Südeuropa. Wenn man durch die Gassen geht, meint man, jeden Moment Kinderstimmen zu hören, aber alles bleibt ruhig, totenstill. In den leeren Häusern suchen wir große Kupfertöpfe zusammen, denn wir wollen Dimmis, Traubensirup, für den Winter einkochen. In einem Geschäft stehen noch Kinderschuhe im Regal, überall sind noch Spuren der Menschen, die hier gelebt haben.

Dann beginnt das Traubensammeln, gruppenweise grasen wir die Reben ab. Schnell entstehen große blaue Traubenberge. Es gibt nichts Schöneres als die kollektive Arbeit. Freunde und Freundinnen jeden Alters und jeder erdenklichen Herkunft arbeiten hier zusammen, Hand in Hand, Menschen aus Europa, aus den Metropolen, aus den Dörfern. Dieses Gefühl von Harmonie und Kollektivität beeindruckt mich immer wieder. Arbeit kann die größte Freude machen, denn was hier geschaffen wird, kommt allen zugute. Wenn wir viel arbeiten, werden wir und die anderen FreundInnen im Winter nicht hungern. Je mehr wir schaffen, desto weniger Lebensmittel müssen von weit her geholt werden. Arbeit in einem solchen Kollektiv ist Arbeit, die nicht entfremdet ist, unter diesen Bedingungen drückt sich auch niemand, ist die Arbeit auch noch so schwer und anstrengend. Erst in der PKK habe ich diesen Wert der Arbeit kennen gelernt.

An den Rändern der Felder liegen große Steinbecken, in denen die Trauben zerpresst werden. Direkt daneben werden sie in großen Töpfen eingekocht, dann in Kanister gefüllt und direkt in den Depots verstaut. Abends sammeln wir auf dem Rückweg noch Feigen, Nüsse, Birnen und Trauben für die Freundinnen, die am Punkt zurückgeblieben sind.

Jeden Tag arbeiten wir, bis es dunkel ist, und gehen nur zum Schlafen zurück zum Stützpunkt. Unsere Vorräte an Traubensirup wachsen.

Nachdem die Trauben in Derşaw abgeerntet sind, ziehen wir auf einen nahe gelegenen Hügel um. Einige Freundinnen sind vorgegangen, um den Platz vorzubereiten. Als wir abends ankommen, sehen wir, dass es hier oben Höhlen gibt, die in die Felsen geschlagen wurden, richtige rechteckige Räume mit Türen. In den Höhlen haben die Freundinnen schon Feuer gemacht. Wir sitzen im großen Kreis um die Feuer, lehnen an den Wänden. Lieder werden gesungen, die Stimmung ist ausgelassen und entspannt. Plötzlich gibt es eine Explosion, mit einem Schlag ist es dunkel, Asche, Funken, brennendes Holz regnen auf uns nieder, alle flüchten vor diesem Inferno nach draußen. Sofort sind Freunde da, die mit Taschenlampen die Höhle durchsuchen. Sie finden Heval Dîlan, unsere Taximkommandantin, die am Boden liegt. Sie röchelt furchtbar, ihr Gesicht ist voll Blut. Die Freunde tragen sie in eine andere Höhle, die Ärztinnen kümmern sich um sie. Wir alle haben Brandwunden. Glutteile haben Haare und Kleider versengt, ernsthaft verletzt ist aber sonst keine. Schnell steht fest, dass eine Handgranate im Feuer explodiert sein muss. Im militärischen Unterricht haben wir gelernt, alte Feuerstellen zu untersuchen. Wenn der Feind an Punkte kommt, die von der Guerilla benutzt werden, vergräbt er entsicherte Handgranaten, deren Sicherung mit Klebeband umwickelt ist, unter der Feuerstelle. Wenn das Feuer heiß wird, schmilzt das Klebeband und die Granate explodiert. Die Freundinnen, die das Feuer gemacht haben, versichern, dass sie die Feuerstelle untersucht hätten, also muss eine Handgranate ins Feuer gefallen sein. Das kann ich mir nicht vorstellen, so einfach fällt keine Handgranate aus den Halterungen, die am Munitionsgürtel befestigt sind. Wir alle sitzen draußen im Regen, frieren und hängen unseren Gedanken nach. Einige gehen wieder in die Höhle, um sauberzumachen, die Glut wird zusammengefegt, Folien ausgelegt, Feuer darf nicht mehr gemacht werden, auch in den anderen Höhlen ist das Feuer gelöscht worden. Der Schlaf will in dieser Nacht nicht kommen, wir machen uns Vorwürfe, wie konnte es zu einem so schrecklichen Unfall kommen? Ich persönlich bin der Überzeugung, dass die Bombe schon da war, tief vergraben, deshalb hat es auch lange gedauert, bis das Plastik geschmolzen ist. Am nächsten Morgen hören wir, dass Heval Dîlan den Verletzungen erlegen ist. Ein Bombensplitter muss tief in ihr Gehirn eingedrungen sein. Die ÄrztInnen konnten nichts mehr für sie tun. Gleich vormittags findet ein Appell statt und Heval Cemal hält eine Rede. Er ist sehr wütend. Der Tod jeder Genossin muss uns eine Mahnung sein. Der Tod von Heval Dîlan mahnt uns, mit Bomben weniger leichtsinnig umzugehen, immer darauf zu achten, dass unsere Bomben keine Gefahr für andere oder für uns selbst sind.

Heval Dîlan wird in der Nähe des Stützpunktes begraben. Es ist sehr bedrückend, die türkische Armee ist abgezogen, trotzdem gibt es noch Opfer in unseren Reihen. Es ist wohl unser Übermut. Kaum dass der Feind weg ist, entfernen wir uns schon von der Realität des Krieges und werden unvorsichtig. Aber es ist immer noch Krieg, die Armee wird uns auch in diesem Winter nicht in Ruhe lassen.

Abends veranstalten wir Frauen noch eine Versammlung in der Frauenhöhle. Einige erzählen von ihren Erinnerungen, die sie an Heval Dîlan haben. Keine kann es so recht fassen, dass sie nicht mehr unter uns ist. Sie war eine sehr beliebte Kommandantin, ein Vorbild, was Verantwortung und Bereitschaft, Aufgaben zu übernehmen, betrifft. Es hätte auch mich oder eine andere treffen können, Heval Dîlan saß ganz nah bei mir. Der Tod trifft so zufällig.

Die Arbeit wird jetzt systematisch organisiert, jeden Morgen werden die FreundInnen eingeteilt. Mehrere hundert Schafe und Ziegen sind aus einem Dorfschützerdorf gekommen. Sie werden geschlachtet und das Fleisch wird in großen Kanistern für den Winter eingekocht. Eine andere Gruppe geht jeden Morgen los, um den Winterplatz vorzubereiten. Höhlen werden ausgebaut und Plätze befestigt, auf denen im Winter die Zelte stehen sollen.

Ich bin meistens in der „Fleischgruppe“. Jeden Tag schlachten wir an die 20 Schafe, was geradezu fließbandmäßig organisiert ist. Zuerst gibt es eine Arbeitsteilung: Während die Männer schlachten, zerschneiden die Frauen das Fleisch. Nach ein paar Durchgängen gibt es Proteste, da die Männer, nachdem sie das Tagessoll erreicht haben, einfach verschwinden, die Frauen dagegen noch bis in die späten Abendstunden arbeiten, bis alles Fleisch verarbeitet ist. Daraufhin wird alles gemeinsam gemacht. In der traditionellen kurdischen Gesellschaft dürfen Frauen keine Tiere schlachten, es wäre „haram." Das Fleisch wird nach dem islamischen Glauben unrein, wenn Frauen die Tiere geschlachtet haben. Dieses Tabu zu brechen, macht den Freundinnen anscheinend besonderen Spaß.

Das soruşturma, die Befragungsphase für Heval Sosin, ist jetzt noch verschärft worden. Sie ist von den anderen isoliert, soll abgeschieden von den anderen ihren Selbstkritikbericht schreiben. Tag und Nacht muss eine bei ihr Wache halten. Keine soll mit ihr reden. Diese Entscheidung wurde von der Botan-Leitung getroffen, aber viele Freundinnen können das nicht nachvollziehen und äußern ihren Unwillen darüber. Heval Sosin war lange Kommandantin in Gabar, daher kennen sie viele als zuverlässige, verantwortungsvolle Genossin. Es gibt eine emotionale Verbindung zu ihr und deshalb können die Freundinnen es nicht akzeptieren, dass sie jetzt so hart bestraft wird. Die Ablehnung der Entscheidung wird aber nicht offen ausgesprochen, sondern brodelt unter der Oberfläche. Die, die bei ihr Wache halten, schämen sich dafür und untergraben das Redeverbot.

Auch mir leuchtet diese Entscheidung nicht ein, halte sie für einen Fehler. Sicher war es ein schweres Vergehen, dass sie die Machenschaften von Zekî nicht gestoppt hat. Als ZK-Mitglied kennt sie die Prinzipien der Partei und hätte es besser wissen müssen. Die Praxis, FreundInnen eine Zeit lang zu isolieren, ist in der Partei ein übliches Mittel, Probleme zu analysieren. Die Abgeschiedenheit soll eine Zeit der Reflexion sein, man wird von den Alltagsaufgaben ausgeschlossen, um nicht abgelenkt zu werden. Je höher ein Kader in der Hierarchie steht, desto größer ist die Verantwortung, die sie oder er zu tragen hat, und dementsprechend länger müssen sie sich in einer Befragungsphase mit den Fehlern auseinandersetzen. Aber ich verstehe Heval Şergeş nicht. Sie grenzt sich von Heval Sosin ab, dabei hat doch jede Fehler und kann in diese Situation geraten, warum unterstützt sie Heval Sosin nicht? Vielleicht ist es ihr kleinbürgerlicher Karrierismus, der jetzt zu so einem Konkurrenzverhalten führt. Dahinter steht ein

Phänomen, das immer wieder zu beobachten ist. Fehler passieren überall, das ist normal, aber bis diese Fehler erkannt und bekämpft werden, vergeht viel zu viel Zeit. Vielen fehlt das Selbstvertrauen, die eigene Analyse zur Grundlage einer Bewertung zu machen, stattdessen wird gewartet, bis die Kritik von oben kommt. Die Verantwortung wird nur bei den KommandantInnen gesucht, obwohl ja alle zu einer falschen Praxis beitragen.

Inzwischen ist es November und schon ganz schön kalt. Es hat angefangen zu regnen. Wir sitzen im Matsch, alles ist klamm. Es wird Zeit, dass wir mit dieser Fleischarbeit fertig werden und zum Winterlager gehen. Freundinnen aus allen Gebieten sind gekommen. Wir sind mehr als 50 Frauen. Ein fröhlicher Haufen, obwohl wir von morgens bis abends sehr hart arbeiten und inzwischen schon sehr dreckig sind, weil es erst eine Pause zum Baden geben soll, wenn die Wintervorbereitung beendet ist. Bis der Schnee kommt und der Unterricht anfängt, muss alles fertig sein.

Heval Kazim kommt mich bei der Fraueneinheit besuchen. Leider können wir uns nur wenig unterhalten, da er Türke ist und kein Kurdisch spricht. Viele Jahre hat er im Gefängnis verbracht, wie viele von den älteren Freunden. Er schenkt mir etwas Tabak, der zurzeit sehr knapp ist: „Internationalisten müssen sich gegenseitig helfen“ sagt er mit einem verschmitzten Lächeln.

Abends gibt es eine Gerichtsverhandlung. Wieder geht es um Heval Ruges, die nach wie vor nicht richtig am Leben teilnimmt und viel sabotiert. Die Fraueneinheit sitzt zusammen und der ganze Fall wird von der Kommandantin noch einmal vorgetragen. Alle Freundinnen ergänzen. Ruges selbst wird noch einmal befragt und es ist offensichtlich, dass sie keinerlei Erklärung für ihr Verhalten hat, sie beteuert, dass sie sich ändern wird und auf keinen Fall in den Süden geschickt werden will. Es werden Vorschläge gesammelt, wie das Problem zu lösen ist. Sie reichen von Ideen, sie in den großen Süden zu schicken, sie zu isolieren, bis hin zur Todesstrafe. Es wird abgestimmt. Demnach soll sie zunächst ohne Waffe bleiben, bis sie gezeigt hat, dass sie ihre Beteuerungen ernst meint, dass sie etwas verändern will.

Eine andere Freundin, Rojda, soll auf Befehl der Leitung in den Großen Süden gehen, um dort am Kaderunterricht teilzunehmen. Sie sieht es nicht ein, wehrt sich dagegen. Auch das ist ein großes Problem hier in Gabar und auch der eigentliche Grund, warum das Hauptquartier dieses Jahr hier aufgeschlagen wurde. In Botan gibt es einige Gebiete, in denen der Krieg seit Jahren so „heiß" ist, dass die politische Schulung vernachlässigt worden ist. Durch diesen Umstand ist zwischen den FreundInnen eine Art Geschwisterverhältnis entstanden, in dem man die eigenen Fehler und die der anderen nicht mehr kritisiert. Kaum jemand denkt mehr im Rahmen der ganzen Armee, der Blick wird nur noch auf das eigene Gebiet gerichtet. Vieles hat sich so fest eingespielt und lässt keinen Raum mehr für Veränderungen und Entwicklungen. Rojda zum Beispiel kämpft schon lange, ist oft verletzt worden. Aufgrund ihrer militärischen Erfahrungen könnte sie längst Taximkommandantin sein, aber in politischer Hinsicht hat sie sich überhaupt nicht entwickelt. Den Weg nach Süden sieht sie nicht als Chance, etwas Neues kennen zu lernen, den Horizont zu erweitern und sich von dem Krieg in Botan zu erholen, sie sieht ihn als eine Strafe. Die Entscheidung von Şergeş ist richtig, aber sie hat nicht die Sensibilität, diese Entscheidung so zu vermitteln, dass Rojda sie auch versteht. Rojda hat Angst – Angst vor dem Neuen, das sie erwartet. Hier dagegen kennt sie jede/r und erkennt ihre Leistungen an. Woanders müsste sie sich erst neu Respekt verschaffen, davor hat sie Angst. An dem Tag, als die Gruppe gen Süden aufbricht, läuft sie einfach weg und versteckt sich, erst als die FreundInnen gegangen sind, taucht sie wieder auf. Das ist natürlich Befehlsverweigerung und wird hart bestraft. Rojda wird entwaffnet, sie wird von den anderen getrennt, kommt zu Heval Sosin.

Als ich Wache habe, versuche ich, mit ihr darüber zu diskutieren. Sie versteht nicht, glaubt, dass ein Komplott gegen sie geschmiedet wird. Nach ihren Vorstellungen teilen sich die Kämpferinnen in „gute" und „schlechte" ein. Die „guten" führen den Kampf auf der körperlichen Ebene und die „schlechten" können gut reden, tun aber ihrer Meinung nach nichts. Mit dieser Haltung ist natürlich vorprogrammiert, dass es zu klassenspezifischer Grüppchenbildung kommt und Gräben nicht überwunden, sondern vertieft werden. Ich sage Rojda, dass wir die Eigenschaften, die wir an den anderen nicht mögen, kritisieren müssen. Damit entsteht die Möglichkeit, dass wir uns alle weiterentwickeln können und füreinander liebenswert werden. Nur zu gut kenne ich dieses Problem aus Europa, dort sind die gesamten Strukturen auf Sympathie aufgebaut. Wer uns nicht passt, wird eben nicht akzeptiert, schön einfach. Rojda sagt: „Ach ja, ich bin eben so unpolitisch." Sie ist sehr liebenswert und hat sicher schon viel geleistet, aber sie muss auch verstehen, dass sie mit ihrer Haltung ein Hindernis für die Entwicklung der YAJK ist. Die Frauen, die auf der militärischen Ebene Erfahrung haben, müssen auch Verantwortung übernehmen, Kommandantinnen werden.

Das Wetter ist schöner geworden. Ich werde jetzt öfter als Schäferin eingeteilt. Morgens, direkt nach dem Aufstehen, gehen wir zu zweit los, holen die Schafe aus der Höhle und gehen mit ihnen ins Tal. Mir macht die Arbeit unglaublich viel Spaß. Den ganzen Tag etwas Nützliches zu tun zu haben, mit den Freundinnen zusammenzuarbeiten, steigert meine Laune ungemein. Es ist nie langweilig. Den ganzen Tag streifen wir zu zweit herum, können reden und auf dem Weg Mandeln sammeln. Schnell bekommen wir heraus, wie wir am besten mit den Schafen umgehen müssen, damit sie dahin laufen, wohin wir wollen. Manchmal gehen wir in einer kleinen Gruppe nach Derşaw, um dort Trauben für alle zu sammeln. Es ist schon Dezember und noch immer hängen reife Trauben an den Reben!

Eines Morgens regnet es in Strömen, plötzlich wird Alarm gegeben. Wir müssen raus in den Regen, Stellungen einnehmen. Einige FreundInnen bereiten einen Angriff vor, die Soldaten sind sehr nahe, in Spîviyan. Über unseren Köpfen explodieren Mörsergranaten, bisher habe ich sie noch nie so direkt in meiner Nähe explodieren sehen. Den ganzen Tag bleiben wir in unseren Stellungen und dürfen uns nicht bewegen. Wir sind durchnässt und frieren erbärmlich. Viel schlimmer muss es noch den FreundInnen gehen, die weiter vorne in eine Auseinandersetzung verwickelt sind. Dann ist plötzlich alles ruhig. Heval Erdal sagt später zu mir: „Das war keine ernsthafte Operation, sie haben gar nicht gekämpft. Wahrscheinlich hatten sie das Wetter falsch eingeschätzt, und als es dann so gegossen hat, sind sie wieder abgehauen."

Wir ziehen um, endlich ist der Winterplatz fertig, die Gruppen werden neu aufgeteilt. Diese Neuverteilung ist vorerst die letzte, denn diese Gruppen werden den ganzen Winter zusammenbleiben. Meine neue Manga ist ganz nach meinem Geschmack. Die Kommandantin ist die erst 18-jährige Jîyan, ihre Hilfskommandantin ist Şînda. In der Manga sind außerdem Gulistan, Berfîn und Rojda. Heval Sosin ist auch endlich aus dem soruşturma entlassen, demnächst wird ihre Plattform stattfinden. Wir fangen an, das Lager weiter auszubauen. Neben einem Brotofen bauen wir auch eine Brücke über den Fluss Basiret. Überall wird herumgewerkelt. Heval Sosin ist gleich wieder in ihrem Element, froh, etwas zu tun zu haben. Wir laufen immer wieder nach Spîvyan, um irgendwelches Baumaterial aus dem zerstörten Dorf zu holen. Die Stimmung ist gut, alle Arbeiten werden kollektiv ausgeführt. Obwohl es jetzt schon bald Januar ist, hat der Winter noch nicht richtig begonnen, kein Schnee, aber viel Regen.

Endlich Badetag, wir gehen runter zum Basiret. Şînda, deren Hand verletzt ist, kann ihre Sachen nicht selber waschen. Wir teilen ihre Kleider auf, jede nimmt etwas. Die Sonne scheint, wir haben Glück mit dem Wetter. Es gibt viel Feuerholz. Plötzlich Männerstimmen, sie rufen Heval Sozdar, die Ärztin. Ein Freund ist auf dem Tepe auf eine Mine getreten, schnell zieht sie ihre noch nassen Kleider an. Jetzt denken wir nur noch an den Freund, hoffentlich ist es nichts Ernsthaftes. Bedrückt gehen wir zum Lager zurück. Abends kehrt Sozdar zur Einheit zurück, sie hat nichts mehr für ihn tun können, er war sofort tot. Sein Name war Bawer. Auch Firaz ist verletzt worden. In den nächsten Tagen sollte er nach Mardîn gehen, was er sich sehr gewünscht hatte, daraus wird nichts. Die ganze Gegend hier ist vermint. Auf den Pfaden, die auf die umliegenden Berge führen, haben die Soldaten vor allem Stolperminen ausgelegt. Fast unsichtbare Drähte sind über die Pfade gespannt. Im Dunkeln sind sie nicht zu sehen.

Çiçek, Rûken, Sozdar, Evîndar und Rûken aus Uludere verabschieden sich, sie gehen mit einer Gruppe nach Mardîn, um dort Angriffe durchzuführen. Eine weitere Gruppe wird dort Lebensmittel aus den Dörfern für die Botan-Gebietskonferenz holen, die hier in Gabar stattfinden wird.

„Post für dich“, heißt es, „aus Europa“. Ich kann es gar nicht fassen, nach 1½ Jahren soll endlich ein Brief aus Europa gekommen sein? Der Brief wird mir in der Pressemanga übergeben. Er ist aus Etruş, nicht aus Europa. Geschrieben hat ihn Medya, eine Deutsche, die schon seit 1993 im Land ist und mittlerweile in dem großen Flüchtlingscamp in Etruş als Ärztin arbeitet. Vor gut einem Jahr habe ich ihr geschrieben und jetzt erhalte ich Antwort! Sie beschreibt die sehr schlechte Situation im Lager und drückt ihre Bewunderung für das Volk aus, das trotz dieser harten Bedingungen nicht aufgibt und sich nicht unterkriegen lässt. Ich freue mich sehr über den Brief. Ich würde Medya gerne persönlich kennen lernen, sicher könnte ich viel von ihr lernen.

Es regnet in Strömen, unsere Winterplätze sind so gut wie fertig und so kann der Unterricht beginnen. Trotzdem können immer noch nicht alle daran teilnehmen, da noch weiterhin viel Arbeit zu tun ist. Einige Stunden entfernt liegt eine Mühle. Den ganzen Sommer über haben FreundInnen aus den Dörfern Weizen geholt, der jetzt in der Mühle zu Mehl verarbeitet wird. Grund dafür ist das Embargo, das den Dorfbewohnern in den „Ausnahmezustandsgebieten“ verbietet, Mehl in den Städten zu kaufen, damit sie nicht die Guerilla beliefern. Also haben sie Weizen gekauft und die Guerilla hat eine alte Mühle in Betrieb genommen. Ich melde mich freiwillig, um zur Mühle zu gehen. Şergeş will mich nicht gehen lassen, sie traut es mir nicht zu, die schweren Mehlsäcke zu schleppen. Mist! Am nächsten Tag darf ich dann doch mitgehen, nachdem ich ihre Entscheidung beim Tekmîl kritisiert habe. Zuerst besteigen wir den Zivingokberg, und dann auf der anderen Seite wieder hinab. Wir laufen auf der Straße, die an mehreren zerstörten Dörfern vorbeiführt. Wir durchqueren ein Tal, in dem immergrüne Bäume stehen. Das Holz dieser Bäume ist rot, sie tragen kleine orangene Früchte, die bitter schmecken und aussehen wie winzige Apfelsinen. Ich glaube, diese Bäume gibt es nur hier, ihren Namen kenne ich nicht.

Die Mühle liegt an einem wunderschönen Platz, gesäumt von Olivenbäumen. Der Platz dient gleichzeitig als Hauptlogistikpunkt. Sofort füllen wir unsere Rucksäcke mit Mehl. Azime packt meinen so voll, bis wirklich kein Staubkorn mehr reinpasst. Macht sie das absichtlich? Nach dem Motto, wenn die Deutsche schon unbedingt mitkommen will, soll sie auch ordentlich schleppen. Vielleicht liege ich auch falsch, denn Azime gehört zu denjenigen, die vor schwerer Arbeit nicht zurückschrecken, ihr Rucksack ist bestimmt der schwerste. Der Rückweg ist beschwerlich. Es geht hauptsächlich bergauf. Ganz oben auf dem Zivingokberg sprudelt eine Quelle, als wenn die Natur gewusst hätte, dass wir da oben keuchend und durstig ankommen! Das Wasser ist klar, kühl und schmeckt wunderbar. Nachts erreichen wir endlich den Küchenpunkt. Wir bekommen alle ein Extrabrot und können uns richtig satt essen.

Das Leben im Winterlager nimmt jetzt seinen Gang. Der Unterricht beginnt, immer wieder kommen neue Gruppen, die ihre Lager aufschlagen. Weil die Gebietskommandantur auch hier ist, wird es eine spezielle Schulung für KommandantInnen geben, besonders in Guerillataktiken sollen sie geschult werden. Außerdem werden eine Reihe von Gerichtsverfahren stattfinden, um die Zekî-Praxis des vergangenen Jahres auszuwerten. Auch aus Beytüşşebab sind FreundInnen gekommen. Als wir uns gerade auf den Weg zur Mühle machen, treffen wir meine ehemalige Taximkommandantin, Heval Rûken, und Heval Şoreş! Ich freue mich sehr, endlich Nachrichten von den Freundinnen dort zu hören. Von Sîpan erhalte ich sogar einen kleinen Brief und eine selbstgeschnitzte Zigarettenspitze!

Mitten in der Nacht sind FreundInnen aus Mardîn wiedergekommen, sie werden vorläufig in unserer Höhle untergebracht. Es gab eine Auseinandersetzung mit dem Feind. Beim Rückzug haben sich die FreundInnen in eine Höhle zurückgezogen, dort ist Çiçek auf eine vergrabene Mine getreten. Sie hat ein Bein verloren, es musste oberhalb des Knies amputiert werden. Zum Glück war

Heval Sozdar anwesend und konnte die Operation durchführen. Auch Rûken ist verletzt, ein Splitter ist in ihren Hals eingedrungen. Trotzdem ist sie den ganzen Weg von Mardîn hierher gelaufen. Çiçek wird auf einer Trage transportiert, sogleich wird unsere Höhle zum Krankenhaus umfunktioniert. Wir ziehen in die Nachbarhöhle um. Viele FreundInnen kommen vorbei, um die beiden Verletzten zu besuchen. Çiçek muss schreckliche Schmerzen haben, aber sie zeigt es nicht. Mit ihrer wunderschönen Stimme singt sie uns sogar noch Lieder vor. Şergeş sagt, Çiçek muss so schnell wie möglich, noch vor dem Wintereinbruch, nach Südkurdistan. Vielleicht kann sie nach Europa gebracht werden. Ihr Zustand ist schlecht, sie hat viel Blut verloren und die Wunden sind entzündet. Erstmal werden Çiçek und Rûken in das Tal gebracht. Doktor Sozdar wird mitgehen.

Unsere Mangas sind etwas ungerecht verteilt, einige liegen ganz weit oben auf dem Berg, bis zur Schulhöhle und zur Küche müssen die betroffenen Mangas ziemlich weite Strecken zurücklegen, daher wird ein Rotationssystem eingeführt. Als unsere Manga nach oben gehen muss, kann ich meinen Unmut kaum verbergen, aber bald stelle ich den Vorteil fest. Hier oben ist es wesentlich ruhiger und ich bin froh, ein wenig Abstand von dem ständigen Durcheinander zu haben.

Jetzt, wo die Wintervorbereitungen abgeschlossen sind, bleibt genügend Zeit zum Reden, zum Diskutieren, sich besser kennen zu lernen. In der Fraueneinheit ist ein guter, sehr solidarischer Zusammenhalt entstanden. Evîn ist unsere Taximkommandantin, auch sie ist oft in unserer Manga. Sie, die sich sehr viele Gedanken über den Aufbau der Frauenarmee macht, ist eine gute Gesprächspartnerin und eine Bereicherung für uns alle.

In der Nacht schrecken wir plötzlich aus dem Schlaf, Mörsergranaten schlagen ein, erst weiter weg, dann in der Nähe. Wir verlassen fluchtartig die Zelte und rennen bergab in die große Höhle, in der sonst der Unterricht stattfindet. Eine Mörsergranate schlägt direkt vor der Höhle ein, einige Sekunden früher und sie hätte uns erwischt. Soldaten haben den Tepe angegriffen, einige gehen los, um den Freundinnen dort zu helfen. Der größte Teil aber wird sich zurückziehen. In einer Feuerpause gehen wir los.

Eine neue Freundin ist in unserer Gruppe, Bermal aus Mardîn. Sie jammert und klagt, dass sie nicht laufen kann. Die Neuen kennen ihre eigenen Kräfte noch nicht. Laufen kann man eigentlich immer, man darf nur nicht darüber nachdenken, wie müde und erschöpft man ist. Einfach einen Fuß vor den anderen setzen. Bermal hält durch, es bleibt ihr schließlich auch gar nichts anderes übrig. Wir laufen die ganze Nacht durch. Heval Sosin und ich sind die einzigen in unserer Gruppe, die Waffen tragen, hoffentlich passiert nichts. Es ist sehr kalt und zu allem Überfluss regnet es auch noch. Um ein Feuer machen zu können, müssen wir warten, bis es richtig hell ist.

Gegen Morgen treffen alle anderen ein. Erst jetzt erfahren wir, was passiert ist: Soldaten haben sich an den Tepe angeschlichen, die Freundinnen haben gekämpft. Dabei ist Heval Berîvan gefallen.

In unser Lager können wir nicht zurück, der Feind kennt jetzt unseren Aufenthaltsort. So verbringen wir einige Tage im Tal in der Nähe der Mühle. Es wird immer kälter. Endlich wird der Beschluss gefasst, ein neues Lager unterhalb des Zivingokberges aufzuschlagen. In Windeseile wird ein großes Zelt aufgestellt, in dem der Unterricht stattfinden soll. Unsere Manga wird oben auf einem Berg ihr Lager aufschlagen. Mühsam da hochzuklettern.

In dem Tal liegt auch das Krankenhaus. Çiçek geht es nicht nur körperlich, sondern auch psychisch schlecht. Heval Sozdar ist mit den Nerven am Ende. Bei einem Besuch im Krankenhaus erzählt sie mir, was los ist. Sie hat schon viele Verletzte versorgt, aber Çiçek sei tatsächlich unerträglich. Sie kommandiert Sozdar die ganze Zeit herum und heult und klagt. Ständig kommt es zwischen den beiden zu Streitereien. Ich kann beide verstehen. Çiçek kann es nicht ertragen, dass sie ihr Bein verloren hat und damit ihr Leben als Guerilla zu Ende geht. Sie kennt kein anderes Leben, geschweige denn kann sie sich ein anderes vorstellen. Daran aber trägt Sozdar keine Schuld. Sozdar sagt: „Du musst stark sein. Das Leben geht weiter, es gibt andere Aufgaben, du bist nicht die erste, die ein Bein verloren hat.“ Es ist schon sehr hart, so nüchtern damit umzugehen, aber im Grunde hat sie recht, Çiçek muss sich an den Gedanken gewöhnen, Zivilistin zu werden und andere Aufgaben zu übernehmen.

Sozdar ist eine sehr gute Ärztin, ich kenne sie schon aus der Zeit, als wir im Zap-Gebiet waren. Mit unermüdlicher Energie setzt sie sich für die Freundinnen ein, auch mir hat sie schon oft geholfen, hat mir Ratschläge gegeben. Neben der Waffe und ihren persönlichen Sachen muss sie auch noch die Medikamente und das Operationsbesteck tragen. Sie stammt aus dem Kleinen Süden, ihr Bruder ist auch bei der Guerilla. Das Krankenhaus hat sie sehr bequem für die Verletzten eingerichtet. Hier gibt es viele Sachen, die sonst nie jemand von uns sieht: Marmelade, Nüsse, Seife und vieles andere. Wenn in der Logistik neue Lebensmittel und Kleidung eintreffen, geht das Beste immer zuerst an das Krankenhaus. Die FreundInnen haben warme Decken, werden rund um die Uhr versorgt und sooft es geht besucht. Alle wissen, für die Verletzten ist das Guerillaleben vorbei, trotzdem werden sie in der Partei bleiben und je nach ihren Fähigkeiten andere Aufgaben übernehmen. Es gibt sehr viele Verletzte, viele haben als Opfer von Minen ihre Füße verloren. Von der Bevölkerung und den FreundInnen wird ihnen großer Respekt entgegengebracht. Vielleicht treffe ich Çiçek eines Tages in Europa wieder.

Es beginnt zu schneien. Glücklicherweise liegt oben auf dem Berg noch genug Baumaterial und so beginnen wir eine neue Manga aufzubauen. Wir graben eine unterirdische Höhle, über die große Pappelstämme gelegt werden, zum Schluss wird das Ganze mit einer Folie abgedeckt, die wiederum mit Ästen und Erde bedeckt wird. Mit dem kleinen Ofen wird es einigermaßen warm. Um ins Tal zu gelangen, müssen wir jeden Morgen eine Rutsch- und Kletterpartie veranstalten. Unten angekommen machen wir Feuer und nehmen die Mahlzeiten draußen ein. Wenn wir uns die Haare waschen, gefrieren sie sofort. Der Unterricht beginnt morgens um acht, nach einer kurzen Mittagspause geht es bis zum Abend weiter. Nach dem Abendessen, wenn wir wieder hochgehen, ist es schon längst dunkel.

Da die Verletzten an einen Ort mit besserer medizinischer Versorgung gebracht werden sollen, macht sich eine Gruppe auf den Weg nach Südkurdistan: Ihr Ziel ist Haftanîn. Heval Rugeş, die Freundin, mit der es so viel Schwierigkeiten gab, wird ebenfalls gehen. Es hat keinen Sinn, dass sie hier bleibt, bei Operationen des Feindes weigert sie sich zu laufen und bringt so alle in Gefahr. Ihre Beteuerungen sich zu bessern bleiben Lippenbekenntnisse. Sogar Heval Cemal redet mit ihr, in den neuen Beschlüssen der Konferenz des Zentralkomitees steht, dass jede, die ihre Rolle im Norden nicht spielen kann, nach Süden gehen soll, da gäbe es genug Arbeit. Als es losgehen soll, weigert sie sich – Befehlsverweigerung. Heval Xelat und Heval Azime gehen zu ihr hoch, ohne Erfolg. Sie muss mit Gewalt den Berg runtergeholt werden. Wir sitzen im Zelt beim Unterricht und hören draußen Lärm. Zu guter letzt wird sie sogar auf einen Esel gebunden. Warum benimmt sie sich so? Alle atmen erleichtert auf, als der Radau aufhört. Die Gruppe ist weg. Sie haben einen weiten und gefährlichen Weg vor sich.

Der Unterricht ist jetzt unsere Hauptbeschäftigung, etwa zwölf Stunden am Tag. Morgens gehen wir geschlossen hin und nur mittags gibt es eine Essenspause, dann geht es weiter bis abends. Oft wird abends in der Manga noch einmal der Stoff gemeinsam wiederholt. Für die verschiedenen Themenbereiche wird jeweils eine Kommission aus der Plattform gewählt, die sich vorbereiten soll und zusammen den Unterricht gestaltet. FreundInnen, die lange im Gefängnis waren, unterrichten Parteigeschichte, diejenigen, die eine lange Guerillaerfahrung haben, geben Unterricht über Kriegstaktiken. FreundInnen, die die Schule besucht haben, geben Unterricht in Weltgeschichte und Philosophie usw. Am interessantesten ist für mich die Parteigeschichte. Aus den Fehlern soll gelernt werden, alles wird genau analysiert. Schonungslos wird alles offen gelegt. In der Geschichte der PKK hat es genau wie in anderen Bewegungen KommandantInnen gegeben, die ihre Autorität ausgenutzt haben, um sich selbst Privilegien zu verschaffen, und der Partei damit geschadet haben. Auch im Gefängnis oder in Europa gab es Kader, die versuchten, mit dem Feind zu kollaborieren und sich dadurch Vorteile erhofften. Diese Kader werden dann abgesetzt und müssen als normale KämpferInnen teilnehmen. Wenn sie nachweisen können, dass sie ihre Fehler verstanden haben und ihre Praxis verändern wollen, bekommen sie unter Umständen neue Aufgaben. Unter den GenossInnen, die jetzt im ZK der PKK sind, gibt es niemanden, die oder der noch nie für längere Zeit ohne Aufgabe war. Dieses System soll verhindern, dass die Macht in den Händen Einzelner zu groß wird. Besonders ausführlich wird in diesem Winter die Praxis von Zekî diskutiert und wie es dazu kommen konnte. Zu diesem Zeitpunkt weiß jede/r in der Guerilla, welche Rolle er wirklich gespielt hat. „Vertraut in der Hinsicht niemand, jeder kann die Partei verraten, sogar ich", hatte der Vorsitzende in einer seiner Analysen gesagt, „vertraut auf euer eigenes Urteil, die Persönlichkeit, die wir entwickeln wollen, ist eine proletarische, militante Persönlichkeit, kleinbürgerliche, feudale oder dörfliche Eigenschaften müssen überwunden werden." Alle werden aufgefordert, etwas zum Unterricht beizutragen. Jede wird ernst genommen, keine wird belächelt, auch die Jüngsten und Unerfahrensten sollen ihre Meinung sagen. Oft sind es ja gerade die Neuen, die die Realität hier am objektivsten beurteilen können, die Distanz schärft den Blick. Die Atmosphäre beim Unterricht ist meistens offen. Keine schämt sich, etwas Falsches oder Dummes zu sagen. Der Respekt untereinander ist groß, was mich immer wieder beeindruckt, auch bei kontroversen Diskussionen wird es nie laut oder respektlos.

Da mittlerweile die ganze Gebietsleitung und zwei Bataillone eingetroffen sind, muss ein guter Schutz organisiert werden. Deshalb besetzt ein Teil der FreundInnen die umliegenden Berge und nimmt dort Stellungen ein. Ich bin jetzt in der Manga von Heval Azime, die abgeordnet wird, eine Gruppe in der Nähe abzulösen. Nach einem unglaublich steilen Aufstieg erreichen wir den Berg. Dort sind große Höhlen in den Fels geschlagen, die einigermaßen warm sind. Am nächsten Morgen ist alles meterhoch eingeschneit und wenn wir nicht umkehren, besteht die Gefahr, dass wir richtig einschneien. Wir beschließen daher zurückzugehen, bei diesen Wetterverhältnissen kann der Feind sowieso nicht angreifen.

Schade, ich war froh, mal aus dem Lager raus zu sein. Der Pulverschnee geht uns bis zu den Hüften. Plötzlich sieht alles gleich aus. Ich habe überhaupt keine Orientierung mehr, durch welches Tal sind wir gekommen? Ein weiteres Mal muss ich gestehen, dass ich hier alleine vollkommen aufgeschmissen wäre. Weil ich so lange Beine habe, darf ich vorne gehen. Macht Spaß, in dem hohen Schnee rumzutoben. Vollkommen durchnässt erreichen wir den Stützpunkt. Die Mangas sind unter den Schneemassen größtenteils zusammengebrochen. Alles ist nass und kalt. Da es ziemlich unwahrscheinlich ist, dass die Armee bei diesen Witterungsverhältnissen angreift, wird der Beschluss gefasst, den Winter doch in einem nahe gelegenen zerstörten Dorf zu verbringen. Nur die FreundInnen vom Kaderunterricht werden hier bleiben.

Hevdem liest mir Erinnerungen aus ihrem Tagebuch vor, Aysel übersetzt. Es geht um eine Auseinandersetzung im Mai 1996, bei der zwei Freunde, Piling und Eylem, in einem Gefecht gefallen sind. Ein Teil der Gruppe konnte sich auf einem Berg in Sicherheit bringen, dort blieben sie drei Tage ohne Lebensmittel, weil die Gegend voller Soldaten war. Am dritten Tag wurden Freiwillige gesucht, um die Gegend zu kontrollieren, Hevdem und Guevara haben sich gemeldet. Es war dunkel, sie sind langsam ins Tal hinabgestiegen, da hörten sie ein Stöhnen. Beide dachten, sicher ein verletzter Soldat oder Çete, aber es war eine verletzte Freundin, die dort drei Tage allein gelegen hatte. Am ganzen Körper und im Gesicht verbrannt – Medya. Sie konnten sie nicht einmal anfassen, so starke Schmerzen hatte sie. Keine Medikamente, um ihre Wunden zu reinigen, nur Salzwasser. Fast einen Monat war die Gruppe von den anderen getrennt, Guevara hat unten am Fluss Fische gefangen, bis sie Lebensmittel aus einem Dorf holen konnten, alle waren völlig geschwächt. Medya hat überlebt. Oft frage ich mich, wie die Freundinnen diese Strapazen aushalten konnten.

Wir richten uns mal wieder neu ein. Inzwischen sind noch weitere Einheiten eingetroffen und wir müssen uns mit zwei Mangas eine große Höhle teilen. Auch der Unterricht wird in einer großen Höhle stattfinden. Wir haben ein Holzproblem. Hier stehen fast nur Mandelbäume, aber Obstbäume dürfen nicht gefällt werden.

Für uns gibt es klare Richtlinien. Was das Volk aufgebaut hat, darf die Guerilla nicht zerstören: Also verbringen wir die kurzen Unterrichtspausen damit, in die Täler hinabzusteigen, um dort abgestorbene Eichen zu fällen. Ich stelle mich dabei ziemlich ungeschickt an. Zwar habe ich in Deutschland auch in einer Wohnung mit Ofen gelebt, aber ganze Bäume zu spalten, habe ich nicht gelernt. Mir wird mal wieder klar, dass die Freundinnen den unglaublich kräftezehrenden Alltag so fast mit links erledigen, während meine Kräfte davon fast vollkommen absorbiert werden. Das ist das Problem der Städterinnen. Auch die Wasserversorgung ist schwierig, der Brunnen wurde im Sommer von Soldaten gesprengt, alles Wasser muss durch das Schmelzen von Schnee gewonnen werden. Nachts haben die Wachen die Aufgabe, immer neuen Schnee in die großen Töpfe zu füllen, damit wir morgens Wasser zum Teekochen haben. Jetzt, wo wir uns mit 16 Frauen eine Höhle teilen, liegen meine Nerven manchmal blank, das Durcheinander macht mir zu schaffen. Oft hört man sich gegenseitig nicht zu, was den Lärmpegel noch steigert. Ich denke, die Freundinnen sind das mehr gewöhnt als ich. In der BRD hat jede ihr eigenes Zimmer. In Kurdistan sind die Familien groß, die Räumlichkeiten klein.

Was hier absolut verpönt ist, ist, wenn eine sich ärgert oder aufregt. Wieso ärgerst du dich? – Unverständnis. Hier gibt es wesentlich mehr Gelassenheit und Nachsicht als bei uns – so schnell regt sich keine auf. Kulturelle Unterschiede gibt es aber auch zwischen den Freundinnen aus dem Kleinen Süden, die von der arabischen Kultur geprägt sind und denen aus dem Norden. Z. B. reden die Freundinnen aus dem Süden oft mehr, einige beklagen sich häufig, etwa: mein Rücken – Kopf – Füße etc. tun weh, das nervt manchmal. Die Freundinnen aus dem Norden haben da eher einen feudalen Stolz, sie jammern nicht, wenn es ein Wehwehchen gibt, und Rückenschmerzen haben schließlich alle.

Heute ist es richtig warm, das steigert meine Laune enorm. Ich sitze draußen, unsere Manga ist neben der Küche, über uns kreisen Kobras, auch die nutzen das gute Wetter, um uns zu suchen. Sie wissen ja, dass wir hier irgendwo sein müssen, eigentlich können sie sich ja denken, dass wir hier sind. Das Dorf ist voller Höhlen.

Gestern gab es eine „Moral“. Begonnen hat sie mit einem kurzen Theaterstück zum Tod von Heval Berîvan. Vielen sind die Tränen in die Augen gestiegen, dann eine Gedenkminute. Heval Bahoz hat ein wunderschönes Lied über Heval Cuma gesungen. Ein Theaterstück hat mir sehr gefallen: Ein Walnussbaum und eine Traubenrebe haben panische Angst, wenn die Guerilla kommt, sie fürchten sie mehr als die Soldaten, ganz zerfleddert sehen sie aus. Ein Kommandant kommt und verbietet, die Bäume anzurühren – ja, langsam setzt sich so eine Haltung durch, Naturschutzguerilla.

Abends kommt Heval Cemal, um mit uns eine Versammlung abzuhalten. Die Probleme der Region Gabar werden diskutiert. Der Grund, warum die Gebietskonferenz dieses Jahr hier stattfindet, ist, dass sich das Parteileben hier nicht richtig etabliert hat, die FreundInnen haben mit hoher Moral und großen Opfern gekämpft, aber in der Führung treten viele Probleme auf. Alte Herangehensweisen müssen endlich aufgebrochen werden, die FreundInnen mehr Verantwortung übernehmen.

Es finden auch Bewertungen des letzten Jahres statt, die KommandantInnen aus den verschiedenen Gebieten müssen sich verantworten. Die Kritik ist sehr vehement. Was Beytüşşebab angeht, wird von einer bölgecitî-Praxis gesprochen. Gemeint ist, dass die hiesigen KommandantInnen zu sehr auf das Wohl der eigenen Einheit bedacht waren. Aufgrund der guten Beziehung zur Bevölkerung sind die Bedingungen, Lebensmittel herbeizuschaffen, relativ günstig. Anstatt dafür zu sorgen, dass alle Einheiten gleichmäßig versorgt werden, haben unsere KommandantInnen nur an das Wohl des eigenen Gebietes gedacht. Auch die Angriffe wurden zu wenig koordiniert. Wegen der geographischen Lage, den hohen Felsen, die für die Armee kaum erreichbar sind, sind die Bedingungen für Guerillataktiken besonders günstig. Es habe auch zu wenig Unterricht in Beytüşşebab gegeben. Heval Şoreş, den ich als Kommandanten sehr schätze, wird an diesem Punkt sehr hart kritisiert. Heval Cemal bewertet das vergangene Jahr als Stillstand. Botan ist seiner Rolle als Zentrum des Krieges nicht gerecht geworden. Heval Cemal spricht darüber, dass die ganze Jahresplanung umgeworfen werden muss. Das Campleben im Winter sei falsch. Wenn im Frühjahr der Feind kommt, sind die

Lebensmittel aufgebraucht und wir bleiben hungrig. Heval Cemal sagt, besser wäre es, den Winter durchzuarbeiten und Lebensmittel für den ganzen Sommer zu besorgen. Die Guerilla hätte sich aber daran gewöhnt, im Winter nicht zu arbeiten, eine Gruppe hätte zum Beispiel für eine Arbeit, die man in zwei Tagen erledigen könnte, eine ganze Woche gebraucht.

Im Rahmen der Konferenz findet auch der Prozess gegen Heval Sosin statt. Die anwesenden KommandantInnen kritisieren sie sehr scharf. Als Mitglied des Zentralkomitees hätte sie die Zekî-Praxis früher stoppen müssen. Die FreundInnen kritisieren vor allem, dass Heval Sosin die volle Verantwortung für diese Fehler nicht übernimmt. Über das Urteil wird von der ganzen Plattform abgestimmt, alle Kämpferinnen und Kämpfer beteiligen sich. Die Entscheidung lautet, dass Heval Sosin vorläufig von ihren Aufgaben als ZK-Mitglied und Mitglied des Zentralkomitees der YAJK enthoben wird. Das ZK der PKK besteht aus 21 Mitgliedern. Das Zentralkomitee, das alle vier Jahre neu gewählt wird, ist dafür verantwortlich, dass die Beschlüsse der Parteikonferenzen umgesetzt werden. Heval Sosin soll vorläufig als einfache Kämpferin unter den Freundinnen leben. Diese Entscheidung ist umstritten und soll von der Parteiführung bestätigt werden, was auch wenige Tage später geschieht. Als Heval Sosin schließlich in den normalen Küchen- und Wachdienst eingeteilt wird, brechen die Konflikte jedoch offen aus. Viele FreundInnen können diese Entscheidung nicht akzeptieren. Sie sagen, in Ordnung, ihre Aufgabe ruht, aber sie ist für uns immer noch eine Kommandantin, ZK-Mitglied. Es ist eine Tatsache, dass niemand ein männliches ZK-Mitglied in die Küche schicken würde, diese Diskrepanz wollen sie nicht hinnehmen. Heval Şergeş sagt: „Es gibt keine ‚ruhenden' Aufgaben bei der PKK, wer von Aufgaben enthoben wird, muss eben die Arbeit machen, die alle machen." Heval Şergeş macht sich mit ihrer schematischen Herangehensweise immer unbeliebter und viele Freundinnen hätten es wohl lieber gesehen, wenn sie Heval Sosin mehr verteidigt hätte. Auch kommt es mir so vor, dass die Kritik an Heval Sosin zwar richtig ist, aber dennoch mit zweierlei Maß gemessen wird. Die Stimmung beginnt sich zu verschlechtern, Kritik wird nicht mehr offen geäußert, es bilden sich Grüppchen, in denen hinter vorgehaltener Hand über die Konflikte geredet wird, was fern von jeder Parteiart ist. Şergeş stellt ihre Linie als die Linie der Partei dar. Sicher hat sie in vielem Recht, was sie kritisiert, aber ihr Umgang mit den Problemen ist schematisch. Statt eine liebe- und vertrauensvolle Beziehung zu den Freundinnen aufzubauen, die Entscheidungen auf eine Weise zu vermitteln, dass sie nachvollzogen werden können, betont Şergeş nur autoritär, sie allein vertrete die Linie der Partei. Ich weiß, dass jede Freundin bereit ist alles zu geben, was in ihrer Kraft steht, aber jede möchte natürlich auch, dass ihre Arbeit gewürdigt wird, eine Offenheit da ist, die Entscheidungen transparent macht.

Die Situation ist kurz davor zu eskalieren. Verschärfend kommt hinzu, dass die Versorgung im Moment miserabel ist. Manchmal schieben wir zwei- oder dreimal die Nacht Wache, weil so viele unterwegs sind, Lebensmittel zu holen oder die umliegenden Berge für den Schutz der Gebietskonferenz zu besetzen. Außerdem ist es so kalt, dass wir kaum Schlaf finden. Sicher hätten wir diese Zeit trotz der ganzen äußeren Schwierigkeiten gut überstanden, wenn wir ein stabiles Kollektiv gewesen wären. Die inneren Probleme und Widersprüche wurden aber nicht gelöst, und so herrscht innerhalb der Fraueneinheit kein Vertrauen und kein Zusammenhalt.

Am Abend findet eine Plattform statt, auf der die Probleme der Fraueneinheit endlich zur Sprache gebracht werden. Es gibt viel Kritik an Heval Şergeş, ihre Art wird als bürokratisch bezeichnet. Gleichzeitig wird aber auch die übrige Frauenleitung stark kritisiert. Statt die parteiübliche Art der offiziellen Kritik auf Tekmîls und Versammlungen zu nutzen, wurde in kleinen Gruppen darüber gesprochen. Ich bin sehr erleichtert, dass die Fehler endlich thematisiert werden, gleichzeitig finde ich es sehr betrüblich, dass jetzt die gemischte Plattform unter der Leitung des Bataillionskommandanten, Heval Cafer, sich dieser Schwierigkeiten annehmen muss. Das wirft ein ganz schlechtes Bild auf die YAJK. Die Zeit dieses Winters hätte besser genutzt werden müssen. Die Ursache für die Missstände liegt aber auch darin begründet, dass Gabar seit Jahren zu den härtesten Kriegsgebieten der

Region gehört. Die Möglichkeit, hier Unterricht zu geben, bestand im Grunde kaum. Viele haben noch nie an längeren politischen Schulungen oder an einer Selbstkritikplattform teilgenommen. Statt den Freundinnen hier das Parteileben verständlich zu machen, hat Heval Şergeş versucht, es mit Härte durchzusetzen, was zwangsläufig scheitern musste. In der Konsequenz wird sie vorläufig abgesetzt und die Frauenleitung fast vollständig neu gewählt. Eine Gruppe soll nach Süden gehen. Auch Evîn, die ich als Kommandantin sehr schätze, ist dabei. Da sie sich geweigert hat, sich an einer Aktion zu beteiligen, soll sie dort an einer Kaderschulung teilnehmen.

Inzwischen ist es wärmer geworden, der Schnee schmilzt, der Unterricht ist zu Ende, wir suchen Mandeln unter dem Schnee. Zum 8. März wird eine Grußbotschaft des Parteivorsitzenden verlesen, leider ist sie auf Türkisch. Evîn liest sie vor, ich wusste gar nicht, dass sie so gut Türkisch spricht. Es ist schon derart warm geworden, dass wir draußen in der Sonne sitzen können. Der Winter scheint vorbei zu sein, es ist gut, dass wir endlich aus diesen Höhlen herauskommen. Zum Badetag gehen wir nach Basiret an den Fluss. Wir stehen mit nackten Füßen im Schnee. Monatelang konnten wir uns nicht richtig waschen, sind voller Läuse. Jetzt kochen wir die Kleider aus und fühlen uns pudelwohl. Wir machen große Feuer, an denen wir unsere Kleider trocknen.

Menal berichtet, dass die Partei Zigaretten verboten hat, im Zap wird das Verbot schon umgesetzt, der ganze Tabak ist zurück in die Dörfer geschickt worden. Einige hatten noch etwas Tabak in der Tasche, aber als der aufgebraucht war, war es vorbei mit Rauchen. Auch hier wird jetzt Rauchen verboten.

In den nächsten Tagen wird das Winterlager aufgelöst, die Einheiten werden neu verteilt, alle sind aufgeregt, wer wird gehen, wer wird bleiben? Ich werde als Einzige nach Beytüşşebab gehen, auf eigenen Wunsch. Meine erste Etappe wird Bestler sein, bis dorthin werden auch Heval Sosin, Evîn, Berfîn und die neue Freundin Zîlan mitkommen. Von dort aus geht es weiter nach Garisan. Also sind wir fünf Frauen, die Gabar verlassen. Irgendwie bin ich erleichtert, es gab hier so viele Probleme, das hinterlässt

Unzufriedenheit. Bevor wir aufbrechen, nehme ich mir vor, noch mal mit Şergeş zu reden. Ich frage sie, warum sie so unsensibel mit den Schwierigkeiten umgegangen ist, warum sie nicht mehr auf die Persönlichkeit der Einzelnen eingegangen ist und wie sie diese Zeit jetzt bewertet. Ich habe den Eindruck, dass sie immer noch nicht einsieht, dass sie mit Härte nur Abwehrreaktionen hervorruft. Wir wünschen uns gegenseitig viel Erfolg. Wir waren lange zusammen, aber haben uns immer mehr voneinander entfernt.

Auf dem Weg nach Garisan

Zuerst gehen wir in das Tal zur Mühle. Dort wird unsere neue Einheit zusammengestellt. Die Führung übernimmt Heval Kazim, der türkische Genosse, mit dem wir schon damals aus Beytüşşebab gekommen sind. Vor dem Marsch melden wir uns noch freiwillig zum Brotbacken – Evîn, Berfîn, Heval Sosin und ich, deshalb bleibt kaum Zeit, ein bisschen zu schlafen. Heval Sosin hat Rückenschmerzen, sie kann keine Tasche tragen und auch Zîlan ist nicht gut zu Fuß. Trotzdem wollen uns die Freunde von der Logistik unbedingt noch einen Viertelsack Zucker zum Tragen geben – Ignoranten. Natürlich kommen wir mit dem ganzen schweren Gepäck nicht von der Stelle und auf dem Marsch muss noch einmal alles umverteilt werden. Es ist respektlos und arrogant, wie sie sich Heval Sosin gegenüber verhalten, und der Zeitpunkt wird kommen, wo wir das an der richtigen Stelle kritisieren werden. Jetzt aber heißt es, sich nicht darüber zu ärgern, sondern den Marsch durchzustehen. Zunächst ist der Weg in einem guten Zustand und wir kommen gut voran. Im Dunkeln müssen wir einen breiten Wildbach überqueren, finden leider keine Furt und werden alle klatschnass. Trotz starker Erschöpfung sind die Pausen schlimmer als das Laufen, weil wir erbärmlich frieren. Erst gegen Mittag erreichen wir Bestler, machen Feuer und süßen Tee. Es gibt nichts Schöneres, als nach so einer Strapaze Tee zu trinken und die Füße in kaltem Wasser zu waschen. Ich kann wie meistens bei völliger Übermüdung, nicht schlafen und gehe mir die Haare waschen. Ich rede viel mit Evîn, sie ist immer noch unglücklich darüber, dass sie Botan verlassen soll. Sie hatte sich gewünscht, ihre Fehler wieder gutzumachen und eine gute Kommandantin hier in Botan zu werden. Wir sind schon so lange zusammen, aus Beytüşşebab sind wir zusammen aufgebrochen und den ganzen Winter in Gabar zusammen gewesen. Evîn sagt: „Wir werden noch zusammen nach Südkurdistan gehen." Wieder bleibt uns kaum Zeit auszuruhen. Da diese Einheit in Bestler bleiben soll, müssen wir einen geeigneten Platz finden, an dem wir unser Lager aufschlagen können. Mir wird bewusst, dass ich dieses

Gebiet kaum kenne. Endlich ist der richtige Platz gefunden. Wir sind nur eine kleine Manga Frauen. Der Kommandant will uns gleich weiter nach Garisan schicken, obwohl wir zwei Nächte nicht geschlafen haben. Das ist schwer nachzuvollziehen. Sie hätten uns wenigstens ein bisschen Ruhe gönnen können. Also weiter, ausgerüstet mit dem Befehl umzukehren, falls wir die FreundInnen in Garisan nicht finden. Zwei Freunde begleiten uns, dass sie wie selbstverständlich die Führung übernehmen und somit auch das Tempo bestimmen, kann uns inzwischen nicht mehr aufregen. Das Guerillaleben ist eben ein Rosengarten mit Dornen, besonders für uns Frauen.

Unterwegs hören wir plötzlich ganz in der Nähe den Lärm von Hubschraubern und Jets. Stundenlang verbringen wir in Felsspalten und engen Tälern, ohne Funkgerät ist es unmöglich zu erfahren, was das genaue Ziel der Angriffe ist. Sie werfen pausenlos Bomben und Raketen ab. Irgendwann ist es still, inzwischen ist es dunkel geworden und wir gehen weiter. War dies bloß ein isolierter Luftangriff oder hat eine Operation begonnen? Wir überqueren den Piro, hier liegt noch hoher, hart gefrorener Schnee, immer wieder brechen wir in dem steinharten Schnee ein. Es ist sehr mühsam und meine Kräfte lassen langsam nach. Am liebsten würde ich mich hinschmeißen und heulen, aber das führt ja auch zu nichts. Berfîn und ich haben am meisten Schwierigkeiten, die Städterinnen. Durch gefrorenen Schnee zu laufen ist wieder eine völlig neue Erfahrung.

März 1997, Garisan

Mitten in der Nacht erreichen wir den Stützpunkt, die Einheit ist wirklich hier, das ist die gute Nachricht. Die Freundinnen schlafen schon, Berfîn, Zîlan und ich gehen in eine Manga, Heval Sosin und Evîn in die andere. Die Freundinnen schlafen so fest, unmöglich, sie wach zu bekommen. Morgens erfahren wir, dass dieser Punkt Ziel der Angriffe war, die wir gestern gehört haben. Jets haben acht Kazan (tonnenschwere Bomben) abgeworfen und Kobras etliche Raketen. Mehrere Zelte sind zerstört worden, verletzt wurde glücklicherweise niemand. Jetzt müssen sich jeweils zwei Mangas ein Zelt teilen, es ist sehr eng – erst mal schlafen, ich bin total fertig, schlafe den ganzen Tag, alle möglichen Leute kommen vorbei, um mich zu sehen, ich verschlafe alles. Die Freundinnen erzählen von dem Angriff. Normalerweise werfen die Jets ihre Bomben ziemlich wahllos ab und treffen selten. Aber diesmal haben sie ihre Raketen genau auf die Mangaplätze abgeworfen. Heval Mahîr, der Bataillionskommandant, berichtet, dass sie über den Militärfunk erfahren haben, dass israelische Piloten diese Angriffe geflogen haben. Es gibt eine verstärkte Zusammenarbeit zwischen Israel und der Türkei, auch auf militärischer Ebene. Im Zap-Gebiet haben Freunde einen Hubschrauber abgeschossen, in dem sich auch ranghohe israelische Militärs befanden.

Hier in Garisan treffe ich viele alte Bekannte wieder. Zozan ist immer noch Mangakommandantin. Die Stimmung ist gut, kein Vergleich mit Gabar. Der Unterricht ist den ganzen Winter über positiv verlaufen, jetzt steht nur noch die Selbstkritikplattform an. Das einzige Problem ist die Lebensmittelversorgung, seit einigen Tagen sind die Depots leer. Die FreundInnen essen Disteln, die gerade anfangen, ihre Köpfe aus dem Boden zu recken. Bis das Lebensmittelproblem gelöst ist, fällt der Unterricht erst einmal aus. Wir erfahren, dass es auch im Winterlager von Beytüşşebab Engpässe gibt und das Lager nach einer Operation verlegt werden musste. Heval Sosin schlägt vor, dass Sîpan zunächst hierher kommt und wir dann später gemeinsam nach Beytüşşebab gehen.

In der Nacht fallen mehrere Meter Schnee, alles ist weiß, wir dachten, der Winter wäre endlich vorbei! Das Holzholen ist eine Qual. Ich bin immer noch sehr erschöpft und fühle mich noch nicht in der Lage, die schweren Stämme durch den hohen Schnee zu tragen. Wir sitzen den ganzen Tag um die Öfen herum, eng beieinander, um ein bisschen Wärme einzufangen.

Einige Tage später kommt Sîpan tatsächlich. Das Winterlager von Beytüşşebab ist in einer sehr schlechten Situation. Einige FreundInnen sind verletzt, auch Heval Zozan Faraşîn. Heval Xayrî, der junge Freund, mit dem wir im Sommer zusammen Schafe gehütet haben, ist nach einer Aktion gefallen. Das macht mich sehr traurig; immer wieder sehe ich sein Gesicht vor mir, wie er das kleine Schaf Muxtar auf seinem Arm hält. Ein schelmisches Lachen mit einer Zahnlücke in der oberen Reihe, er war fast noch ein Kind.

Sîpan und ich diskutieren über unsere weiteren Pläne und beschließen, während des Frühjahrs noch in Botan zu bleiben, die Frühjahrsoffensiven der Guerilla noch mitzuerleben. In den nächsten Tagen soll eine Gruppe nach Südkurdistan gehen. Wir werden gefragt, ob wir mitgehen wollen, aber wir entscheiden uns dagegen. Zwar ist die Lage hier momentan sehr schlecht, aber auf jeden Winter wird auch wieder ein Frühling folgen, und wir haben schließlich schon März. FreundInnen sind losgegangen, um Lebensmittel zu holen. Der Hunger schwächt sehr. Jede Bewegung wird zur Anstrengung, die Kälte kriecht uns in die Knochen. Gleichzeitig denken wir an die FreundInnen, die sich durch den hohen Schnee kämpfen müssen, damit wir etwas zu essen bekommen. Sosin aus Kerboran ist auch mit dabei, ich freue mich schon darauf sie wieder zu sehen.

Endlich kommt die Gruppe. Sie haben Mehl mitgebracht, aber da die Pferde bei dem hohen Schnee nicht laufen können, ist es sehr wenig. Mit der Gruppe sind drei Neue gekommen. Heval Saîd, der jüngste, ist erst 15, aber er sieht sogar noch jünger aus. Alle FreundInnen wollen die Neuen kennen lernen, sie werden in jede Manga eingeladen.

Zum Abschluss des Winterunterichtes finden noch die letzten Selbstkritikplattformen statt. An Heval Sozdar Urfa wurde vor allem kritisiert, dass sie sich vom Leben der Freundinnen getrennt sieht, sich selbst für wissend und die anderen für unwissend hält, und dass sie sich an vielen Arbeiten nicht beteiligt, sich ein wenig benimmt, als wäre sie auf Besuch. Ihre Moral wäre nur dann hoch, wenn sie Unterricht geben kann. Sie habe sich von einer kleinbürgerlichen Haltung noch nicht wirklich lösen können, vor allem ihr Opportunismus, gegen besseres Wissen still zu bleiben, statt ihre Meinung zu vertreten, sei ein großes Hindernis. Ganz schön harte Kritik, und sie war auch sichtlich angeschlagen, zum Teil kann ich mich besonders in der Kritik an Sozdar wiedererkennen, sich wie auf Besuch sehen, dieses Nicht-richtig-Einswerden mit den anderen, das wurde auch schon an mir kritisiert. Sozdar kommt auch aus Deutschland.

Zum Newrozfest wird eine Moral vorbereitet. In unserer Manga werden Lieder geprobt, die gesungen werden sollen, Azime hat eine besonders schöne Stimme. Heval Mahîr, der Bataillionskommandant, hält eine mitreißende Rede über die Aufgaben der Revolution, über die Ziele des Kampfes und die Schwierigkeiten, die dabei überwunden werden müssen. Manchmal ist es wirklich gut, sich erneut bewusst zu machen, was für einen gewaltigen Kampf die PKK aufgenommen hat. Die Schwierigkeiten, die wir hier im Moment durchmachen, der Hunger und die Kälte, haben meine Gedanken in den letzten Tagen sehr eingenommen. Wir dürfen nicht aufhören, in größeren Maßstäben zu denken, Schwierigkeiten wird es immer geben. Es ist unsere Engstirnigkeit, die uns immer wieder vergessen lässt, dass wir Teil eines weltweiten Kampfes sind, unsere Gedanken kreisen so oft nur um uns selbst. Ich merke, dass viele FreundInnen da viel bestimmter sind als ich, dass meine Metropolenbequemlichkeit mich immer noch festhält. Deshalb bin ich Heval Mahîr sehr dankbar für seine Rede. Es gibt so eine Art Quiz mit politischen Fragen, zur Parteigeschichte, aber auch zu internationalen Fragen. Ich bin sehr beeindruckt, wie viel die FreundInnen wissen. Es werden Fragen über Bulgarien, über Vietnam und Lateinamerika gestellt. Auch das zeigt mir, dass wir in Europa meist nur einen Teil der Welt wahrnehmen. Über Bulgarien weiß ich z.B. gar nichts. Heval Agîr führt einen Sketch vor, „Hip-Hop" auf Kurdisch, wir liegen fast auf dem Boden vor Lachen, so stellen sich also unsere kurdischen Freunde die westliche Kultur vor. Später werden Mizgîn, Azime und ich zusammen nach vorne gerufen, um ein Lied vorzutragen. Das Witzige daran ist, dass Azime und Mizgîn ungefähr zwei Köpfe kleiner sind als ich und dieser Anblick allgemeine Erheiterung hervorruft. Mein Liederschatz ist sowieso ziemlich begrenzt, also gebe ich mal wieder „Bella Ciao" zum Besten – mir fällt mal wieder der Mangel an Kultur in meinem Herkunftsland auf.

Der Frühling ist zum Newrozfest noch nicht gekommen, aber es hat begonnen zu tauen. Gestern war der Himmel sogar zwei bis drei Stunden etwas blau, heute weht ein ekelhafter Wind, die Plastikfolie schlackert, macht Lärm. Letzte Nacht bin ich nass geworden, weil das Tauwasser in die Manga gelaufen ist. Ich habe die ganze Zeit Hunger. Zîlan leidet sicher noch mehr als ich, sie ist vor einem Monat neu beigetreten, aus Kerboran. Ihre Familie hat schon lange Kontakt zur Partei, der Bruder ist vor zehn Jahren der Guerilla beigetreten. In einem Gefecht fiel er dem Feind in die Hände und wurde stark gefoltert. Auch der Vater wurde daraufhin verhaftet. Zîlan war auch schon zweimal im Gefängnis in Diyarbakir. Die Familie hatte ein Geschäft in Kerboran, das wurde zweimal angezündet. Vor drei Jahren ging die Familie nach Istanbul, aber auch da hatten sie keine Ruhe. Einer ihrer Brüder floh nach Frankreich. Zîlan ist eine typische Dorffrau, kaum zu glauben, dass sie schon zehn Jahre Kontakt zur Partei hat. Die Schule hat sie nicht besucht. Dass die Familie trotz des Staatsterrors so treu zur Partei hält, beeindruckt mich. Zîlan hat wohl auch einige Arbeit für die Partei geleistet, kennt viele Freunde in Mardîn. Trotz allem hat sie den Eltern nichts gesagt, sondern ist heimlich weggegangen, nach Batman gefahren und hat sich dort angeschlossen, immerhin ganz schön initiativ. Für eine Guerilla ist sie mit 25 schon ziemlich alt.

Wir werden das Lager aufgeben. Seit mehreren Tagen haben wir nichts gegessen. Der Schnee ist hart gefroren. Wir laufen in einer langen Kette, treten in die Stapfen derjenigen, die vor uns laufen. Es ist sehr mühsam. Je dunkler es wird, desto weniger sehe ich die Spuren und falle oft hin. Der Weg kommt mir endlos vor. Wir helfen uns gegenseitig immer wieder auf und ermuntern uns durchzuhalten. Hindik maye, rabe heval: Es ist nicht mehr weit, steh auf Genossin. Unsere letzte Etappe ist ein hoher Berg. Ein Schneesturm hat begonnen, wir sehen die Hand vor Augen nicht mehr, kriechen schon auf allen Vieren durch den hart gefrorenen Schnee. Dann endlich erreichen wir den Stützpunkt. Wir stolpern in eine dunkle Höhle, Freundinnen nehmen uns die Taschen und Gewehre ab. Alles ist matschig und feucht, die Höhle ist überfüllt, wir fallen irgendwo hin, einige weinen vor Erschöpfung. Es ist so dunkel, dass wir nichts erkennen können, aber die Freundinnen schaffen uns Platz, und irgendwo findet sich ein Eckchen, in dem wir erst einmal schlafen können. Am nächsten Tag scheint tatsächlich die Sonne. Es wird warm und der Schnee beginnt zu schmelzen. Allmählich scheinen die Schatten des Winters über uns zu verschwinden, mittlerweile kann man sich tagsüber schon wieder draußen aufhalten. Die Stimmung ist einfach glänzend. In der letzten Nacht ist ein Maultier im Schnee stecken geblieben und verendet. Wir beschließen, etwas von dem Fleisch zu holen, schließlich liegt es tiefgefroren im Schnee. Einige Freundinnen gehen los und kommen nach Stunden mit den Hinterbeinen wieder. Einige meinen, man kann es nicht essen, weil es nicht ausgeblutet ist. Aber als es im Kochtopf brutzelt, greifen doch alle zu. Das erste Mal seit Wochen, dass wir uns satt essen können. Es schmeckt sogar ganz gut. Was diese Tiere für riesige Knochen haben.

Abends findet eine Moral in der Frauenhöhle statt, einfach, weil wir so gute Laune haben. Während der Veranstaltung kommt plötzlich Heval Zekîye, eine der Zugkommandantinnen, in die Höhle und ruft: „Es gibt eine Nachricht, die eure Moral noch weiter steigern wird: Die FreundInnen haben eine erfolgreiche Aktion auf ein Çete-Dorf gemacht, sind mit einer Schafherde auf dem Weg hierher. Eine Operation ist möglich. Heval Sosin, Heval Pelda, Heval Evîn, Heval Zîlan und Heval Kurdistan sollen sich bereitmachen, sie gehen nach Bestler." Ich denke, ich traue meinen

Ohren nicht. Aber Proteste nutzen nichts, die Entscheidung ist gefallen. Alle, die nicht für Garisan eingeteilt waren, sollen sofort gehen. Nur Heval Sosin kann durchsetzen zu bleiben. Also eine überstürzte Trennung, mitten in der Nacht: „Serkeftin" wünschen wir uns – viel Erfolg. Diese Trennungen schmerzen immer. Es ist kein gutes Gefühl, jetzt zu gehen, die Freundinnen bereiten sich auf die Operation vor, und ich fühle mich, als würde ich vor den bevorstehenden Ereignissen flüchten. Wir müssen los. Im Dunkeln sehe ich die Fußstapfen der anderen nur schlecht und stolpere durch die Gegend. Klatschnass kommen wir an unserem alten Stützpunkt an, versuchen etwas zu schlafen, was bei der Kälte nicht gelingt. Wieder über den Piro, zu der Einheit nach Bestler. Als wir nachts ankommen, quetschen wir uns mit in das Zelt der Freundinnen. Die Bestler-Einheit kenne ich gut: Şergeş, Azime und Newroz, die mir berichtet, dass sie nach Amed gehen wird – ein langer Traum von ihr. Mit Sîpan rede ich lange. Es ist das zweite Mal, dass man uns bei bevorstehenden Auseinandersetzungen versucht in Gebiete zu schicken, die scheinbar sicherer sind. Letztes Jahr in Beytüşşebab sind wir bei einer Großoffensive in das Hauptquartier geschickt worden, jetzt will man uns nach Bestler schicken. Man will uns schützen, einerseits. Die Freunde wissen, dass wir nicht für immer in den Bergen bleiben werden, sondern nur für den begrenzten Zeitraum von einigen Jahren. Daraus resultiert so eine Art Gaststatus, in dem ich mich nicht richtig ernst genommen fühle. Gleichzeitig habe ich den Verdacht, dass die Kommandanten befürchten, unter ihrem Kommando könnte uns etwas zustoßen, und sie uns deshalb bei Auseinandersetzungen lieber nicht in ihrem Zuständigkeitsbereich haben wollen. Diese Verantwortung möchten sie nicht tragen. Tatsache ist, dass wir schon öfter aus scheinbar gefährdeten Gebieten in Gegenden geschickt wurden, wo dann tatsächlich Auseinandersetzungen ausbrachen, auf die niemand richtig vorbereitet war. In den heißen Kriegsgebieten kann es eben an jedem Ort zu Kriegshandlungen kommen. Man lässt uns aber nichts dazulernen, finden Auseinandersetzungen statt, zieht man uns oft zurück. In Botan, denke ich, ist es aber notwendig, dass jede/r kämpfen lernt. Wie schnell kann es passieren, dass du mitten in einer Auseinandersetzung steckst. Wir diskutieren darüber und stellen fest, dass wir in einer Sackgasse gelandet sind. Deshalb entscheiden wir uns dafür, die Gruppe, die nach Haftanîn gehen wird, zu begleiten. Wir wollen nicht mehr hin und her geschickt werden. Eine schwere Entscheidung: der Abschied von Botan.

Ich teile Heval Kazim unsere Entscheidung mit. Er ist einverstanden. Die Gruppe wird noch am gleichen Tag losgehen. Es ist eine große Gruppe mit neuen Kämpfern aus Amed, alles Freunde, die noch Zivilkleidung tragen, die meisten haben noch nicht einmal Waffen erhalten. Alle kommen aus den Metropolen, nur die wenigsten sprechen ein paar Brocken Kurdisch, aber sie sind hoch motiviert. Heval Doğan hält vor dem Abmarsch eine Rede, er appelliert an unser Verantwortungsgefühl, besonders an die, die schon länger dabei sind, sie sollen die neuen Freunde moralisch unterstützen und nicht über die harten Bedingungen klagen. „Denkt an die Freunde, die jetzt in Garisan kämpfen werden, wir werden alles dafür tun, dass diese Gruppe sicher nach Haftanîn kommt. Helft den neuen Freunden, denkt daran, dass mit Disziplin auf dem Marsch Fehler vermieden werden, ihr alle seid verantwortlich, dass diese Gruppe sicher über die Grenze kommt."

Heval Adnan sagt: „Du gehst nach Haftanîn, gib mir dein Gewehr", ich gebe es ihm, obwohl es mir schwer fällt, mich davon zu trennen. Sein Gewehr ist ungarisch, eigentlich besser als meine deutsche Kalaschnikow, aber viel schwerer, da nicht zusammenklappbar.

Die Nachhut ist eingetroffen. Sie haben einige Schafe und Ziegen von der Einheit mitgebracht. Sie sind sehr erschöpft und berichten, dass eine Freundin sich beim Gefecht ergeben hat – Mizgîn. Sie hat die Freunde über den Funk des Feindes dazu aufgerufen überzulaufen. Ich kenne sie von der Frauenkonferenz im Frühjahr letzten Jahres. Sie war immer fröhlich, hatte mir oft geholfen und auch ihre Geschichte kenne ich: Sie hatte sich in ihrem Dorf verliebt und sich heimlich verlobt. Sie und ihr Verlobter Hogir sind von zu Hause weggelaufen und haben sich der Guerilla angeschlossen, weil sie einer Zwangsverheiratung entgehen wollten. Bei der Guerilla wurden sie getrennt. Im letzten Jahr ist Hogir sogar einmal von seiner Einheit weggelaufen, weil er

Mizgîn sehen wollte. Die Freundinnen sagen, Mizgîn hat sich politisch nicht weiterentwickelt, wollte auch keine Verantwortung als Kommandantin. Ich weiß, dass sie letztes Jahr Mangakommandantin werden sollte, es aber abgelehnt hat. Körperlich hatte Mizgîn keine Schwierigkeiten, sie ist kräftig und harte Arbeit gewohnt. Sie war auch unter den Freundinnen beliebt, weil sie eine fröhliche offene Art hatte. Jede/r weiß, was mit FreundInnen passiert, die sich ergeben. Sie werden gezwungen, Verrat zu begehen. Wenn sie nichts verraten, werden sie gefoltert. Immer wieder haben sich FreundInnen selbst mit Handgranaten gesprengt, um nicht dem Feind in die Hände zu fallen. Laut internationaler Gesetze, die auch die Türkei unterschrieben hat, gibt es im Krieg bestimmte Regeln, die besagen, dass Kriegsgefangene nicht gefoltert oder ermordet werden dürfen, aber die Armee hält sich im Gegensatz zur PKK nicht an die Genfer Kriegskonvention. Obwohl jede/r PKK-KämpferIn das weiß, gibt es doch immer wieder ÜberläuferInnen. Die Armee verspricht ihnen alles Mögliche, wenn sie die Verstecke der FreundInnen oder Depots verraten. Das Guerillaleben ist sehr hart und besonders diejenigen, die sich der politisch-ideologischen Schulung entziehen und den Sinn des Kampfes aus den Augen verlieren, laufen Gefahr, Verräter zu werden. Es gibt ein Sprichwort: Alle lieben den Verrat, aber niemand liebt den Verräter. Daher weiß auch die türkische Armee, dass sie den Verrätern nicht vertrauen kann und sie ihren Verrat oft schnell wieder bereuen. Deshalb werden sie, sobald sie nicht mehr nützlich sind, ermordet. Wer einmal Verräter geworden ist, bringt sich in eine ausweglose Situation. Auch in den Gefängnissen gibt es Überläufer und Abschwörer. Der Staat versucht, mit Reuegesetzen die Moral der KämpferInnen zu untergraben.

Ist Mizgîn in eine aussichtslose Situation geraten, verletzt gewesen? Es wird spekuliert, wie Hogir reagieren wird, wenn er diese Hiobsbotschaft hört. Einige sagen, er wird sicher auch versuchen wegzulaufen, andere sagen, nein, auf keinen Fall, er hat sich sehr entwickelt und wird das Leben unter den Genossen niemals aufgeben wollen.

Was Evîn vorausgesehen hat, ist eingetroffen, wir gehen zusammen nach Südkurdistan!

Frühjahr 1997, der Weg nach Haftanîn

Unser Weg ist weit, zunächst geht es nach Cudî. Wir laufen in einem gemäßigten Tempo mit Rücksicht auf die Neuen einen längeren, aber sicheren Weg. Die Kuriere sind rund um die Uhr beschäftigt, um maximale Sicherheit zu garantieren, auch wir müssen häufig Wache halten, weil wir so wenige sind. Unsere Manga ist sehr nett. Evîn ist Kommandantin, dann Helîn und Zelal aus Garzan, eine Neue – Rûken, die ziemlich still ist, Azime, die gegen ihren Willen nach Cudî geschickt wird, als wenn fünf Jahre Gabar nicht genug wären, und Zîlan. Die fünf Schafe sind wohl aufgegessen, es gibt Maggi-Tütensuppen – bäh. Außerdem sind noch die Därme und Pansen übrig, hätte nie gedacht, dass Pansen gut schmecken oder geröstete Därme. Von den Tieren bleibt nur das Fell übrig.

Heval Doğan warnt uns, aber wenn wir gut laufen, würde uns sicher nichts passieren, auf dem Weg gebe es Laserpanzer, Thermofernrohre etc. Sie können einem manchmal richtig Angst machen. Auf dem Weg nach Cudî mussten wir viele gefährliche Stellen überwinden und das mit einer relativ unerfahrenen und unbewaffneten Gruppe. Glücklicherweise verhalten sich alle sehr diszipliniert. Wir müssen im Laufschritt die Straße nach Şirnak überqueren, dann einen steilen Berg hoch, durch knöcheltiefen Schneematsch. Das Gewehr soll auf der linken Seite getragen werden. Das neue von Adnan ist unhandlich, ich hatte mich schon so sehr an meines gewöhnt, dass ich es beim Tragen schon gar nicht mehr gemerkt habe.

Die Landschaft in Bestler ist nach meinem Geschmack nicht sehr ansprechend, Cudî ist dagegen sehr schön. Die Berge sind sehr viel höher, alles ist grün, überall wachsen Kräuter, von denen viele essbar sind, hier ist der Frühling schon zu riechen und zu schmecken. Du bist so müde, dass du nur noch sitzen willst, aber in den Pausen gibt es keine Erholung, weil du in den nassen Klamotten frierst. Also nur sehr kurze Pausen. Evîn spricht von süßem Tee, der uns in Cudî erwartet, um meine Laune zu steigern. Das ist wirklich eine Motivation weiterzugehen.

Die erste Nacht in Cudî verbringen wir unter einem großen Felsvorsprung, zwar gibt es immer noch nicht den versprochenen Tee, aber Feuer ist erlaubt und so können wir uns mal richtig aufwärmen und unsere nassen Sachen trocknen. Im Morgengrauen geht es weiter an einem Bach entlang auf einer Schotterstraße. In Cudî gibt es viele Straßen, früher war das Gebiet dicht besiedelt. Auf halbem Weg kommen uns Freunde entgegen, sie haben ein Brot für jede von uns mitgebracht, was für eine nette Geste! Wir machen Rast am Wegrand. Die Freunde erzählen von der großen Operation der Guerilla in diesem Winter am Kîriya Reş. Zwischen Haftanîn und Cudî sind die Berge frei von Soldaten, man kann am helllichten Tag die Grenze passieren. Deshalb gibt es in Cudî auch keine Lebensmittelprobleme. Sie bereiten gerade einen größeren Transport nach Bestler vor, um die FreundInnen dort zu versorgen. Im Lager der Freundinnen werden wir dann mit Tee und Reis versorgt, aber unsere Mägen sind in den letzten Wochen so geschrumpft, dass nichts hineinzugehen scheint. Die Freundinnen kämmen uns die Haare, weil wir selbst dazu keine Kraft mehr haben, und richten uns Plätze zum Ausruhen her. Eine junge Freundin fällt Evîn in die Arme, sie haben sich fünf Jahre nicht gesehen. Damals war Evîn ihre Kommandantin, sie war erst zwölf Jahre alt, als sie sich der Guerilla angeschlossen hat. Leider hält diese Glückseligkeit nicht lange an. Es heißt, wir müssen noch am selben Nachmittag weiter. Ich hatte mich so gefreut, ein wenig hier zu bleiben, die Gegend und die Freundinnen kennen zu lernen. Ich habe richtig Angst, Botan in diesem Tempo zu verlassen, es rast regelrecht vorbei, vielleicht werde ich nie wieder hierher kommen. Vielleicht war es doch nicht die richtige Entscheidung, so Hals über Kopf zu gehen. Südkurdistan ist einfach anders. Die harten Bedingungen in Botan schaffen einen starken Zusammenhalt, eine unbeschreibliche Wärme zwischen den GenossInnen. Das werde ich vielleicht nie wieder erleben. Der Rückweg nach Südkurdistan ist die erste Etappe meines Rückweges nach Europa. Angst nagt an mir. Werde ich mich je wieder an das Leben in Europa gewöhnen können, das Alleinsein, die Kälte, die Unverbindlichkeit, werde ich einen Teil dieser Wärme hier bewahren und weitergeben können, wird man mich überhaupt verstehen, wenn ich von der Liebe im Krieg spreche?

Azime wird hier bleiben, bei den Cudî-Kräften, meine starke Kommandantin, ein erster Abschied. Es geht also weiter, wieder auf einer Straße. Plötzlich wird es schlagartig dunkel und fängt an, in Strömen zu regnen, Blitze zucken auf. Bei jedem Blitz bist du danach einige Sekunden geblendet, siehst nicht mehr, wohin du trittst. Das ist sehr gefährlich, denn die Wege sind steil und rutschig. Dann sehen wir auf der anderen Seite des Hezilflusses ein Feuer, wir überqueren einen Steg, fassen uns dabei an den Händen. Auf der anderen Seite treffen wir auf das Bataillon von Heval Şerif, das gerade aus Haftanîn kommt. 150 FreundInnen, die die Kräfte in Botan unterstützen sollen. Jîyan, meine Mangakommandantin aus Gabar, ist dabei, Şoreşîn, Mahabat, mit der ich in Beytüşşebab zusammen war. Wie schön, alle zu sehen. Sie freuen sich auf das Frühjahr in Botan und wenn ich die Freude in ihren Gesichtern sehe, wird mir wieder wehmütig zumute – sie gehen in den Kampf, wir gehen in den Süden. Als es aufhört zu regnen, verabschieden wir uns. Zwei lange Reihen, die aneinander vorbeigehen, sich die Hände schütteln und sich viel Erfolg wünschen: „Serkeftin und grüßt die Hevals.“ Bis nach Haftanîn sind noch einige Tage und

Mit Evîn auf der Grenze

Nächte Weg, auf dem wir noch viele FreundInnen treffen. Am helllichten Tag überqueren wir die Grenze, am Grenzstein machen wir Photos.

Bei der Kîrîya-Reş-Aktion im Januar wurde die türkische Armee hier völlig vertrieben. Wir erfahren, dass in Südkurdistan das Tabakverbot, das im Winter erlassen wurde, schon durchgesetzt ist, deshalb werfen einige ihre Tabakdosen weg, sozusagen öffentlich. Dazu kann ich mich noch nicht entschließen, aber auch wir werden aufhören zu rauchen. Das Tabakverbot ist im Winter vor allem deshalb eingeführt worden, um allen ihre Sucht bewusst zu machen. Selbst die Jüngsten rauchen schon wie die Schlote. Da es keinen Sinn macht, es nur den Jüngeren zu verbieten, gilt es für alle. Viele kommen wegen ihrer Kurzatmigkeit kaum die Berge hoch. Zudem hat die Tabaksucht schon zu den schrecklichsten Problemen geführt. Auf der Suche nach Tabak sind Freunde in Dörfer gegangen, obwohl sich dort der Feind aufgehalten hat. Um die Sucht zu befriedigen, wird jede normale Vorsichtsmaßnahme außer Acht gelassen. Rein vernunftmäßig ist das Tabakverbot das einzig Richtige, aber trotzdem fällt es uns allen schwer, denn die Zigaretten und der Tee sind der einzige Luxus, den wir uns erlauben. Oft genug gibt es nicht einmal das. Wenn wir nach einem langen Marsch ankommen, dann eine Zigarette und ein Glas Tee – ja, das ist jetzt auch vorbei.

Das Hauptquartier von Cudî liegt direkt an der Grenze. Die Frauen dort haben einen Platz für uns vorbereitet. Ich treffe viele aus der Fraueneinheit von Heval Meryem wieder. Die Freundinnen, mit denen ich gekommen bin, kommen gar nicht aus dem Staunen raus, wen ich alles kenne. „Du bist erst ein Jahr im Land und so viel herumgekommen, alle kennen dich“, staunen sie. Nalîn ist da, Dicle, Mizgîn, alle schwärmen von Heval Meryems Einheit. „Weißt du noch…?“ Ja, im Nachhinein können alle verstehen, was wir da geleistet haben, diese Einheit aufzubauen, wie viel Selbstbewusstsein in so kurzer Zeit gewachsen ist. In der Erinnerung existiert nur noch das Positive, die Schwierigkeiten verschwinden im Nebel der Erinnerung. Aber es war auch wirklich eine großartige Erfahrung, wie all die unterschiedlichen Frauen zu einer Kraft zusammengewachsen sind. Dicle hält meine Hand: „Weißt du, bei der Kîrîya-Reş-Aktion ist Engîzek gefallen und mein Bruder Adnan, ich bin auch verletzt worden, aber es ist schon wieder besser." Engîzek mit den Sternenaugen. Sie und Dicle waren immer zusammen, dafür sind sie oft kritisiert worden. Engîzek hat geheult, dass sie damals nicht mit Dicle nach Botan gehen durfte. Sie sollte noch nicht in die Kriegsgebiete gehen, jetzt ist sie im Süden gefallen, wo der Krieg dieses Jahr viel intensiver war als erwartet. Das Schicksal geht manchmal unverständliche Wege. Der Name Engîzek wird immer mit dieser Guerillaaktion verbunden bleiben. Glücklicherweise sind nur sehr wenige FreundInnen gefallen, dafür hatte die türkische Armee enorme Verluste, ist überall in vorbereitete Fallen gelaufen. Alles war vorbereitet und geplant, Depots wurden angelegt, Stellungen gegraben, der bewegliche Krieg, der seit 1995 propagiert wird, hat in diesem Umfang wohl das erste Mal wirklich stattgefunden. Ich sehe auch Heval Ferhad wieder. Er ist Bataillonskommandant geworden. Zu den Freundinnen und Freunden, mit denen wir auf der Parteischule waren, gibt es eine besondere Verbindung, das muss an dem dort praktizierten Parteileben liegen. Die Offenheit der gegenseitigen Kritik, aber auch der intensive Austausch, die Versprechen, die man sich selbst und der Partei gibt. Wenn du eine/n dieser FreundInnen wieder triffst, ist das alles wieder da. Leider habe ich keine Gelegenheit, länger mit ihm zu sprechen, denn wir müssen weiter, Wiedersehen und Trennung, manchmal zerreißt es dich.

Nur noch den Xantur überqueren, dann sind wir im Hauptquartier von Haftanîn, hier kenne ich mich aus. Im Zelt der Pressemanga werden wir von Heval Dengir erst mal versorgt. Es gibt so viel Essen, wie wir wollen, und natürlich werden alle krank. Das war klar – Durchfall. Fast einen Monat haben wir praktisch nichts gegessen, sind vollkommen abgemagert und jetzt dieses fette Zeug. Wir Frauen bekommen ein eigenes Zelt. Was aus uns werden soll, ist zunächst unklar. Zinarîn wird in den nächsten Tagen nach Hewler ins Krankenhaus kommen, wo sie untersucht werden soll, alle ihre Zähne fallen aus. Zîlan wird einer Gruppe neuer KämpferInnen zugeordnet, sie soll eine militärische Ausbildung erhalten. Evîn, Kurdistan und ich bleiben übrig, fühlen uns wie bestellt und nicht abgeholt. Wir backen ungeheure Mengen Brot. Alle dürfen so viel essen, wie sie wollen. Bald stöhnt der Logistiker, dass man den neuen KämpferInnen Şutiks geben soll, sie fräßen ihm noch die Haare vom Kopf. Evîn und Kurdistan werden unruhig und wollen in kämpfende Einheiten. Sie haben geglaubt, dass sie nach einer schnellen politischen Schulung wieder in den Kampf zurückkehren könnten, untätig herumsitzen können sie nicht. Nach einigen Tagen kommt Heval Zinarîn, sie ist Einheitskommandantin einer beweglichen Einheit in Keşan. Sîpan und ich werden vorläufig in diese Einheit kommen, bevor eine langfristigere Entscheidung für uns gefunden worden ist. Abschied von Evîn und Kurdistan. Es fällt mir sehr schwer, mich von den beiden zu trennen, besonders von Evîn. Ich denke, mit keiner war ich so lange zusammen, keine andere hat sich so viel Mühe gegeben, mir immer wieder alles zu erklären. Wir kennen unsere gegenseitigen Stärken und Schwächen sehr gut. In dem Sinne kritisieren wir uns am Abschiedsabend noch einmal. Wenn ich nach Europa gehe, soll ich niemals die Freundinnen vergessen, allen in Europa von ihrem Kampf berichten. Ich verspreche es ihr. Zu Evîn sage ich, dass sie die Kraft hat, eine große Kommandantin zu werden, wenn sie es schafft, ihre Emotionalität zu überwinden und Kritik mehr an sich heranzulassen. Zum Abschied schenke ich ihr meine Uhr, dann müssen wir los.

Berîvan Soran ist bei uns, auch sie kenne ich aus Heval Meryems Einheit. Bei der Kîrîya-Reş-Aktion ist sie verletzt worden. Gerade erst aus dem Krankenhaus entlassen, hat sie sich überschätzt, und weite Strecken zu gehen, übersteigt ihre Kräfte. Wir laufen zum Dorf vor und bitten die Dorfbewohner, Berîvan mit einem Pferd abzuholen. Das Dorf Keşan ist wieder bewohnt – wie schön. Überall arbeiten die Menschen auf den terrassenförmig angelegten Feldern, alles wird wieder aufgebaut. Sofort reitet ein Junge los, um die Freundinnen abzuholen. Der Punkt ist ganz in der Nähe. Die beiden jungen Bauern kommen mit hoch. Im Zelt trinken sie noch einen Tee mit uns. Sie sind verschüchtert, wissen nicht, wie sie sich verhalten sollen, allein unter den Frauen.

Am nächsten Tag darf ich baden, welche Wohltat nach dem langen Marsch. Ich habe sogar ein neues Hemd, neue Schuhe und Strümpfe bekommen.

Während des militärischen Unterrichts machen wir Schießübungen mit den verschiedensten Waffen. Das erste Mal habe ich Gelegenheit, eine Panzerfaust abzuschießen, ein Wahnsinnsgefühl. Danach ist man erst mal taub. Zinarîn stichelt herum, die Frauen würden viel besser schießen als die Männer. Die Freunde ärgern sich darüber, wir sehen es ihnen an, aber sie sagen nichts. Abends wird Heval Zinarîn dafür kritisiert. Auch wenn einzelne Männer Vorurteile verbreiten und behaupten, Frauen können nicht laufen, so wollen wir diese Ebene der Konkurrenz nicht. Das Ziel ist gegenseitiger Respekt. Im Grunde ist er das Kernstück unseres Kampfes. Wir arbeiten und leben zusammen, Angst und Vorurteile gegenüber dem anderen Geschlecht werden über die Praxis des gemeinsamen Kampfes abgebaut. Morgen wird sie oder er vielleicht fallen, dann kannst du eine Respektlosigkeit nicht mehr gutmachen. Deshalb bist du immer bemüht, jedem und jeder den größtmöglichen Respekt entgegenzubringen. Patriarchale und rückständige Haltungen werden scharf kritisiert, verurteilt und bestraft, ohne dabei die Realität der Herkunft zu vernachlässigen.

Ich bekomme Gelegenheit, gemeinsam mit Selcan und Torîn das Dorf Keşan zu besuchen. Wir sollen ein krankes Kind behandeln. Torîn verfügt über medizinische Grundkenntnisse. Es gibt im Dorf Familien, die der Partei sehr nahe stehen, dort werden wir freundlich aufgenommen. Viele Männer des Dorfes waren jedoch Peşmerga der KDP und haben deshalb ein distanziertes Verhältnis zu uns. Sie grüßen uns zwar, bleiben aber sehr verhalten. Wahrscheinlich haben einige noch an der letzten Operation gegen unsere Kräfte im Winter 95/96 teilgenommen. Wir lassen uns das Haus der Frau mit dem kranken Kind beschreiben. „Weißt du, welches das Haus von Azime ist?“, fragen wir auf dem Weg erneut eine Frau, sie verneint und geht weiter. Als wir das Haus erreichen, ist niemand da. Kleine Truthühner laufen auf der Straße herum, einige Jungen laufen mit einer ganzen Herde Lämmer die Straße herunter. Ich kann es nicht lassen, gleich eins auf den Arm zu nehmen. Die Jungen lachen, grüßen freundlich und neugierig. Sicher haben sie noch keine Frauen in Guerillakleidung gesehen. Dann kommt Azime, sie ist die Frau, die kurz zuvor den Weg nicht beschreiben konnte, aha. Wir sagen ihr, dass wir gekommen sind, um das Kind zu untersuchen. Sie bittet uns herein, Selcan bleibt draußen, um Wache zu halten. Der kleine Junge ist schon ein richtiger Minipascha. Obwohl erst fünf oder sechs Jahre alt, fühlt er sich schon ganz wie der Herr im Haus. Selbstbewusstsein, das man schon fast als Arroganz bezeichnen könnte, dabei ist er doch noch so klein! Die Frau geht raus, um Tee zu kochen. Wir fragen den Kleinen, wo sein Vater ist. „Meinen Vater haben die Karker getötet", antwortet er. Die Karker (Arbeiter), damit sind wir gemeint, die PKK. Daher also die Zurückhaltung der Frau. Viele aus dem Süden haben als Söldner bei der KDP gekämpft. Immer wieder hat die PKK Friedensangebote an die KDP gemacht, die jedoch immer wieder am Einfluss der USA und der Türkei und deren finanziellen Druck auf die KDP gescheitert sind. In Südkurdistan ist es besonders schwer. Die Menschen hier sind oft für die Interessen anderer benutzt worden, die KDP-Führung hat die Menschen nie politisch geschult, sie kämpfen für denjenigen, von dem sie sich materiell am meisten erhoffen. Wie können wir ihnen erklären, dass sie verraten wurden? Es sind arme Dorfbewohner, deren Alltag davon bestimmt ist, vor dem Krieg flüchten zu müssen. Torîn sieht sich den Jungen an, er hat etwas Ausschlag, nichts Schlimmes, er bekommt eine Salbe. Später erzählen uns junge Männer, wie sie das letzte Jahr mit Gelegenheitsjobs in Dohuk verbracht haben. „Das ist kein Leben", sagen sie. „Wir wollten zurück in unser Dorf, unsere Felder bestellen. Das Leben in der Stadt ist kein Leben. Hier ist das Leben einfach, aber es ist Leben."

Wir wechseln den Stützpunkt, um uns auf die Frühjahrsoffensive vorzubereiten, auf den umliegenden Bergen sollen Stellungen gegraben werden. Also wieder hoch in den Schnee. „Unser" Berg ist der Sîpan. Alles wird eingepackt, Schaufeln, Hacken, Töpfe, Kessel, Plastikfolien, Lebensmittel, eine elende Schlepperei. Der Berg ist steil, wir keuchen und schwitzen. Hier oben gibt es keinen geraden Meter, alles ist abschüssig. Wir müssen eine gerade Fläche schaffen, auf der wir unser Zelt aufbauen können. Als der Abend hereinbricht, steht es. Die Anstrengung wird mit einer überwältigenden Aussicht vom Wachplatz aus belohnt. Alle hohen Berge im Grenzgebiet sind zu sehen. Eine Freundin nennt mir die Namen der Berge, erklärt mir, von wo der Feind kommen wird, welche Berge unter unserer Kontrolle sind. Die Berge sehen mächtig aus mit ihren weißen Schneehüten. Überall in dieser Weite sind unsere FreundInnen dabei, Stellungen für die Frühjahrsoffensive zu graben.

Am nächsten Tag werden Arbeitsgruppen gebildet. Ich werde eingeteilt, ins Tal zu gehen, um Mehl aus einem Depot zu holen. Auch auf dieser Seite des Berges gibt es keinen Weg, wir gehen querfeldein. Das Depot ist ein Erdlager. Unter der Plastikfolie liegen Säcke mit Mehl, Zucker und Hefe. Wir packen uns die Rucksäcke voll und klettern wieder hoch. Auf dem Weg wachsen wilde Hyazinthen und andere Frühlingsblumen, die ich nicht kenne. Ein Freund bleibt immer wieder keuchend zurück, so dass wir oft anhalten müssen. Vielleicht haben wir ihm die Tasche doch zu voll gepackt. Als er gesehen hat, wie voll unsere Taschen waren, hat ihn der Ehrgeiz ergriffen und er bestand auf der gleichen Menge. Aber er ist noch neu. Oben warten die Freundinnen schon aufgeregt auf uns: „Pelda, du sollst ins Hauptquartier kommen, schnell, schnell!“ Was ist los? Keine weiß etwas Genaueres. Sollen wir in den Kleinen Süden gehen? Sozdar, die Taximkommandantin, sagt mir, ich soll meine Waffe und den Munitionsgürtel hier lassen. Zwei neue Freundinnen wären ohne Rext und Waffe. Darauf kann ich mich nicht einlassen, die Rext lasse ich da, aber die Waffe nicht. Noch ist es nicht ausgemacht, was unser nächstes Ziel sein wird. Eine andere Rext kann ich sicher im Hauptquartier bekommen, bestimmt aber keine andere Waffe. Meinen Photoapparat lasse ich auch da, ich gebe ihn Agîrî, einer Freundin, die ich aus der Akademie kenne. Ihre Familie ist in Europa, sie schreibt mir noch Grüße auf und die Adresse. Die Tasche gebe ich Mizgîn, sie ist Ärztin und hat keine Tasche für ihre Medikamente. Meine beiden Hefte und das kleine Album kann ich auch in der

Weste tragen. Verabschieden, dann wieder den selben Weg runter, den ich gerade hochgekommen bin. Als wir das Camp erreichen, erfahre ich, dass es gleich weiter zum Hauptquartier gehen soll. Zwei Freundinnen und ein Maultier sollen mit uns gehen, um von der Hauptlogistik Munition zu holen. Wir brauchen ewig, denn Selcan glaubt, den Weg besser zu kennen, als die Freunde an der Logistik, die uns genau instruiert haben und so verirren wir uns zunächst. Ich bin sauer, weil sie nicht zugehört hat und auch nicht auf mich hören will. Mehrmals sage ich, dass der Weg falsch sei, aber sie setzt ihren Kopf durch. Die Freundinnen in der Pressemanga wissen auch nicht, warum Sîpan und ich gerufen worden sind. Abwarten, zunächst etwas schlafen.

Am nächsten Morgen werden wir zu Heval Cemal gerufen. Das ist der Grund, warum wir hier sind. Er wollte mit uns über unsere nächsten Pläne sprechen. Wir sagen ihm, dass wir mit der nächsten Gruppe in den Kleinen Süden gehen wollen, wenn es von Seiten der Partei keine Einwände gibt. Heval Cemal erklärt uns, dass im Moment die Wege in den Kleinen Süden zu unsicher sind. Er wird mit der Parteiführung reden, bis dahin sollen wir im Hauptquartier in Haftanîn bleiben. Wir hören schon in der Nähe Gefechtslärm, eine Gruppe Soldaten soll in einen Hinterhalt unserer FreundInnen geraten sein, wir hören auch Mörsergranaten, die aber nicht über die hohen Berge, zwischen denen wir uns befinden, verschossen werden können, wie Heval Cemal uns erklärt. Das neue Militärbündnis zwischen der Türkei, den USA und Israel zeigt sich in Form militärischer Unterstützung und Beratung, Heval Cemal sagt, so schraubt sich der Krieg ständig hoch. Ab 1991 z. B. hatte der Feind Kobras, da sind dann zunächst viele FreundInnen gefallen, bis unsere Kräfte gelernt hatten, sich wirksam zu schützen. Jetzt kommt dieses genaue Zielen aus den Jets, von israelischen Piloten. Heval Cemal rechnet mit einem umfangreichen Krieg, einem Ende des Waffenstillstandes mit PUK und KDP. Es ist die dritte große Militäroperation in Südkurdistan gemeinsam von Türkei, PUK und KDP gegen die PKK. Die Strategie der Türkei hat sich nicht geändert. Nach wie vor glaubt sie, die kurdische Frage nur mit Gewalt lösen zu können. Die USA schaffen es immer wieder, die finanziell völlig abhängigen südkurdischen Parteien einzubinden. Ihre Kämpfer machen die Drecksarbeit, sie sind direkt in die militärischen Auseinandersetzungen verwickelt, während die Soldaten aus der Türkei oft erst nachrücken, wenn die Gebiete schon „aufgeklärt" sind. Schon zweimal haben die südkurdischen Parteien gegen die PKK hohe Verluste gehabt. Warum lernen sie nicht daraus und verbünden sich statt mit der Türkei und den USA mit der PKK? Das ist auch das, was die Bevölkerung will. Unsere Kräfte lassen sich auf Gefechte möglichst gar nicht ein. Die türkische Armee zieht zehntausende von Soldaten in den Süden und die Guerilla zieht sich in andere Gebiete zurück. Das ist die Taktik der Guerilla, sind die Verbände des Feindes groß, verteilen wir uns, sind die Verbände des Feindes verteilt, ziehen wir uns zusammen und greifen an.

Es gibt im Hauptquartier zwei Frauenmangas, eine Schneiderei und die Pressestelle. Ich bleibe in der Pressestelle, in der drei Freundinnen arbeiten. Heval Adar hat in Gabar ein Bein verloren. Sie ist die erste Freundin mit Prothese, die ich bei der Guerilla treffe. Adar spricht wie ich wenig Türkisch, deshalb sind wir beide hauptsächlich mit den klassischen Mangaaufgaben beschäftigt: Wasser und Holz holen, Kräuter sammeln, Essen machen, aufräumen und sauber machen. Ich beteilige mich häufig freiwillig am Küchendienst, weil ich mich sonst langweilen würde. Ständig sind Luftangriffe, vor denen wir uns in Höhlen schützen, die extra für diesen Zweck in den Felsen gesprengt wurden.

Der Kommandant des Hauptquartiers ist Heval Ferhad, der schon unser Kommandant in Kelê Mamê 1996 war. Er ist bereits sehr lange bei der Guerilla. Endlich habe ich die Gelegenheit, ihn zu fragen, wie es damals war. 1982 war die Guerilla, die damals noch HRK, Hezên Rizgarîya Kurdistanê (Befreiungskräfte Kurdistans) hieß, nur eine kleine Gruppe. Fast ohne Ausrüstung sind sie aus dem Libanon nach Südkurdistan gelangt. Er sei sogar vier Tage ohne Schuhe gelaufen. Alle waren jung, er sei damals mit 21 der älteste von allen gewesen. Hier in Haftanîn stießen sie auf Peşmerga der KDP: „Sie haben uns ausgelacht. ‚Ihr habt ja noch nicht mal richtige Schuhe, wie wollt ihr Kurdistan befreien', haben sie gesagt. Wir haben geantwortet, ‚gebt uns Reis für einige Tage und einige Paar Schuhe, dann werden wir es schon schaffen'", berichtet Heval Ferhad. Er erzählt, dass sie nicht einmal Munitionsgürtel hatten, alles war improvisiert. „Dennoch", sagt er, „haben die KDPler schnell gemerkt, dass wir ein klares Ziel haben und an uns glauben. Sie sahen, dass wir, obwohl wir so kläglich ausgerüstet und so wenige waren, ihnen politisch überlegen sind, deshalb haben sie uns ernst genommen." Sie sind dann weiter nach Lolan, dort sind sie auf die Gruppe von Heval Egîd gestoßen. 1982 gab es auch schon Frauen in der Guerilla. Er selbst habe sich auch an den Kämpfen auf der Seite der Palästinenser gegen Israel beteiligt, dabei seien elf unserer Freunde gefallen. Heval Ferhad erzählt auch noch von 1994, zehn Journalisten aus verschiedenen Ländern wären hier gewesen, um die Frauenarmee kennen zu lernen. Sie hätten alles abgefilmt, Interviews gemacht, dann sind sie wieder losmarschiert in Richtung Zaxo, dort hat der Feind ihnen das ganze Material abgenommen und anhand dieser Informationen die Gegend bombardiert, aber die FreundInnen waren schon weg. Heval Ferhad hat einen Sohn, den ich aus der Parteischule kenne, er ist Mangakommandant im Zap-Gebiet. Als Heval Ferhad sich der Partei angeschlossen hat, war Heval Mazlum noch ein kleines Kind.

Erste Gefechte finden in der Nähe statt. Die FreundInnen bringen Massen von Lebensmitteln aus den Dörfern, um Depots für eine längere Operation einzurichten. Wir haben die Aufgabe, die Sachen aus dem Hauptquartier in Depots zu verstecken. Nachts graben wir tiefe Löcher in den Seitentälern, in denen die Nähmaschinen, Schreibmaschinen, einfach alles, was wir nicht unbedingt brauchen, vergraben werden. Dann heißt es abwarten. Auf umliegenden Hügeln graben wir Stellungen, die dann im Ernstfall, wenn unten auf den Straßen die feindlichen Truppen kommen, Schutz bieten sollen.

In ganz Haftanîn sind FreundInnen mit dieser Arbeit beschäftigt. Bei der Nachbareinheit ist eine Freundin, Heval Bihar, durch eine Mine verletzt worden. Auf den umliegenden Bergen liegen hier überall Minen, teilweise noch aus Saddams Zeiten. Deshalb müssen wir uns sehr vorsichtig bewegen, möglichst nur auf Felsen laufen. Trotz dieser Vorsichtsmaßnahme kommt es immer wieder vor, dass sich FreundInnen verletzen. Heval Bihar hatte sich erst vor einem Jahr der Guerilla angeschlossen, sie ist Mutter von vier Kindern. Doktor Timof muss den Fuß amputieren, da der ganze untere Teil des Fußes zerfetzt ist. Bihar muss schreckliche Schmerzen erleiden. Tagsüber müssen wir sie wegen der Luftangriffe zu einer Höhle tragen. Der Arzt entscheidet, dass Bihar und Adar nach Hewler (Erbil) ins Krankenhaus gebracht werden. Adar hatte in den letzten Tagen immer wieder Entzündungen an ihrem Beinstumpf. Wenn die Guerillaoperation beginnt, müssen alle Kräfte beweglich sein. Adar kann es gar nicht fassen, dass sie nicht in der Einheit bleiben kann, ein ziviles Leben kann sie sich nicht mehr vorstellen. Sie hat sich so sehr angestrengt und dafür gekämpft, trotz ihrer Verletzung hier bleiben zu können. Jetzt weint sie beim Abschied, wer weiß, wann sie die geliebten Berge und die Freundinnen wieder sehen kann.

Inzwischen ist eine Gruppe aus der Parteischule eingetroffen, die erste, die seit Monaten durchgekommen ist. Heval Meryem, meine Einheitskommandantin aus Haftanîn, gehört auch dazu. Ich freue mich sehr, sie zu sehen, erzähle ihr, dass ich viele aus ihrer alten Einheit in Haftanîn wieder getroffen habe. Wir hören, dass eine neue Gruppe aus der Parteischule gekommen ist, die sich jetzt im Zap-Gebiet aufhält. Es soll auch eine deutsche Genossin dabei sein, ihr Name sei Ronahî, nach vielem Nachfragen komme ich darauf, dass es nur Andrea sein kann, eine Freundin aus Frankfurt. Ich möchte sie unbedingt treffen.

Sîpan und ich versuchen, eine Genehmigung für das Zap-Gebiet zu bekommen, wir erhalten sie nicht, da unklar ist, wann die Operation der türkischen Armee beginnen wird. Vor der Operation wird sich niemand mehr in Richtung Zap bewegen, alle müssen die nächsten Befehle abwarten. Die Ruhe vor dem Sturm. Ungeduld wird hier mit Unverständnis gesehen, ein anderes Zeitverständnis. Ob etwas in drei oder in sechs Monaten getan wird, spielt keine Rolle. Hängen wir eben ein bisschen im Hauptquartier rum. Ich kann den Frühling gar nicht richtig genießen, weil ich so unruhig bin. Die Bäume sind jetzt schon alle hellgrün eingekleidet. Tagsüber, wenn es wolkenlos ist, ist es schon so heiß, dass man sich gar nicht bewegen mag. Um mich herum sirren tausende Fliegen und Mücken. Am Boden sind viele Mäuse und Eidechsen unterwegs. Es gibt auch zahllose Vögel, einige, die es bei uns auch gibt, Meisen und Spechte, andere sind mir völlig unbekannt. Nachts hört man die seltsamsten Stimmen, vor allem von Uhus.

Heval Güneş ist aus einer Nachbareinheit gekommen um Munition zu holen. Ich kenne sie noch aus dem Zap-Gebiet, damals war sie in der türkischen Unterrichtsgruppe. Sie berichtet, dass sie einen Hügel in der Nähe eingenommen haben, auch auf dem Gipfel des Xantur wären Freunde. Sie haben Jets mit Bikisî beschossen. Güneş erzählt auch von Heval Munzur, Cengiz Ulutürk, dem Freund aus Berlin. Ich hatte ihn im Winter 95/96 im Zap kennengelernt, wo er bei der DHP-Unterrichtsgruppe war. Er sei schon letztes Jahr auf dem Weg nach Dersim gefallen. Seine Gruppe sei in Garzan in einen Hinterhalt geraten. Das macht mich seht traurig. Durch seine Berliner Geschichte war er mir sehr nahe.

Mit dem Fall der Berliner Mauer 1989 hatten die Angriffe von Neonazis auf MigrantInnen eine neue Dimension angenommen. In Mölln, Solingen oder auch Rostock-Lichtenhagen kam es zu Brandanschlägen gegen Flüchtlinge und MigrantInnen. An vielen Orten gab es regelrechte Hetzjagden auf migrantische Jugendliche.

In Berlin entstand 1989/90 mit der Gründung der Antifa Gençlik ein türkisch-kurdisches Antifa-Bündnis, an dem auch Cengiz sich beteiligt hatte.

Bei einer Aktion gegen Nazis kam einer ihrer Anführer, Gerhard Kaindl, ums Leben. Etwa zehn Jugendliche gerieten ins Fadenkreuz der folgenden Repression. Einige wurden sofort festgenommen und brachen unter dem polizeilichen Druck zusammen, beschuldigten sich gegenseitig. Cengiz tauchte unter und ging später in die Berge.

Mai 1997

Die erwartete Operation hat begonnen. Am 13. Mai nachts um drei Uhr ist die türkische Armee einmarschiert. Zahlenangaben schwanken zwischen 50.000 und 75.000 Soldaten, 150-250 Panzern. Im Radio auf der Deutschen Welle das erste Mal seit Monaten eine Erwähnung des Krieges in Kurdistan. Angeblich wäre die türkische Armee der KDP zur Hilfe geeilt, die von der PKK angegriffen wird – das kann selbst der Radiokommentator nicht so recht glauben. Heval Ferhad hält eine kurze Rede: Wir lassen diese Riesenoperation ins Leere laufen und ziehen uns zurück. Überall der Lärm von einschlagenden Mörsergranaten. Es wurde beschlossen, dass die Kräfte des Hauptquartiers nicht hier in Haftanîn bleiben, sondern nach Botan gehen werden. BOTAN!! Ich bin fassungslos, sind wir doch erst vor einem Monat von dort hierher gekommen!

Inzwischen ist eine große Gruppe Milizen eingetroffen, die, nachdem sie den Winter in Flüchtlingscamps bei ihren Familien verbracht haben, auf dem Weg in ihre Heimatgebiete sind, um die Guerilla den Sommer über zu unterstützen. Sie sehen ziemlich wild aus. Viele von ihnen haben sich die Haare abrasiert und die Guerillakleidung ist mit bunter Zivilkleidung gemischt. Einige sind noch halbe Kinder, andere schon recht alt. Sie werden mit uns nach Norden gehen. Es sieht aus, als wenn uns die größte Operation in der Geschichte des Krieges bevorsteht. Nur erfahrene Kräfte sollen in Haftanîn bleiben, alle, die körperlich angeschlagen oder verletzt sind, die neuen und unerfahrenen (oder deutschen, wie wir etwas genervt feststellen) müssen das Gebiet verlassen. Die Leitung übernimmt Heval Ferhad. Wir kommen am Partîzan-Berg vorbei, dem Berg, auf dem vor einem Jahr Heval Partîzan gefallen ist. Alle kennen diesen mächtigen Berg jetzt schon unter diesem Namen. Wir können nicht auf Wegen gehen, sondern müssen steile Berge hinaufklettern. Einige der neuen Freundinnen haben große Schwierigkeiten, abwechselnd helfen wir ihnen, indem wir ihnen Waffen und Taschen abnehmen. Wir kommen nur sehr langsam voran, legen viele Pausen ein. Jetzt erst bekomme ich die Gelegenheit, Gegenden von Haftanîn zu sehen, die ich bisher nicht kannte. Es ist die schönste Zeit des Jahres, alles leuchtet in einem hellen Grün. Ohne diesen schmutzigen Krieg wäre das Land ein Paradies. Schafe würden auf den Hügeln weiden, in den Ebenen Felder bestellt werden.

In wenigen Tagen wird hier wieder der Krieg beginnen. Wir gehen fast den gleichen Weg zurück, den wir gekommen sind, zuerst Cudî. Wir überqueren den Hezilfluss mit einer kleinen Seilbahn. Ein Metallseil ist über den Fluss gespannt, einzeln müssen wir uns auf einen starken Ast setzen, der mit einer Metallschlaufe über das Seil gleitet. Unter uns tobt in der Dunkelheit der Hezil, der jetzt durch die Schneeschmelze zu einem reißenden Fluss angewachsen ist. Da die wenigsten schwimmen können, ist die Angst vor dem Wasser groß. Evîn hat mir einmal erzählt, dass sie mit einer Gruppe aus Botan den Fluss überquert hat. Sie sprangen über Steine zum anderen Ufer. Heval Rengîn, ZK-Mitglied der YAJK, fiel ins Wasser. Ohne nachzudenken ist Evîn sofort hinterhergesprungen und hat Rengîn gepackt, beide konnten nicht schwimmen. Sie wurden weggespült, aber Evîn bekam einen Ast am Ufer zu fassen, daran haben sie sich festgeklammert, bis ihnen ihre Begleiter zu Hilfe kamen. In diesem Frühjahr sind schon zwei Freundinnen im Hezil ertrunken. Es gibt viele Lieder über den Hezil, über FreundInnen, die hier gefallen sind.

Die Cudîberge besteigen wir über schmale Ziegenpfade. Heval Xabat, der hinter mir geht, kann es immer noch nicht ganz fassen, dass ich eine Europäerin bin. Er sagt: „Wenn du wieder in Europa bist, musst du darüber schreiben, dass wir auf solchen Wegen gehen." Ich verspreche es ihm. Das letzte Mal, als wir hier nach Cudî gelaufen sind, war ich krank und schwach, jetzt fliege ich fast die Berge hoch, nicht zuletzt auch, weil wir seit Monaten nicht geraucht haben. Als wir die schöne Hochebene erreichen, fängt es an zu regnen. Wir machen große Feuer, die trotz des Platzregens brennen, so werden wir gleichzeitig nass und trocken. Freundinnen aus einer nahe gelegenen Einheit bringen uns Mehl, damit wir Brot backen können. Sie kommen mit sehr schlechten

Nachrichten: Heval Ferhad und Heval Nalîn sind bei einem Kobraangriff gefallen. Beide kannte ich sehr gut. Ferhad ist mit uns in der Parteischule gewesen. Während der letzten zwei Jahre habe ich ihn immer wieder getroffen, in Haftanîn und in Botan. Im Winterhauptquartier in Gabar gehörte er zu der Einheit für den speziellen Taktikunterricht, danach war er Kommandant des Hauptquartiers in Cudî. Auf dem Rückweg von Botan traf ich ihn wieder, ein kurzes Gespräch, das war alles – konnte ich ahnen, dass er so bald fällt? Bei meinen wenigen Habseligkeiten ist eine Minikassette mit zwei Liedern, die Nalîn bei der 1.-Mai-Moral in Haftanîn für mich gesungen hat, das war vor fast einem Jahr. Gire Sewo und Çiya Reş, Lieder über gefallene FreundInnen. Viele kannten Heval Nalîn gut, Berîvan weint, andere schimpfen und schwören Rache.

Bei der nächsten Versammlung entscheidet Heval Doğan, der Gebietskommandant, dass wir gleich weitergehen werden. Das hatte ich nicht erwartet. Er hält eine Rede: Wir haben bei diesem Rückzug noch keine Opfer gehabt, das ist nicht wenig bei diesem Riesenaufwand des Feindes. Wenn wir zehn Tage ohne Essen marschieren, laufen, hinfallen, wieder aufstehen, weiterlaufen, ist es das wert, um die Kraft des Feindes ins Leere laufen zu lassen. Der „Blutdruck" des Feindes sei schon gefallen, vollkommen heiß hätten sie sich in die Operation gestürzt, jetzt hätten sie sich schon abgekühlt.

Nachrichten aus dem Krieg: In Gare hat die KDP einen Freund festgenommen, sein Name war Hozan, er hat sich im Auto in die Luft gesprengt und die KDPler mit in den Tod genommen. In Erbil sind neun Freunde gefallen, 85 sind der PKK neu beigetreten, im Zap wurde ein Kobra abgeschossen!!! Die BBC berichtet, dass Ciller (*Tansu Ciller, damalige türkische Ministerpräsidentin*) von Rückzug spricht. Der Krieg im Süden gegen die KDP wird zweifellos weitergehen. Woher nehmen sie bloß den Mut? Wenn die türkische Armee weg ist, stehen sie wieder alleine gegen uns da.

Ich dachte, wir bleiben so lange in Cudî bis die Operation zu Ende ist. Ein schier endloser Weg liegt wieder einmal vor uns. Ich bin beeindruckt, wie gut die alten Männer in der Milizeinheit zu

Fuß sind. Einmal bietet mir sogar einer an, meine Waffe zu tragen, das kommt natürlich nicht in Frage. Nach mehreren Tagen erreichen wir Bestler. Im Hauptquartier von Botan werden wir von Heval Cemal wieder einmal neu verteilt, nur die, die ganz schlecht zu Fuß sind, werden in Bestler bleiben. Als unsere Namen vorgelesen werden, kann ich meine Begeisterung kaum verbergen: „Beytüşşebab"! Also hat es das Schicksal doch vorgesehen, dass wir noch ein Frühjahr auf dem Hochland miterleben werden. Den Weg kenne ich inzwischen schon fast auswendig, Berg rauf, Berg runter, in den Tälern liegen Flüsse, die überquert werden müssen. Das Rauchverbot in den zwei Monaten in Haftanîn hat mir gut getan, das Laufen fällt mir so leicht wie noch nie, außerdem habe ich jetzt keine Tasche mehr. Unterwegs habe ich Gelegenheit, die Milizen aus Beytüşşebab besser kennen zu lernen. Sie sind sehr hilfsbereit, immer zur Stelle, wenn irgendwelche Probleme gelöst werden müssen.

20.5. Gestern noch einmal Nachrichten: Die türkische Regierung sagt, die Armee hätte 1000 PKKler getötet, das deutsche Radio hält das immerhin für möglich. In Wirklichkeit haben wir insgesamt 25 Gefallene. Viele Soldaten sind tot, keine genauen Zahlen. Im Zap haben sich sieben Soldaten ergeben. Die Armee hat es nicht geschafft, in das Zap-Gebiet einzudringen. In Richtung Batufa wurden fünf Peşmerga getötet. Viele Dorfschützer haben ihre Waffen niedergelegt. Angeblich will der Feind bis September im Süden bleiben, das heißt, Ronahî werde ich so schnell nicht sehen, leider.

In wenigen Tagen erreichen wir Gelîye Tirşok, das Sauerampfertal, das Beytüşşebab und Kelê Mamê trennt, dann geht es auf die Hochebene, wir sind am Ziel.

Mai 1997, Beytüşşebab

Unser Lager liegt noch vor der Felsenkette, die Beytüşşebab vom Tal trennt, wenn der Schnee weiter geschmolzen ist, werden wir sie überqueren können. Von der Mehlsuppe, die wir hier jeden Tag bekommen, gerät mein ganzer Stoffwechsel durcheinander, ich fühle mich sehr unwohl, das ganze Gesicht ist aufgeschwemmt, sehe aus wie ein Ballon. Wie der Zufall will, kommen wir wie letztes Jahr in die Einheit von Heval Şoreş. Kommandantin der Fraueneinheit ist Heval Şergeş. Ich wundere mich etwas, dass sie so schnell wieder eine Einheit befehligen darf. Die KommandantInnen des Winterlagers von Beytüşşebab sind noch in der Befragungsphase.

Wir gehen Mehl holen. Eine Gruppe aus unserer Einheit ist schon auf dem Kato und hat mittlerweile Kontakt zu der Bevölkerung der Dörfer aufgenommen, von dort kommen die ersten Lebensmittel. Der Weg ist nicht sehr weit, überall schmilzt der Schnee, teilweise aber müssen wir immer noch Schneefelder überqueren. An den Stellen, wo der Schnee geschmolzen ist, stecken Tausende von Hochlandblumen ihre Köpfe aus der nassen Erde, sie leuchten in allen Farben, im grellsten Blau, Lila, Gelb und Rosa. Es ist ein befreiendes Gefühl, auf dem Hochland zu sein, die endlose Weite, das viele Wasser, das satte Grün, es ist einfach wunderschön. Für mich ist das Hochland, die Zozan, das schönste Stück Erde, das ich jemals gesehen habe. Nach Beytüşşebab zu gehen ist schon fast ein bisschen wie nach Hause zu kommen. Der kurze Sommer im letzten Jahr war eine sehr glükkliche Zeit, sicher die beste, die ich in den Bergen, vielleicht in meinem ganzen Leben hatte. Noch liegt hier zu viel Schnee, um mit der ganzen Einheit herzukommen, aber in einigen Tagen wird es so weit sein. Wir füllen unsere Taschen mit Mehl und beginnen den Rückweg. Wir sammeln Disteln und wilde Zwiebeln, um den Speiseplan etwas aufzulockern.

Endlich ist es so weit und die Einheit zieht auf den Kato Jîrike. Zuerst werden Mangas gebaut, denn in der Nacht ist es immer noch sehr kalt, tagsüber aber, wenn die Sonne scheint, wird es langsam angenehm warm. Zu unseren Aufgaben hier gehört es, das Tal zu überwachen, Kontakt zur Bevölkerung herzustellen, von dort Lebensmittel zu holen und Angriffe auf die Militäreinrichtungen in der Stadt Beytüşşebab vorzubereiten. Dafür werden Stellungen gegraben, die strategische Punkte sichern. Die letzten Monate haben gezeigt, dass die Angriffe von Kobras gezielter geworden sind. Sie sind näher herangekommen, mehrere Freunde sind gefallen. Deshalb werden jetzt Stellungen gegraben, die die strategischen Punkte sichern sollen. Die vielen Felsen auf dem Kato sind dafür ideal geeignet, trotzdem bleibt die Arbeit eine elende Plackerei. Über verschneite Steilhänge klettern wir mit Spitzhacken und Schaufeln die steilen Felsen hinauf und vergrößern die natürlichen Höhlen. Große Felsen müssen dafür beiseite geschafft werden. In ganz Botan werden solche Schutzhöhlen angelegt, da dieses Gebiet in diesem Jahr eine zentrale Rolle spielen soll. Unsere Taktik hebelt den technischen Vorteil der türkischen Armee aus, ihre Lufthoheit nutzt ihnen nichts, wenn wir uns vor den Bomben schützen können. Wir kommen gut voran, da jede Manga teamweise aufgeteilt wird. Jeden Morgen werden die Aufgaben der jeweiligen Gruppe neu festgelegt.

Je weiter wir ins Hochland gelangen, desto abenteuerlicher wird der Weg, überall liegt noch hoher Schnee. An den steilen Hängen entlang führen kleine Pfade, die in den Schnee hineingetreten werden. Bloß nicht abrutschen, denn sonst geht es mehrere hundert Meter steil hinunter. Auf manchen Wegen wird mir richtig schlecht. Es fängt an zu regnen und wir machen an einem Punkt Halt, an dem wir uns letztes Jahr lange aufgehalten haben. Es ist ein wunderschöner Platz. Eine Quelle entspringt aus einem hohen Felsen und das Wasser bahnt sich in Schlangenlinien seinen Weg durch ein kleines Tal. Überall wächst Sîrik, eine wilde Knoblauchart, wir sammeln riesige Bunde davon, die wir den DorfbewohnerInnen mitbringen wollen, denn weiter unten im Tal wächst es nicht. Nach einer Pause geht es weiter. Wie verändert die Landschaft aussieht! Den Winter über türmte sich der Schnee über 30 Meter hoch, jetzt hat das abfließende Schmelzwasser völlig neue Formationen entstehen lassen. Zwischen den Felsen rasen noch wilde Schmelzwasserbäche entlang, die wir überspringen müssen. Wer dort hineinfällt, wird mit Sicherheit von der Gewalt des Wassers an den spitzen Felsen zermalmt. Wir sichern uns gegenseitig, indem wir uns an den Händen fassen. Was für eine raue, wilde Landschaft.

Vor dem Dunkelwerden erreichen wir eine Senke. Hier heißt es warten. Erst bei völliger Dunkelheit können wir den Grat überqueren, denn die Stelle kann vom Feind unten in der Stadt eingesehen werden. In großen Abständen geht es im Laufschritt weiter, allerdings verhindert der hohe aufgeweichte Schnee ein schnelles Tempo, ich sehe nicht, wo ich hintrete.

Erschöpft und durchnässt erreichen wir den nächsten Punkt. Hier ist der Schnee zwar schon teilweise geschmolzen, aber alles ist nass, nirgends kann man sich hinsetzen. In einer Höhle finden wir einen trockenen Platz, aber zum Schlafen ist es zu kalt, außerdem herrscht absolute Finsternis. Etwas unterhalb zünden die Freunde ein Feuer aus Plastikfolie an, ein unglaublicher Gestank steigt uns in die Nase, aber immerhin etwas Wärme und Licht. Durch die Dunkelheit dringt die Stimme von Heval Şoreş, mit einer rauen und tiefen Stimme singt er Lieder aus den kurdischen Dörfern. Das hebt unsere Stimmung enorm, trotzdem zittern und frieren wir die ganze Nacht, es ist kaum auszuhalten.

Heval Şoreş wurde oft kritisiert, weil er sich nicht genug um die politische Schulung gekümmert hat. Die FreundInnen sagen, er wäre ein richtiger Dörfler, grob und ungehobelt. Ich mag seine Art. Er weiß gut mit den DorfbewohnerInnen und auch mit den FreundInnen umzugehen, er spricht eine Sprache, die sie verstehen. Er nimmt kein Blatt vor den Mund, aber manchmal übertreibt er auch. Auf der Konferenz im Winter in Gabar war er einer derjenigen, die Heval Sosin sehr scharf kritisiert haben. Wenn Sosin ein Mann gewesen wäre, hätte er sich wahrscheinlich stärker zurückgenommen. Hinter seiner Haltung steckt vermutlich eine rückständige, feudale Haltung gegenüber Frauen, die eine höhere Position innehaben. Er kann sie nicht wirklich akzeptieren. Oft sagen die Kritisierenden indirekt mehr über sich selbst aus, als über diejenigen, die das Ziel der Kritik sind. Andererseits lehnt Şoreş jegliche Privilegien ab. Während viele Kommandanten sich die besten Sachen besorgen und immer die neuesten und besten Uniformen tragen, gehört seine eher zu den schäbigsten. Mit den Kommandantinnen arbeitet er gut zusammen und beteiligt sich an jeder Arbeit.

Rûken sagt, dass Şoreş im Winter oft krank war. Er sieht aus wie 40, ist aber erst 30. Das ist das harte Leben. Seit 1989 ist er in der Guerilla, kennt die DorfbewohnerInnen alle beim Namen und will alle einzeln überzeugen. Das kostet viel Arbeit.

Wie immer ist die Qual der Nacht morgens schnell vergessen, die Sonne scheint und Blumen leuchten in allen Farben. Draußen legen wir uns auf Eselsdecken in die Sonne und versuchen etwas zu schlafen. Im Radio bringt die Deutsche Welle „Africa unite" von Bob Marley. Die Musik kommt mir vollkommen unwirklich vor. Hochland und Bob Marley passen nicht zusammen. Die Freundinnen hören ausschließlich kurdische Folklore und Arabesk-Musik, daran werde ich mich nicht gewöhnen, so schön auch eine generationsübergreifende Kultur ist. Heimweh? Eigentlich denke ich sehr selten an zu Hause, jetzt aber überkommt mich der Wunsch, mal wieder richtig reden zu können. Ich möchte so gern die Freundin Ronahî treffen, die aus Deutschland gekommen ist und sich jetzt im Zap-Gebiet aufhält. Bücher fehlen mir. Mit Sîpan rede ich meist nur kurz. Unsere Gespräche drehen sich mehr um das Leben hier als um Perspektiven in der BRD. Vielleicht werden wir noch dieses Jahr zurückkehren, aber auch das erscheint mit irreal, weit weg.

Auch an diesem Platz werden wir nicht lange bleiben können. Unser nächstes Lager soll in der Nähe der Dörfer aufgeschlagen werden, damit wir Lebensmittel in großen Mengen hier hochschaffen können. Und das tun wir dann auch: Jede Nacht gehen große Gruppen los, ein Teil führt unsere vielen Maultiere, die jeweils mit drei Säcken Mehl beladen werden, die anderen legen Hinterhalte an der Straße, um den Rückzug zu sichern, falls die Armee angreift.

Beytüşşebab ist noch ziemlich kühl, vor allem nachts, ich habe keine lange Unterhose mehr, vor allem bei der Wache ein Gezitter. Angeblich soll jetzt Unterwäsche bestellt worden sein. Aber das ist nicht so einfach. Ein Tabuthema, verschlossene Einkaufslisten werden weitergegeben. Ich weiß nicht, wer das dann einkaufen geht. Ich stelle mir das merkwürdig vor, Unterwäsche in größeren Mengen hier in der Stadt kaufen zu gehen.

Cemsîd, einer der Milizionäre, hat seine Familie gesehen. Er ist so dünn, hier wird man nicht dick, allenfalls aufgeschwemmt von der einseitigen Ernährung, Mehlpampe. Mehlspeisen gibt es in verschiedenen Varianten: Mutuxar ist in Fett gebratenes Mehl, entweder mit Zucker oder Salz, oder Mehlsuppe, Hewdel, Mehl in Wasser gekocht, Pino, Mehl mit Fett und Wasser, Helwa, Mehl, Wasser und Zucker, die Variationen sind scheinbar unendlich. Es ist wirklich ein hartes Leben, aber anders als bei uns. Ich denke, wenn ich mal zurückgehen sollte, werde ich mich noch oft nach der Weite der Zozan sehnen, nach der Ruhe, der Unberührtheit der Natur, nach der absoluten Abwesenheit von Geld und allen seinen negativen Auswirkungen, nach der Wärme der GenossInnen, die sicher auch ihre Fehler haben, aber das gemeinsame Ziel und das kollektive Leben macht diese nicht so bedeutend. Was ich immer noch nicht gelernt habe, ist das Hungrigsein, denke viel an essen. Ein bisschen haben wir jetzt gelernt „den Gürtel enger zu schnallen“. Der Hunger lähmt, macht unzufrieden. Der Grund, dass einige von der Guerilla weglaufen, ist bestimmt nicht, dass sie große Widersprüche haben, sondern sie wollen sich satt essen oder ausruhen, ein vermeintlich normales Leben führen, aber das gibt es nicht, weder hier noch sonstwo. Wie schön die Zozan ist, wenn die Sonne scheint, endlose sanfte Hügel, kleine lila Blumen, sattes grünes Gras. Der Himmel, nirgends ist er so blau wie im Hochland, bizarr geformte Felsen, weiße Flecken vom Schnee, dieses Land muss man lieben. Şoreş singt, seine Moral ist nicht zerstört von Matsch und Kälte. Wie schön wäre es, wenn in diesem Tal wieder die Zelte der Nomaden stehen würden. Es würde Handel geben, Fleisch, Felle, Joghurt, Wolle, Milch und Käse gegen Weizen, Früchte und Gemüse von den Bauern. Ein Freund aus Gambia hat einmal gesagt, sein Grund nach Europa zu kommen war, einmal ein ganzes Huhn alleine essen zu wollen. Niemand verlässt gerne die Heimat.

Meine Mangakommandantin ist noch sehr jung. Mit 13 hat Heval Kurdistan das Dorf Hîlal in Uludere verlassen und sich der Guerilla angeschlossen. Sie ist eine Kusine von Evîn und der anderen Kurdistan. Jetzt ist sie 18 und eine ausgesprochen gute Kommandantin. Das erste Gebiet, in dem sie gekämpft hat, war Gabar. Aus dieser Zeit hat sie ein Photo, ich sehe ein kleines Mädchen, mit ganz kindlichen Gesichtszügen, aber schon Mangakommandantin. Eine Schule hat sie nie besucht, Lesen und Schreiben lernte sie in der Guerilla. Was mich am meisten an ihrer Person beeindruckt, ist ihr selbstbewusstes Auftreten. Bei den täglichen Reflexionsrunden kritisiert sie scharf jede Abweichung vom Parteileben und fordert zum kollektiven Handeln auf. An ihren politischen Bewertungen wird deutlich, dass sie schon lange in den Bergen kämpft und über viel Erfahrung verfügt. Wirklich beeindruckt mich aber die Tatsache, dass sie selbst immer am härtesten arbeitet. Ich habe manchmal erlebt, dass Kommandantinnen ihre Aufgabe eher darin sehen die Arbeit zu verteilen, selbst aber kaum einen Finger krümmen. Nicht so bei Heval Kurdistan. Wenn es eine unangenehme Aufgabe zu erfüllen gilt, ist sie immer eine der ersten, die sich in den Listen einträgt. Ihr vorbildliches Verhalten habe ich schon bei vielen Goyî-Frauen gesehen, viele sind schon in jungem Alter Kommandantinnen. Vermutlich haben die Frauen des Goyî-Stammes eine starke Stellung, die es ihnen ermöglicht, auch hier in der Guerilla selbstbewusst aufzutreten. Allgemein werden die Goyî mit Rückständigkeit und Dörflertum verbunden. Mir scheint es gerade umgekehrt. Das vorbildhafte Verhalten von Kurdistan wirkt sich auf jeden Fall sehr positiv auf die Arbeitsmoral der ganzen Gruppe aus. Als Mangakommandantin der ersten Manga ist sie auch gleichzeitig stellvertretende Taximkommandantin und gehört so auch in die Leitung der Einheit. Viel Verantwortung für eine Frau von gerade 18 Jahren. Kurdistan kenne ich schon vom letzten Sommer in Kelê Mamê, auch dort war sie Mangakommandantin.

Kurdistan entscheidet, dass ich auch mit zum Dorf hinuntergehen darf. Wir gehen sehr zügig, denn der Weg ist weit und wir müssen es erreichen, solange es noch dunkel ist. Ich habe immer

Probleme, fließende Gewässer zu überqueren, an einem reißenden Bach müssen wir von Stein zu Stein springen. Ich habe Angst und stelle mich total ungeschickt an, während die Freundinnen zielsicher springen. Zwar hilft Zekîye mir, trotzdem fühle ich mich unfähig und fehl am Platz. In solchen Monaten sinkt mein Selbstbewusstsein immer in den Keller. Dann geht es auf der Straße entlang. Der Weg ist gut. Aber ich denke schon wieder an den Rückweg, wo ich wieder über das Wasser muss, dann auch noch mit vollen Taschen. Auch das erscheint mir inzwischen als eine Krankheit der europäischen Gesellschaft. Schon Tage, bevor eine schwierige Aufgabe zu erledigen ist, machen wir uns fertig. Wir können den Augenblick nicht genießen, weil wir in Gedanken schon wieder bei zukünftigen Problemen sind. Wir leben nie im Hier und Jetzt.

Es ist unheimlich auf der Straße, an manchen Stellen gibt es überhaupt keine Deckung. Wir halten in der Nähe des Dorfes. Mizgîn und ich werden zur Wache eingeteilt – schade, ich wäre so gerne mitgegangen. DorfbewohnerInnen bringen uns etwas zu essen, frisches Brot und Hähnchenfleisch, so etwas habe ich bei der Guerilla noch nie gegessen, es ist köstlich. Nach Stunden kommen die FreundInnen wieder, schnell packen wir unsere Rucksäcke voll mit Savar, denn jetzt geht es bergauf und wir müssen uns sputen, um den Punkt noch vor dem Morgen zu erreichen. Der Rückweg ist eine Quälerei, wenigstens die Wasserstelle überwinde ich diesmal ohne Probleme. Dann das letzte Stück den Berg hoch. Unterhalb des Stützpunktes warten schon Freunde, die uns unsere Last gleich abnehmen und in die Depots bringen werden. Keine denkt jetzt an Schlaf, Tee wird gekocht und Brot verteilt. Diese Morgenstunden sind die schönsten, wenn alle am Feuer sitzen, sich die nassen Füße trocknen. Als die Sonne richtig warm wird, legen wir uns schlafen. In der nächsten Nacht gehen wir gleich wieder los.

Diesmal habe auch ich Gelegenheit, mit ins Dorf zu gehen. Freundlich werden wir empfangen. Der größte Teil der DorfbewohnerInnen unterstützt die Guerilla, aber es gibt noch einige unsichere Kandidaten. Offiziell sind die DorfbewohnerInnen Korucu. Sie stecken in einer Zwickmühle, in der vorsichtig gehandelt werden muss. Heval Şoreş diskutiert mit einigen Männern und versucht, mit ihnen gemeinsam die richtige Vorgehensweise herauszufinden. Die Gefahr besteht immer, dass Einzelne unter Druck gesetzt werden, daraufhin mit der Armee kollaborieren und diejenigen verraten, die direkt mit der Guerilla zusammenarbeiten. Wir setzen uns zu den Frauen, die in einem anderen Teil des Raumes sitzen. Sie bringen uns Tee, Brot und Käse. Eine der jungen Frauen kann nicht sprechen. Sie ist mit dem Herrn des Hauses verheiratet, der mindestens 30 Jahre älter ist als sie. Das macht mich richtig wütend.

Die Partei greift nicht direkt in das Dorfleben ein, schreibt den Leuten nicht vor, wie sie leben sollen. Vielmehr überzeugen die FreundInnen die Menschen mit der Zeit, so dass sie ganz von selbst anfangen, alte Strukturen wie Blutrache, Polygamie, Kinderheirat zu überwinden. Wenn die Partei direkt und autoritär eingreifen würde, gäbe es nur Ablehnung. Aus den untereinander zerstrittenen und verfeindeten Familien wird durch das Vorbild der Guerilla eine Gemeinschaft, die sich vom Feind nicht mehr so leicht benutzen lässt. Die Frauen haben oft eher einen Zugang zu den Zielen des Kampfes, denn ihr Wunsch nach Freiheit ist am größten. Sie sehen die Achtung, den Respekt, die die Partei ihnen entgegenbringt, und sie spüren den Terror des Staates am härtesten.

Leider können wir nicht lange bleiben, einige Freundinnen haben unsere Lasten schon vorbereitet, es geht zurück. Der Rückweg ist etwas chaotisch. Da es keine Einteilung gibt, wer für welche Pferde verantwortlich ist, haben sie sich ihren eigenen Weg gesucht. Wieder einmal dauert es viel zu lange, bis sich alle gefunden haben. Unterwegs falle ich ziemlich ungeschickt hin und lande mit der Brust genau auf einem Felsen, so dass mir die Luft wegbleibt. Das wird mir noch einige Tage das Atmen schwer machen.

Da eine Aktion durchgeführt werden soll, müssen wir den Stützpunkt wechseln. Beim Aufbruch kommt es zu einem Disput. Şergeş befiehlt, wer was tragen soll, und Zekîye, die gerade von einer Aufgabe zurückgekommen ist, weigert sich, die Bikisî zu tragen. Es ist genauso, wie es schon in Gabar gewesen ist. Heval,

Şergeş hat mit ihrer harschen Art eine Stimmung unter den Freundinnen erzeugt, die von Ablehnung und Abwehrreaktionen bestimmt ist. Dieses Verhalten bewirkt oft schon bei Kleinigkeiten Befehlsverweigerungen und Schwierigkeiten. Wie immer hat Şergeş kein Einsehen und nimmt Zekîye die Waffe und den Munitionsgürtel ab, eine der härtesten Strafen in der Guerilla. In ziemlich gedrückter Stimmung gehen wir zu dem neuen Stützpunkt. Es ist eine Schlepperei, denn viele erledigen außerhalb Aufgaben und so müssen wir alle ihre Sachen mitnehmen. Zekîye hätte sich trotz Erschöpfung nicht weigern dürfen, wir alle sind bis zum Äußersten bepackt. Gleichzeitig aber ist uns klar, es ist nicht die Anstrengung, vor der sie zurückgeschreckt ist, sondern die Umgangsweise von Şergeş.

Am neuen Stützpunkt treffen wir zu unserer Überraschung auf einige bekannte Gesichter. Heval Hevdem ist dabei, mit der ich lange in Gabar zusammen war. Wie immer ist sie gut gelaunt und berichtet von den letzten Ereignissen aus Gabar. Sie erzählt, dass die Praxis mittlerweile sehr gut ist und die FreundInnen schon einige Aktionen gemacht haben, die sehr erfolgreich verlaufen sind. Leider hat sie auch eine schlechte Nachricht, Heval Medya ist gefallen, die junge Kommandantin, mit der ich im Winter zusammen von Ciraw nach Gabar gelaufen bin. Hevdems Begleiterin Şîlan war Taximkommandantin einer gemischten Einheit in Mardîn. Ich frage ihr Löcher in den Bauch. Für die geplante Aktion werden die Aufgaben verteilt. Şîlan und ich werden nicht dabei sein. Stattdessen müssen wir in der Nacht hundert Kilo Mehl zu Brot verarbeiten, damit die zurückkehrenden KämpferInnen etwas zu essen haben. Als es dunkel wird, fangen wir an. Wir rechnen damit, dass die Soldaten auf den Angriff mit Mörserbeschuss reagieren, und lauschen gespannt, ob wir Geräusche von der zu erwartenden Auseinandersetzung hören, aber es bleibt still.

Gegen Morgen kommen die Gruppen wieder, gerade als wir mit dem Brotbacken fertig sind. Der Angriff konnte nicht stattfinden, da auf dem Berg, den sie angreifen wollten, eine Mine explodiert ist. Wahrscheinlich ist ein Tier auf die Mine getreten, aber die Soldaten wurden dadurch in Alarmbereitschaft versetzt und so machte ein Überraschungsangriff keinen Sinn mehr. Das ist wirklich Pech, es klappt eben oft nicht direkt beim ersten Mal.

Unseren nächsten Stützpunkt nennen wir Nokta Sorîas, da hier in großen Mengen das Kraut Sorîas wächst, das sehr wohlschmekkend ist und die fade Reisnahrung wesentlich aufbessert. Für die nächsten Tage stehen verschiedene Versammlungen auf der Tagesordnung. Zunächst findet sich die Taxim zusammen und diskutiert die Ereignisse der letzten Wochen. Seyran wird kritisiert, weil sie sich im Dorf von den Frauen allerhand Sachen hat schenken lassen und sogar selbst nach Seife gefragt hat. Dieses Verhalten wirft ein sehr schlechtes Licht auf uns. Natürlich wollen die Frauen im Dorf immer ihre schönsten Sachen verschenken, weil sie ihrer Hochachtung für die Guerilla Ausdruck verleihen wollen, vor allem für die Freundinnen. Trotzdem muss verhindert werden, dass diese Sympathiebezeugungen von Einzelnen ausgenutzt werden. Wenn wir etwas benötigen, sollen wir dies auf Listen schreiben, alles Notwendige könne dann besorgt werden. Dementsprechend wird der Beschluss gefasst, dass in Zukunft keine persönlichen Geschenke mehr angenommen bzw. bei der Logistik abgegeben werden. Es wird kritisiert, dass sich einige nicht ernsthaft mit der Dorfbevölkerung auseinander setzen, dass Freundinnen sich wie private Besucherinnen begreifen und nicht als Vertreterinnen der Partei. Die Taxim beschließt, dass Seyran vorläufig nicht das Dorf besuchen darf.

Auch am Verhalten von Heval Şergeş wird viel Kritik geübt. Wie schon in Gabar wird festgestellt, dass sie sich Problemen schematisch, bürokratisch annähert, obwohl sie jetzt schon zwei Monate hier ist, immer noch keine liebevollen Beziehungen zu den anderen aufgebaut hat, die Situation der Einzelnen nicht gut kennt.

Am nächsten Tag findet die Versammlung der gesamten Einheit statt. Heval Şoreş berichtet, dass es wahrscheinlich ist, dass das Dorf in absehbarer Zeit geräumt wird. Auch letztes Jahr mussten die BewohnerInnen den Sommer über ihr Dorf verlassen und in Zelten in der Nähe der Militärstation leben, eine weitere Maßnahme des Militärs, um Kontakte zwischen Guerilla und Volk zu verhindern. Damit die Lebensmittel, die das Dorf für uns bereitgestellt hat, noch rechtzeitig abgeholt werden können, müssen alle Kräfte mobilisiert werden und deshalb können auch vorläufig keine militärischen Aktionen unsererseits durchgeführt werden. Viele macht das unzufrieden. Obwohl Mitte Juni ist, sei von unserer Einheit noch keine einzige militärische Aktion gelaufen. Die Entscheidung bezeichnen sie als *uzlaşma*, eine unausgesprochene Verständigung mit dem Feind, ein Waffenstillstandsabkommen. Die Bataillionsleitung erwidert, dass die Depots für den nächsten Winter schon bald ausreichend wären. Die anderen Einheiten in Beytüşşebab hätten dieses Jahr schon sehr viele erfolgreiche Angriffe gemacht und wir haben im Moment eben andere Aufgaben. Abends rede ich noch mit Heval Kemal. Im BBC sei Apo zitiert worden, die PKK bekäme keine Unterstützung vom Iran, die PKK sei nach wie vor zu einer politischen Lösung bereit. Ich sage zu Kemal, unsere Denkweise sei zu begrenzt, wir kennen die Lage nicht, sind ohne Nachrichten und Informationen. Er gibt mir Recht, statt über Taktik und Strategie zu diskutieren, dreht sich immer alles um das „Leben". Am nächsten Morgen beginnt tatsächlich das Partei-Radio Dengê Medîya zu senden!!!! Das ist ja wirklich ein Schritt! Sie sagen, 600 Peşmerga der KDP wären desertiert. Zum Frühstück hören wir „gerilla rojbaş" – Guten Morgen, Guerilla – von der Sängerin Besê. Auch für die Leute im Dorf ist das Radio wichtig, denn hier können sie den in Europa ansässigen kurdischen Fernseh-Sender MED-TV nicht empfangen.

Zwei Familien aus dem Dorf sind gekommen. Es sind die Familien von Milizen, die sich im Dorf nicht mehr sicher gefühlt haben, die Repressionen der Soldaten werden immer bedrohlicher. Sie wollen ins Camp Etruş gehen. Es ist eigenartig, am Stützpunkt plötzlich Kinderstimmen zu hören. Die eine Familie hat drei Kinder, die andere fünf. Das kleinste Kind ist zwei Jahre alt. Sie haben nicht viel mitgenommen, nur einige Kleider und ihre Waffen. Die beiden Frauen, die in bunten Kleidern gekommen sind, tragen schon am zweiten Tag Guerillakleidung, allerdings noch mit Kopftüchern.

Milizen mit ihren Familien

Am Abend kommen einige DorfbewohnerInnen, um den Punkt zu besuchen, auch ältere Frauen sind dabei. In ihren bunten langen Kleidern sind sie schon von weitem zu erkennen. Sie fluchen über den steilen Aufstieg und setzen sich erschöpft hin. Sie berichten, dass das Dorf jetzt geräumt werden soll. Bevor sie völlig der Kontrolle der Armee unterstehen, wollen sie noch einmal die Gelegenheit nutzen, die FreundInnen zu besuchen. Wir trinken zusammen Tee und die Köche legen sich ins Zeug, um Essen für den Besuch und alle FreundInnen zuzubereiten. Einer der Milizionäre, Cemal, erzählt, dass sein Stamm 20 Dörfer umfasst, nur fünf davon wurden nicht geleert. Seit 1993 wurden sie gezwungen, Çete zu werden, sonst wären auch diese Dörfer zerstört worden. Jetzt sagt die Partei, sie sollen die Waffen nicht niederlegen, sondern verdeckt für die Guerilla arbeiten. Cemal sagt, alle im Dorf unterstützen die Partei, nur vier oder fünf Männer wären unter dem Einfluss des Staates. Der Ağha versucht eine Doppelstrategie. In der Nacht kehren die Dorfbewohner schon wieder um, voller Sorge über ihren bevorstehenden Umzug.

Um die letzten Lebensmittel aus dem Dorf zu holen, werden jetzt alle Kräfte mobilisiert. Das Dorf ist verlassen und unheimlich. Wir dürfen nicht auf der Straße gehen und müssen einen großen Umweg machen, da Militär in der Nähe des Dorfes vermutet wird. Wir verstecken uns zwischen den hohen Maispflanzen, bis die Lasten vorbereitet sind. Milizen haben die Mehlsäcke für uns aus den Depots geholt. Leuchtend weiß liegen sie im Mondlicht vor den Häusern. Über verschlungene Pfade schleichen wir zurück in die Berge. Dieses Jahr werden wir die DorfbewohnerInnen wohl nicht mehr zu Gesicht bekommen.

Das Parteiradio sendet jetzt morgens und abends, heute z. B. haben wir gehört, dass die FreundInnen in Garisan eine Aktion gemacht und 150 Schafe geholt haben. In Amed und Gabar gab es ebenfalls Guerillaaktionen. Endlich einmal eine gelungene Aktion in Gabar! Die FreundInnen haben einen Armeeposten angegriffen, Soldaten getötet und Gewehre erbeutet.

Es ist wahnsinnig heiß geworden, war es letztes Jahr auch so heiß? Es hieß: Operation, die Çete sind zur Kaserne gerufen worden, gestern Nacht ist ein Großteil der Einheit los, um Hinterhalte zu legen, aber die Operation ist wohl in Richtung Faraşîn gegangen und nicht zu uns auf den Kato. Heute sind wir Tepecî. Wir sind zu viert, oberhalb der Stadt. Während meiner Wache kommt ein ganzer Haufen Jeeps, ich wecke Berîvan. Sie sagt: „Das ist nichts, die kommen von Faraşîn zurück, fahren in die Kaserne."

Es heißt, die Operation im Süden geht zu Ende, ich bin hin- und hergerissen, soll ich froh sein, wenn es wieder nach Haftanîn geht, wenn es zurück nach Europa geht? Einerseits ist das Leben wunderschön hier, andererseits stumpfe ich ab, bewege meinen Geist nicht genug, keine Bücher, keine Informationen. Ich merke, dass ich vor Diskussionen flüchte, alle bewundern meine Sprachkenntnisse, aber es ist immer noch so, dass ich nicht alles sagen kann. Ich will unter Leute, mit denen ich richtig reden kann, ich will Ronahî sehen! Aber Beytüşşebab werde ich nie vergessen. Schade, dass es die internationalen Brigaden noch nicht gibt, dann gäbe es sicher andere Diskussionen hier.

Hier ist überhaupt kein Schatten, es ist Mittag, die Sonne steht im Zenit. Wir haben gerade unser Mittagessen verzehrt, Brot und Bulgur ohne Salz. Seit Tagen ist das Essen ohne Salz, das verstehe, wer will, denn in Beytüşşebab gibt es mehrere Salzquellen. Şergeş behauptet, das Salz wäre jetzt noch bitter, so ein Quatsch. Wir brauchen Salz, sonst sinkt der Blutdruck und wir werden kraftlos, Salz ist enorm wichtig. Es gab in letzter Zeit viel Kritik an der Logistik, es heißt, wenn keine Ordnung in der Küche ist, ist auch keine Ordnung in der Einheit. Da ist was dran. Hungrig auf eine Aktion zu gehen kann den ganzen Krieg sabotieren.

Es wird Unterricht abgehalten. Wir lesen ein Flugblatt, das für die Çete geschrieben wurde, besonders für die in Botan: Sie verhindern die Nationwerdung, immer wieder lassen sich Kurden gegen Kurden aufbringen, nur so kann der Feind die Sklaverei fortführen. Der Feind will mit den Çete eine Stellung aus Fleisch aufbauen, sie verminen die Wege mit euch! Alle Çete sollen ihren Platz in den Reihen der Patrioten einnehmen. Im Unterricht wird auch über eine mögliche politische Lösung der Kurdistanfrage gesprochen. Unsere Partei ist offen für den Dialog, trotz allem, wird aber unter keinen Umständen kapitulieren, man geht nicht in ein Haus ohne Hintertür oder Fenster. Bei einem Waffenstillstand muss der Kampf mit anderen Mitteln fortgeführt werden, z. B. mit Serhildans, Volksaufständen. Auch falsche Guerillahaltungen sind wieder Thema: Starke körperliche Verfassung wird immer noch als wichtiger angesehen als die ideologische Grundlage. Laufen und tragen könne auch ein Esel, die größte Ehrlichkeit in der Haltung reicht nicht, wenn du nicht die Antwort geben kannst, die gebraucht wird. Viele sind an ihre KommandantInnen gebunden, nicht an die Ideologie. Das schmeckt den KommandantInnen. Appelliert wird an die Kollektivität. Bei Problemen in der Einheit werden nur die KommandantInnen verantwortlich gemacht, aber jede einzelne Kämpferin sollte alles in Frage stellen, kritisieren, sich verantwortlich fühlen.

Gestern gab es auch noch eine Versammlung, eine Tekmîl-Auswertung der letzten Tage. Es gab erneut Kritik an Zekîyê. Ihr Team war als Spähtrupp unterwegs und hatte kein Fernglas und keine Bikisî mitgenommen, weil sie keine Lust hatten, sie zu tragen. Kritik gab es auch an Diyar. Er soll unten am Wasser gebadet haben und wurde dabei gesehen. Ja, es ist eben nicht alles völlig frei hier. Zekîyê soll ins Zap-Gebiet zur Schulung.

Die Operation in Südkurdistan ist beendet. Ich weiß nicht, ob ich mich über die Nachricht freuen soll, denn die Konsequenzen sind klar, einige FreundInnen werden nach Süden gehen. Wir werden sie begleiten und damit die große Guerillaaktion, die für Botan geplant ist, nicht mehr miterleben.

Auch für uns heißt es also wieder Abschiednehmen. Mit uns gehen Berîvan, Gap, Zekîye und Şîlan. Zekîye weigert sich bis zuletzt, aber vor der Befehlsverweigerung schreckt sie dann doch zurück. Ich rede ihr auch gut zu, es könne ja nicht schaden, auch mal andere Gebiete kennen zu lernen, den Horizont zu erweitern. Seit fünf Jahren – seitdem sie der Guerilla beigetreten ist – hält sie sich in diesem Gebiet auf. Berîvan ist ganz froh zu gehen, ohne klare Aufgabe fühlte sie sich ein wenig überflüssig. Die Aussicht sich weiterzubilden findet sie sehr positiv, ebenso Şîlan. Der Abschied fällt schwer, viele Freundinnen sind mir ans Herz gewachsen, das Gleiche gilt für dieses Gebiet. Wenn ich noch mal die Möglichkeit bekommen sollte, nach Beytüşşebab zu gehen, dann sicher erst, wenn der Krieg vorbei ist, oder?

Auf dem Weg erzählt mir Bahoz, dass Leyla Afrîn im Juni in Gabar gefallen ist. Ich hatte ein gespaltenes Verhältnis zu ihr, mich hat gestört, dass sie so viel herumkommandiert hat, gleichzeitig hat sie aber auch selbst viel gearbeitet. Es ist ja so, dass man hier die Widersprüche nicht im Streit austrägt, es muss auf der offiziellen Linie kritisiert werden, das hat sie aber manchmal nicht angenommen. Meine Art ihr gegenüber war falsch. Eher so von Reaktionen geprägt als offiziell. Sie hatte so eine Typen-Art drauf: kurze Haare, Şutik auf Männerart tief gebunden, das habe ich auch kritisiert und diese harte Art zu reden, zu kommandieren, aber das war eher ein emotionsgeladenes Rumgemecker als eine ernst zu nehmende Kritik. Dennoch hat sie das nicht übel genommen. Sie hatte wirklich das Zeug zu einer guten Kommandantin, was man beileibe nicht über alle sagen kann. Sie war neu, hatte aber im Süden schon viel Schulung erhalten. Oft wird gesagt: „Das merkt man gar nicht, dass du aus dem Süden kommst." Die Freundinnen fassen das wohl als Kompliment auf. Das liegt daran, dass die aus dem Süden zwar gebildeter sind, aber in der Praxis ziemlich hinterherhinken, nicht so Leyla. Ich denke über Emotionalität nach. Ich mochte immer die Freundinnen am liebsten, an denen nicht alles so abprallt, z. B. Evîn. Man muss lernen, die Gefühle zu kontrollieren, wenn man sich ärgert, nicht gleich losbrüllen, rummeckern, erst mal nachdenken. Die Freundinnen nicht verletzen. Das habe ich etwas gelernt. Es ist immer wichtig daran zu denken: Alle sind Freundinnen, sind gekommen, um für ein besseres, würdevolleres Leben zu kämpfen, alle wollen eigentlich ihr Bestes geben. Zu einer Freundin unfreundlich zu sein, die jeden Tag ihre Kraft für den Kampf gibt, die vielleicht drei Tage lang Mehl für alle geschleppt hat, auf dem tepe war, eine Freundin, die vielleicht morgen im Kampf fällt, dazu haben wir nicht das Recht.

Mit uns gehen einige ältere Milizionäre, ein gefangener Hirte aus Gürpinar und einige wenige Männer. Berîvan Gap kennt die Gegend am besten und übernimmt die Führung. Unser erster Marsch führt uns nach Kelê Mamê, diesmal werden wir nicht den Weg über Cudî nehmen. Der Punkt, an dem damals Heval Sozdar eine Versammlung abgehalten hat, kurz nachdem wir dem Kobraangriff entgangen waren, heißt inzwischen Nokta Sozdar, so kommen die Orte zu ihrem Namen. Dort vermuten wir die Einheit, aber da ist sie nicht, also müssen wir noch den ganzen Kelê hoch. Hier liegt noch Schnee, dabei ist es fast Juli! Nach dem langen Marsch ist der Aufstieg nicht gerade ein Zuckerschlecken. Wir sind seit 20 Stunden unterwegs, haben nur eine kurze Pause gemacht, jetzt kriechen wir fast den Berg hoch. Endlich kommen uns Freunde entgegen und zeigen uns den Weg zur Einheit, die in einer Talsenke kampiert. Wir werden einige Tage hier bleiben, bis die Kuriere eingetroffen sind, die uns über die Grenze bringen sollen. Über diese Nachricht bin ich froh, denn ich bin völlig erschöpft. Der Weg über den Kelê Mamê ist zwar der kürzeste, aber auch der gefährlichste, da der Feind hier viele Stellungen besetzt hat. Wir erfahren, dass vor zwei Tagen unten im Dorf drei FreundInnen gefallen sind, als sie in einen Hinterhalt von Korucu geraten sind: Jîyan, Yekda und Ferhan. Ein vierter konnte sich retten. Sie waren gerade dabei, Lebensmittel aus einem befreundeten

Dorf zu holen. Ferhan war ein Verwandter von Berîvan Gap, sie hatten sich zusammen der Guerilla angeschlossen. Berîvan ist sehr betroffen, wie sehr hatte sie sich schon gefreut, ihn hier wiederzusehen. Die FreundInnen sind erbost und voller Hass. Auch ich kann nicht nachvollziehen, dass „Dorfschützer" unabhängig vom Militär zu solchen Aktionen fähig sind. In Uludere gibt es einige solche Dörfer, in denen sie als bezahlte Mörder des Staates gegen die Guerilla kämpfen. Die FreundInnen wollen Rache. Das würde die Gräben nur weiter vertiefen, denke ich. Am nächsten Tag findet eine Versammlung zum Gedenken an die gefallenen GenossInnen statt. Heval Rizgar spricht über Hakki Karer: „Der Vorsitzende hat über den Tod von Hakki Karer gesagt, sein Tod macht unseren Kampf so viel schwerer. Das unterscheidet unseren Kampf von den Jugendaufständen. Nachdem FreundInnen gefallen sind, kann niemand mehr nach Hause gehen und sagen, ‚ich gehe und heirate, lebe wie vorher', wir tragen die Verantwortung vor den gefallenen GenossInnen weiterzukämpfen. Sie haben die Last der Partei schwer gemacht. Wer von der Guerilla wegläuft, zum Feind läuft, begeht Verrat an diesen Gefallenen." Heval Rizgar spricht auch darüber, dass es eine Unterrichtsstunde für uns sei. Oft sagen wir: „Nur noch eine Stunde bis zum Punkt, lass uns ausruhen." Wegen einer Stunde setzten wir unser Leben aufs Spiel. Die FreundInnen wären ohne Späher losgegangen, mit der Haltung „Das ist unser Gebiet". Da wir uns an die einfachsten Regeln nicht halten, passieren solche Sachen. Die FreundInnen geben uns Fotoalben und Hefte der Gefallenen mit, die wir in der Pressestelle des Hauptquartiers abgeben sollen. Wir sehen uns die Fotos von Jîyan und Yekda an. Niemals werde ich begreifen, dass sie so plötzlich aus dem Leben gerissen wurden, dass die Freiheit mit so großen Verlusten erkämpft werden muss.

Nach einigen Tagen brechen wir auf, die Kuriere sind gekommen. Hatice hat eine Nachricht an Nalîn geschrieben, sie ist in Haftanîn. Wir werden Evîn und Kurdistan wiedersehen, mit ihnen zusammen zum Zap gehen. Wir wissen immer noch nicht, wo Ronahî ist, im Traum habe ich sie gesehen.

Zuerst müssen wir den Kelê wieder hinabsteigen. Der Weg ist steil und mein altes Knieproblem macht sich bemerkbar, eine

Qual. Wir durchqueren Hîlal, das Dorf kommt mir schon fast bekannt vor, gemessen an der Zahl von Freunden und Freundinnen, die hier geboren und aufgewachsen sind. Es muss ein sehr schöner Ort gewesen sein, überall stehen Obstbäume und Reben. In der Mitte des Dorfes fließt ein klarer Bach. Die einzigen Gebäude, die nicht zerstört sind, sind die Schul- und Verwaltungsgebäude, die der Staat errichtet hat. Wir passieren auch die Stelle, an der vor einigen Tagen die FreundInnen gefallen sind, ein Pferd liegt noch dort, aufgebläht und halb verwest. So schnell wir können verlassen wir diesen Ort des Schreckens.

Die Nacht wird hart. Der Aufstieg ist sehr steil und ohne ausgetretene Wege. Sîpan bleibt immer wieder zurück. Der verantwortliche Kurier beschimpft ihn und wirft ihm vor, absichtlich so langsam zu gehen. Schließlich befiehlt er, dass Sîpan seine Waffe und seinen Munitionsgürtel abgeben soll, er will sie hier verstecken und auf dem Rückweg wieder abholen. Aller Protest von uns nützt nichts, so eine Respektlosigkeit habe ich selten erlebt. Der Weg wird immer steiler, erst gegen Morgen erreichen wir die Stelle, an der wir bis zum Einbruch der Dunkelheit warten sollen. Wir dürfen uns nicht bewegen, aber daran denkt sowieso niemand mehr, wir fallen sofort in Tiefschlaf.

Nach einigen Tagen erreichen wir Haftanîn. Der Kurier wird mir in ewiger Erinnerung bleiben. Er behauptete die ganze Zeit, dass alle in Haftanîn nur auf ihn warten, damit sie die Grenze in den Kleinen Süden überqueren können, ein Wichtigtuer! Völlig unpassend auch sein Name Dîlovan – der Liebevolle. Einige Monate später hören wir dann, dass er desertiert ist. Meiner Meinung nach hat er damit der Guerilla einen großen Dienst erwiesen. Am Ökonomie-Punkt der Ökonomie treffen wir Leyla, die ich ganz am Anfang mal in Çîyayê Spi getroffen habe. Leyla Şoreşger, über den Namen regen sich immer alle auf: Leyla Revolutionärin. Berîvan sagt: Dann heiße ich Berîvan Partîzan. Das Krankenhaus ist noch ein Stück oberhalb, Leyla bringt uns zu einer Manga, in der ein von einer Mine verletzter Freund liegt, er hat viele Splitter im Körper und starke Schmerzen. Er ist Goyî aus Hîlal und bittet uns, Evîn und Kurdistan zu grüßen, die vor einigen Tagen zur YAJK aufgebrochen sind, sie sollen sich anstrengen und Einheitenkommandantinnen werden. Es gibt wenig Platz, ich schlafe zwischen Eiern und Milchdosen für die Verletzten. Morgens sehen wir auch die anderen verletzten FreundInnen: Jîyan, die einen Fuß verloren hat, Axîn, die eine Kugel im Bein hat, und Firaz, den ich aus Gabar kenne. Er ist schon wieder verletzt, diesmal hat er eine Kugel im Bauch! Leyla sagt, es hätte nicht mehr viel gefehlt und er wäre gestorben. Dünn ist er geworden, aber er strahlt und redet wie immer. „Ich gehe mit dir nach Deutschland", sagt er.

Berîvan erzählt über den Krieg in Haftanîn. Es war sehr hart, sagt sie, die Armee hat viele Depots von uns gefunden. Jetzt, wo sich die Armee zurückgezogen hat, ist auch die KDP zu ihren Stützpunkten zurückgekehrt. Jede Nacht greifen die Freunde an. Die KDP verlangt über Funk Unterstützung von der Türkei, erhält aber keine. Heval Hüseyin sagt, er hätte Ronahî noch vor 15 Tagen im Zap gesehen, sie wäre stark, als wäre sie hier groß geworden, lebendig sei sie. Wir gehen also dorthin, um sie zu treffen. Alle schlafen, wir haben einen langen Marsch vor uns, mindestens drei Tage bis zum Zap, ich muss an Ronahî denken, was sie jetzt schon alles mitbekommen hat, ist in eine Riesenoperation geraten. Jetzt, wo ich weiß, dass sie dort ist, bin ich motiviert zu laufen.

Von Haftanîn geht es weiter nach Metîna und dann zum Zap. Auf dem Weg treffen wir viele FreundInnen. Sie berichten von der größten Militäroperation in der Geschichte der Türkei, ganz Haftanîn war davon betroffen. Sie sei vollkommen ins Leere gelaufen. Die FreundInnen haben sich überall zurückgezogen, die Soldaten in Hinterhalte gelockt und ihnen so große Verluste zugefügt. Aus Rache hat die KDP, die an dieser Operation beteiligt war, ein PKK-Krankenhaus in Hewler (Erbil) und andere zivile Einrichtungen überfallen. Die FreundInnen dort haben sich so gut es ging verteidigt, als sie aber merkten, dass die Situation ausweglos war, haben sie sich mit Handgranaten selbst gesprengt. 82 FreundInnen sollen dort gefallen sein. Wir sind fassungslos über eine derart feige Racheaktion. Verletzte und ZivilistInnen anzugreifen, ist an Niedertracht kaum noch zu überbieten. Noch sind die Namen der Gefallenen nicht bekannt, aber es ist anzunehmen, dass auch Heval Zinarîn und Adar darunter sind, die beiden Verletzten auf Haftanîn.

Eine Gruppe von Freunden schließt sich uns in Metîna an, auch sie sollen ins Hauptquartier im Zap. Eigentlich waren sie auf dem Weg in den Kleinen Süden, aber im Moment hat die Armee ihre Kräfte dort zusammengezogen, so dass der Weg für größere Gruppen zu gefährlich ist. Einer, Heval Bawer, ist ein Spaßvogel. Als ich ihm erzähle, dass wir im Hauptquartier FreundInnen treffen wollen, die aus Deutschland kommen, und uns darauf freuen, etwas über die Lage dort zu hören, sagt er: „Wie soll die Situation sein? Es gibt Lebensmittel und Schuhe, keine Probleme." Solange die Guerilla über Lebensmittel und Schuhe verfügt, sind die meisten Probleme gelöst. Zu unserer Gruppe gehört jetzt ein Freund, der im Kampf schwere Augenverletzungen davongetragen hat und nur noch schemenhaft sieht. Jeder, der vor ihm geht, muss sich einen weißen Zettel an den Rücken heften, damit er sich orientieren kann. Trotzdem läuft er ohne zu klagen, obwohl er oft hinfällt. Von Garzan ist er durch ganz Botan bis an die syrische Grenze gelaufen, um dann wieder zum Hauptquartier umzukehren.

Hinter Metîna geraten wir beinahe in einen Hinterhalt. Plötzlich ruft direkt vor uns eine Stimme: „Kî ye?" – wer ist da? Sofort spritzen wir alle auseinander, es ist stockduster. Zunächst kehren wir wieder um. Wir vermuten, dass die KDP dort eine Patrouille aufgestellt hat. Warum haben sie dann nicht geschossen? Waren sie sich nicht sicher oder hatten sie als Söldner kein Interesse an einer Auseinandersetzung? Bei der Dunkelheit konnten sie ja nicht sehen, dass ein großer Teil unserer Gruppe verletzt und unbewaffnet war.

Noch eine Woche bis zum 15. August, hoffentlich sind wir bis dahin im Zap. Zinarîn hat ein Foto von Rûken aus Südkurdistan, beide in Zivilkleidung, Eiscreme!!! in der Hand. Rûken soll auch auf dem Weg ins Zap-Gebiet sein.

Auf dem weiteren Weg treffen wir noch viele Freundinnen und Freunde. Vor Metîna erwartet uns eine Gruppe, um uns bei der Überquerung des Flusses Habur zu helfen. Sie haben uns

Honigmelonen mitgebracht. Sie müssen gewusst haben, dass uns die Zunge am Gaumen klebt, weil wir seit vielen Stunden kein Wasser gefunden haben. Für die Überquerung des Flusses haben sie eine relativ niedrige Stelle ausgesucht. In Gruppen fassen wir uns an den Händen, damit niemand weggespült wird. Schuhe und Strümpfe behalten wir an, wegen der Steine im Flussbett.

Noch vor dem Morgengrauen erreichen wir das Lager des Bataillons von Heval Celal. Wir sind vom Laufen nassgeschwitzt und die Strümpfe sind noch nicht getrocknet. Obwohl wir uns ganz eng beieinander schlafen legen, wird uns nicht warm. Am nächsten Morgen ordnet Heval Celal eine Versammlung an. Jede Freundin wird befragt, wo sie her kommt und mit welchem Ziel sie losgeschickt wurde. Ausführlich lässt er sich aus allen Gebieten berichten, dann bringen die Freunde Tee und Reis. Den Tag verbringen wir an einem wilden kleinen Fluss, wo wir unsere Wäsche waschen und uns ausruhen.

Nachts geht es weiter. Wir arbeiten uns ins Hochland vor. Als wir die höchste Stelle erreichen, beginnt gerade der Sonnenaufgang. Wir sehen schon das Zap-Gebiet. In dem Dorf, das ich schon von meinem Weg nach Botan kenne, dürfen wir uns verteilen, um Obst einzusammeln. Ich pflücke nur einige Trauben, ich bin einfach zu müde. Wie so oft, dauert es viel länger als geplant, bis sich alle wieder eingefunden haben. Einige Freunde gehen in ein nahe gelegenes Depot, um Schuhe und Strümpfe zu holen. Sîpan ist den ganzen Weg mit zu kleinen Schuhen gelaufen und ist heilfroh, endlich passende Schuhe zu bekommen. Alle bekommen ein paar neue Socken. Dann geht es weiter, den nächsten Berg hoch. Oben am Grat müssen wir uns vorsichtig bewegen, denn es heißt, der Feind hat nicht weit entfernt einen „Laserpanzer“ stationiert. Gemeint ist wahrscheinlich ein Panzer mit Infrarotfernrohren, der auch im Dunkeln Bewegungen erkennen kann und eine hohe Treffsicherheit aufweist. Dass die türkische Armee in dieser Berggegend über derartige Waffensysteme verfügt, mit denen sie sogar in tiefster Nacht noch sehen können, kommt mir vollkommen irreal vor. Genau das ist aber der Fehler, immer wieder gibt es Verletzte und Tote, weil wir diese reale Gefahr nicht ernst nehmen.

Endlich kommen wir am Cudîtepe an, die Männer werden dort bleiben, während die Frauen zum nahe gelegenen YAJK-Hauptquartier gehen werden. Dieses Gebiet kenne ich gut von unserem militärischen Unterricht vor zwei Jahren, obwohl sich viel verändert hat und die Einheiten jetzt an anderen Punkten untergebracht sind. Mit einer Seilbahn überqueren wir den Zapfluss. Es wird schon wieder dunkel, und dieses Seitental kennt keine von uns. Streckenweise sind wir unsicher, ob wir wirklich die richtige Richtung eingeschlagen haben, so abenteuerlich ist der Weg entlang der steilen Felsen. An einer Stelle müssen wir über Baumstämme balancieren, die zwei Felsen miteinander verbinden. Als wir den Fluss überqueren, reißt Sosin aus Kerboran mich fast ins Wasser, weil sie in der Mitte plötzlich Panik bekommt und umdrehen will. Ich bin sauer, sie lacht, Sosin kann man nicht böse sein. Als wir endlich das Lager erreichen, schlafen alle bis auf die Wachen. Schade, Ronahî, die deutsche Freundin, soll hier sein. Ich kann es kaum noch erwarten, sie zu treffen, den ganzen Weg über habe ich nur an sie gedacht und jetzt schläft sie schon.

Da Ronahî noch nicht so lange in Kurdistan ist, erhoffe ich von ihr auch Neuigkeiten zu hören, Nachrichten aus dem Land, das wir vor mehr als zwei Jahren verlassen haben und zu dem wir seitdem nur noch Kontakt über die Deutsche Welle hatten. Vor Aufregung kann ich die ganze Nacht nicht schlafen, obwohl wir so lange gelaufen sind. Morgens ist es endlich soweit. Ronahî und ich fallen uns in die Arme. Mit einer Frau reden zu können, die aus der gleichen Gesellschaft kommt und mit ähnlichen Schwierigkeiten zurechtkommen muss, ist wunderbar. Stundenlang erzählen wir uns unsere Erfahrungen und Erlebnisse, Tränen fließen, weil so vieles, was lange weggerückt wurde, sich jetzt seinen Weg an die Oberfläche bahnt. Vom YAJK-Hauptquartier erhalte ich die Erlaubnis, dass ich in Ronahîs Manga ziehen kann, während meine Freundinnen aus Botan zu einem anderen Punkt gehen werden, an dem der Kader-Unterricht für die Kommandantinnen stattfinden wird. Hier im Hauptquartier hält sich nur eine Einheit Jugendliche auf, die speziellen Unterricht erhält. Ronahî gibt ihnen Schwimmunterricht. Am Vormittag kann ich gleich zusehen. Es erstaunt mich, wie ungezwungen die Freundinnen sich bewegen, in T-Shirt und Unterhosen plantschen sie im Wasser herum, und das bei der tief sitzenden Schamhaftigkeit in der kurdischen Gesellschaft. Ich selbst habe in den letzten beiden Jahren kaum ein unbekleidetes Frauenbein gesehen, kaum mal meine eigenen Beine. Fast komme ich mir vor wie in einem Ferienlager. Die Freundinnen haben sich an jedem Mangaplatz aus Steinen Tische und Bänke gebaut. Die Kommandantinnen der YAJK sind Heval Helîn und Heval Jîyan. Nur kurz reden sie mit den Freundinnen, die aus Botan gekommen sind. Das macht mich sehr nachdenklich. Ich nehme mir vor, bei Gelegenheit länger mit ihnen zu reden. Schließlich sind sie verantwortlich für die gesamte YAJK-Koordination und sollten neugierig sein zu erfahren, was in anderen Gebieten vor sich geht. Bessere Informantinnen als die Freundinnen, die jetzt aus allen Gebieten gekommen sind, werden sie nirgends finden. Aber vielleicht werden ja noch ausführliche Gespräche stattfinden. Nach einigen Tagen bitte ich um Erlaubnis, die Freundinnen besuchen zu dürfen, vor allem auch, weil ich gehört habe, dass Evîn und Kurdistan dort sind. Es ist nicht weit, der Weg folgt dem Flusslauf, der früher von Dörfern gesäumt gewesen ist. Oberhalb des Flusslaufes treffe ich die Freundinnen wieder. Evîn und Kurdistan sind hier, berichten von der Operation in Haftanîn im Frühjahr. Helîn ist da, die mit uns letztes Jahr aus Botan gekommen ist, sie alle sind erst vor kurzem im Zap eingetroffen, aus dem ‚Drei-Monate-Schulung-und-dann-zurück-nach-Botan' ist also nichts geworden, da sie bisher damit beschäftigt waren, Lebensmittel für sich und das Lager der Jugendlichen zu besorgen.

Heute aber soll der Unterricht beginnen und ich beschließe, daran teilzunehmen. Es ist Bermal von der DHP, die den Unterricht veranstaltet. Ich kenne sie aus der Parteischule. Der Unterricht behandelt das Verhältnis von „Kunst und Handwerk". Es folgen eine Menge Namen von Künstlern, Musikern, Bauwerken, ein Rundumschlag durch die Kunstgeschichte. Viele hören diese Namen zum ersten Mal und mir kommt es ein bisschen absurd vor, aber dies ist ja erst die erste Stunde, deshalb sollte ich mir noch kein Urteil erlauben. Meine Vorstellung über den Unterricht ist, dass die Freundinnen hier das Parteileben und vor allem sich selbst, die eigenen Schwächen und Stärken besser kennen lernen sollten. Evîn, Sosin, Helîn, Faraşîn sind die stärksten Frauen, die ich je kennen gelernt habe. Wenn sie besser lernen, die Methoden und Prinzipien der Partei anzuwenden, werden sie als Kommandantinnen die stärkste Waffe der Frauenarmee werden. Für einige von ihnen ist es das erste Mal, dass sie Gelegenheit haben, nur unter Frauen Unterricht zu erhalten.

Am nächsten Tag gehen wir zurück zum YAJK-Hauptquartier, das in einem tiefen Tal liegt. Es hat fast den ganzen Tag Schatten, was sehr angenehm ist, gleichzeitig fühlt man sich aber auch gefangen. Ich freue mich, dass Evîn mitkommen darf. Wir haben viel zu reden. Viele Stunden reden wir über das vergangene Jahr. Evîn ist etwas enttäuscht, dass man sie in den Süden geschickt hat, damit sie am Unterricht teilnimmt, sie die Zeit aber hauptsächlich damit verbracht hat zu warten oder das Leben zu organisieren.

Ronahî und ich wollen um die Erlaubnis bitten, zum Hauptquartier auf dem Cudîtepe zu gehen. Während ich bei der Unterrichtseinheit war, ist Sîpan hier gewesen und Ronahî und er haben entschieden, dass es das Beste wäre, wenn wir etwa einen Monat Zeit hätten, um gemeinsam unsere bisherige Zeit bei der Guerilla auszuwerten und über Perspektiven des Kampfes für Internationalistinnen hier und in Europa zu diskutieren. Nach wenigen Tagen erhalten wir die Erlaubnis, zum Hauptquartier zu gehen. Obwohl ich mehrmals betone, dass ich den Weg kenne, werden noch zwei junge Freundinnen mitgeschickt, die uns begleiten sollen.

Dort angekommen, richten Ronahî und ich uns eine eigene Manga her. Essen holen wir gemeinsam mit der Pressemanga, der einzigen anderen Frauenmanga hier im Hauptquartier. Ich kenne einige von ihnen. Özgür war mit uns zusammen auf der Frauenkonferenz, Rojbîn war 1995 in der Parteischule.

Nach einigen Tagen kommt auch Rûken! 1½ Jahre habe ich sie nicht gesehen. Sie beginnt zu erzählen, von ihrer Zeit in den Städten in Südkurdistan und ihren Erfahrungen im Flüchtlingscamp. Sie hat ganz andere Seiten des Guerillalebens kennen gelernt als ich.

Wir machen uns einen Arbeitsplan, einen Monat lang wollen wir die vergangenen zwei Jahre auswerten, Perspektiven für unsere Rückkehr nach Deutschland erarbeiten, einschätzen, was uns dort erwartet. Gleichzeitig nehmen wir natürlich am Alltag des Hauptquartiers teil. Wie eine normale Manga werden wir zum Essenkochen oder Brotbacken eingeteilt.

Im Hauptquartier gibt es einen Fernseher, auf dem abends die Nachrichten vom kurdischen Sender Med-TV übertragen werden. Ich sehe Bilder vom großen kurdischen Widerstandsfest in Köln, Bilder von Aktionen der kurdischen Bevölkerung überall auf der Welt. Die Bilder erschrecken mich, Straßen, Menschenmengen, Technik. Es wird schwer sein, sich in dieser Realität wieder zurechtzufinden. Nach einigen Tagen gehe ich abends nicht mehr zum Fernsehen, nur noch, wenn der Parteivorsitzende redet.

Unsere Diskussionen sind sehr intensiv. Wir alle geben eine umfangreiche Selbstkritik ab, wir wollen versuchen, die Zeit in den Bergen auszuwerten, aber auch das, was uns in Europa erwartet. Meine Selbstkritik konzentriert sich vor allem darauf, dass ich nicht den Punkt gefunden habe, mich einzumischen. In der ersten Zeit in der Guerilla habe ich bewusst erst mal nur zugeschaut, dachte, es ist besser, nicht gleich alles zu bewerten, sondern zu versuchen, das ganz andere Leben hier zu verstehen. Aber im Grunde habe ich es in der ganzen Zeit nur punktuell geschafft, mich und meine Erfahrungen einzubringen. Die FreundInnen bezeichnen das als „gundîleşme", in den Tag hineinzuleben, die dörfliche Art Botans anzunehmen. Die Verbindung zu Europa ist immer weiter in die Ferne gerückt. Einerseits finde ich es nach wie vor richtig, anzukommen und nicht immer davon auszugehen, man wäre ja nur auf Zeit hier und würde irgendwann nach Europa zurückgehen. Anerkannt zu werden und nicht als Gast betrachtet zu werden, war mir wichtig. Andererseits habe ich eben wie viele andere FreundInnen aus den westlichen Metropolen zu wenig versucht, die Diskussion auf Themen außerhalb des Guerillaalltags zu lenken. Meine Emotionalität habe ich nur zum Teil überwunden. Viel zu oft habe ich auf kleine Ungerechtigkeiten im Alltag viel zu heftig oder beleidigt reagiert, statt Distanz zu suchen und die dahinter liegenden Gründe zu analysieren und im offiziellen Rahmen zu kritisieren.

Nach zwei Jahren in der Guerilla ist jetzt der Punkt erreicht, an dem wir uns an das Leben gewöhnt haben und angekommen sind. Wir haben nicht mehr so große Probleme mit der Sprache und dem Alltag. Die meisten Neuankömmlinge werden im Falle militärischer Auseinandersetzungen sofort zurückgezogen. In Botan war der Rückzug meist nicht möglich, deshalb hielten wir uns mehr als einmal mitten in den Zentren der Kriegshandlungen auf, wenn auch nicht als Teil der Angriffsgruppen. Trotzdem sind wir mehrmals damit konfrontiert gewesen, dass GebietskommandantInnen uns bei großen Operationen in die Rückzugstruppe schicken wollten und es auch getan haben. Vermutlich wäre vieles anders verlaufen, wenn wir uns entschieden hätten, für immer zu bleiben, aber so gab es immer die Option, dass wir nach Europa zurückgehen werden, um dort Aufgaben zu übernehmen. Deshalb wollte man uns besonders schützen.

Ich bin der Ansicht, dass es für mich eine richtige Entscheidung war, nach Botan zu gehen. Die Erfahrung von Solidarität und kollektivem Handeln, von der Wärme und Liebe, die die FreundInnen sich gegenseitig geben, die Erfahrung, die eigenen Grenzen immer wieder überwunden zu haben und zu wissen, dass man alles schaffen kann, ist sehr wichtig für mich. Daher rate ich auch Ronahî und allen, die nachkommen werden, aufzupassen, dass sie nicht immer im Hauptquartier festgehalten werden, wo immer eine Sondersituation herrscht, und sich entschlossen gegen einen Sonderstatus zur Wehr zu setzen. Natürlich ist auch das wieder ein Privileg. Normalerweise werden die FreundInnen in das Gebiet geschickt, das die Leitung für sie als passend vorsieht. Aber wenn ich nicht selbst mit Nachdruck vorgeschlagen hätte, nach Botan zu gehen, hätte ich vermutlich hauptsächlich Unterricht in Hauptquartieren erfahren.

Ich habe große Angst davor zurückzukehren. Nur wenige EuropäerInnen hatten bisher die Chance, die PKK und ihr Herz, die Guerilla, kennen zu lernen. Das bedeutet eine große Verantwortung. Wir sind nicht als Einzelpersonen hier, sondern als VertreterInnen der Linken in Deutschland, auch wenn unsere Entscheidung hierher zu kommen eine individuelle gewesen ist. Jetzt heißt es, diese Erfahrungen zu kollektivieren, anderen ihren Kern zu vermitteln, die Methoden und Prinzipien der PKK.

Ronahî ist eine sehr beeindruckende Persönlichkeit, eine Kämpferin. Sie ist sehr begeistert von den neuen Erfahrungen hier. Besonders mit dem Vorsitzenden der PKK, Abdullah Öcalan, den sie in der zentralen Parteischule kennen gelernt hat, fühlt sie sich sehr verbunden. Vor allem, dass er dem Aufbau der Frauenarmee eine derartig große Bedeutung zumisst und ihn sehr unterstützt, hat sie beeindruckt. Hier bei der Guerilla will sie vor allem Dinge lernen, von denen sie glaubt, dass sie später in Europa nützlich sein könnten. Ich glaube nicht, dass das so funktioniert. Auf das Leben in der Guerilla muss man sich voll und ganz einlassen, eine distanzierte außen stehende Position hindert nur daran, das wirklich Schöne und Wertvolle des Kampfes zu erfahren. Im Gegensatz zu mir sollte sie allerdings versuchen, sich mehr einzubringen. Sie ist weit herumgekommen, hat viele wertvolle Erfahrungen auch in anderen Kämpfen gesammelt, die sie den FreundInnen vermitteln kann. Die KurdInnen neigen dazu, sich zu verabsolutieren, sich alleine gegen den ganzen imperialistischen Machtblock zu sehen. Sicher, sie erfahren vor allem in den Metropolen wenig Unterstützung, aber es gibt ja auch noch andere Kämpfe auf dieser Welt: Sri Lanka, Kolumbien, Mexiko, um nur einige zu nennen, Ronahî hat einige von ihnen kennen gelernt.

Ronahî vermutet, dass die Angriffe auf uns sehr hart sein werden, nicht nur von Seiten des Staates, sondern auch von der so genannten Linken. Sie geht davon aus, dass die Linke in der BRD, gefangen in ihrer Niederlagenhaltung, nichts Besseres zu tun haben wird als sich auf uns zu stürzen und zu zerfleischen.

Die vielen Niederlagen, die die Linke in der BRD erfahren hat, haben dazu geführt, dass nicht mehr an die Kraft des Kampfes geglaubt wird. Wir trauen uns nicht mehr zu, dieses System aus den Angeln zu heben, kaum jemand glaubt an die Möglichkeiten des revolutionären Kampfes. Die Metropolenlinke kann sich nicht vorstellen, dass sie von den Befreiungsbewegungen lernen kann. Sie glaubt, nur sie allein wäre in der Lage, die ideologische

Führung zu übernehmen, und kann es nicht ertragen, dass andere einen Kampf führen, wo sie selbst längst kapituliert hat. Sie wird jeden anderen Kampf aus ihrer chauvinistischen Haltung heraus niedermachen. Mit dieser Haltung werden wir genau wie die KurdInnen konfrontiert sein, trotzdem hoffe ich, dass wir vor allem Jüngere, die die Niederlage nicht verinnerlicht haben, erreichen und für eine internationalistische Haltung gewinnen können.

Die Zeit mit Ronahî ist sehr intensiv. Nächtelang diskutieren wir, stellen viele Gemeinsamkeiten in unserer Geschichte fest. Vor allem unsere Bilanz der Erfahrungen im Geschlechterkampf innerhalb der deutschen Linken fällt niederschmetternd aus. Eine Tatsache, dass wir nicht selten selbst diese Strukturen gestützt haben. Die YAJK hat uns in vielen Punkten die Augen geöffnet. Innerhalb der Linken fehlen uns klare Kriterien dafür, wie Frauen und Männer zusammen kämpfen können und sich bei einer Entwicklung nicht gegenseitig im Weg stehen.

Heval Sosin ist am Hauptquartier eingetroffen: Sie erzählt von der großen Guerillaaktion in Hakkarî, bei deren Vorbereitung ich noch in Beytüşşebab war. Drei Bataillone haben daran teilgenommen, eine aus Faraşîn, eine aus Hakkarî selbst und dann noch die bewegliche Einheit von Heval Hasan. Heval Sosin erzählt, dass unsere alte Einheit von Şoreş auch Aktionen gemacht hat.

Vier Freundinnen sind aus Garzan gekommen, eine, Rojhîlat aus Afrîn, ist schon seit 1989 in der Guerilla.

In der Pressestelle liegt ein Tagebuch eines toten Soldaten. Es sind Fotos drin, von allen seinen Kameraden, alle sehen abstoßend aus, die meisten völlig verfettet, vermutlich von den ganzen Süßigkeiten. Alle kurz geschoren ohne Schnurrbärte, sie wollen wohl gerne so sein wie diese Vietnam-Rambos. Die meisten sind Jahrgang 75/76. Er hat Fotos von seinen Kollegen, alle mit martialischem Blick in Tarnkleidung, in dem Buch. Ein Foto, auf dem alle mit schwarzer Farbe camoufliert im Gesicht sind, im Schnee – da hätten sie sich besser weiß angemalt. Mir ist jedenfalls ganz schlecht, als ich das Buch durchgeblättert habe, was wohl zum Teil auch daran liegt, dass es stark parfümiert ist. Naja, diese jungen Typen kriegen schon gesagt, wo es langgeht. Machen sie nicht freiwillig mit, geht es ihnen sicher schlecht. Als bezahlte Killer oder Lockvögel auf irgendwelchen Bergen im wilden Kurdistan, da brauchen sie schon eine Ideologie um das durchzuhalten. Der Soldat hieß Erkan Akgöl aus Serhat, vermutlich auch Kurde.

Es geht das Gerücht um, dass eine Operation bevorsteht. Rûken, Ronahî und ich sollen wieder zum YAJK-Hauptquartier gehen, Sîpan bleibt auf dem Cudîtepe.

Herbst 1997, Operation im Zapgebiet

Bei der YAJK findet eine Neuverteilung statt. Ronahî ist sehr aufgeregt, sie soll mit Heval Zeyneb zum Tepe Bihar gehen, wo mit dem Beginn der Auseinandersetzungen gerechnet wird. Es wird ihre erste Teilnahme in einer kämpfenden Einheit sein. Die Verabschiedung geht sehr schnell, eine Umarmung, schon ist sie weg. Rûken und ich warten noch einen Augenblick, dann geht auch unsere Gruppe los. An der Krankenhaushöhle treffen wir auf andere Gruppen. Auch die Kranken und Verletzten müssen das Zaptal verlassen. Ich sehe Heval Egîd wieder, der mit uns in der Parteischule war, auch er ist am Arm verletzt. Das geht noch, viele sind an den Beinen oder Füßen verletzt und es sind nicht genug Maultiere vorhanden, um alle zu transportieren. Die Lösung dieses Problems erfahren wir nicht mehr, wir müssen weiter. Zuerst geht es mit einer Seilbahn über den Fluss, dann am Steilufer auf der anderen Seite entlang. Wir steigen durch ein enges bewaldetes Tal bergauf, an einem Bach entlang, überall sind alte Lagerplätze zu erkennen und als wir oben ankommen, ist es schon dunkel. Zum Schlafen legen wir uns einfach irgendwo hin. Am nächsten Tag werden wir ja sehen, wo wir uns genau befinden und ob auch schon andere YAJK-Züge hier oben angekommen sind. So ist es dann auch. Falsch war allerdings die Einschätzung, dass diese Gegend hier von der Operation verschont wird. Immer wieder müssen wir wegen der Luftangriffe in die Höhlen flüchten, offensichtlich ist genau dieses Gebiet das Zentrum der Operation. Deshalb wird noch einmal eine Neuverteilung organisiert, zumal relativ viele Freundinnen über wenig Kampferfahrungen verfügen. Der größte Teil wird auf die umliegenden kämpfenden Einheiten verteilt, eine Gruppe soll sich in ein Gebiet zurückziehen, in dem keine Kämpfe erwartet werden. Unsere Gruppe geht gleich los, Rûken bleibt leider zurück.

Wir überqueren einen Kamm. Als wir die andere Seite erreichen, beginnt ein Luftangriff. Der Berg ist hier oben wie ein riesiger Kessel und wir befinden uns schutzlos irgendwo in der Mitte. Wir flüchten uns an einige Felsen. Dort treffen wir auf die Taxim von

Evîn. Am liebsten würde ich hier bleiben, denn in meiner Gruppe kenne ich keine, vor allem, wenn ich die Kommandantin kenne, ist mir viel wohler, aber wir müssen weiter. Unser Ziel ist Kurê Jahro, ein mächtiger Berg, dessen Spitze, wie man von hier gut erkennen kann, von Jets umkreist und bombardiert wird. Rauchwolken steigen auf. Sie scheinen sich auf eine bestimmte Stelle zu konzentrieren. Es ist die KDP, sagen die Freundinnen, die dort angreift. Aus der Luft werden sie von türkischen Jets unterstützt. Bei dem Gedanken, dass wir in diese Hölle da oben hoch sollen, wird mir ganz mulmig.

Nachts erreichen wir einen Lagerplatz unterhalb des Kurê Jahro. Obwohl es mitten in der Nacht ist, schläft hier keine. Heval Sozdar, meine Kommandantin aus Botan, ist auch hier, inzwischen ist sie wieder in der Führung der YAJK. Ich freue mich, sie zu sehen. Sie teilt mich noch einmal in eine andere Gruppe ein, in der glücklicherweise viele Bekannte aus Botan sind. Heval Sozdar kennt mich lange, sie weiß, dass ich immer eine Weile brauche, um mich in einer Gruppe gut einzuleben. Für die Freundinnen aus Botan bin ich keine Exotin mehr, sondern eine von ihnen, das macht es für mich wesentlich leichter. Bald geht es weiter. Solange es dunkel ist, müssen wir unser Ziel erreicht haben. Stundenlang geht es steil bergauf. Ein Geächze und Gestöhne. Oben angekommen wird uns ein Platz zugewiesen, wo wir erst einmal mangaweise Feuer machen, um uns aufzuwärmen. In unserer Gruppe sind viele Freundinnen, die ich seit langem kenne, Faraşîn, Şîlan, Ayten, die ich aus Haftanîn kenne, Aysel, die ich im Hauptquartier kennen gelernt habe. Taximkommandantin ist Berîvan Gap, mit der ich aus Botan gekommen bin. Ich komme in die Manga von Heval Şînda. In einem der beiden Männerzüge, die mit uns zusammen eine Einheit bilden, ist auch Sîpan, das ist wirklich ein Zufall. Er erkundigt sich natürlich gleich, wo Ronahî und Rûken sind.

Auf dem Kurê Jahro befinden sich mehrere Einheiten. Eine ist ganz vorne und kämpft gegen die Peşmerga der KDP, die anderen sind weiter hinten für die Versorgung der Tabur verantwortlich. Ich frage mich, wie es für die kleine Sozdar ist, denn ihr Vater ist Kommandant in der KDP. Sozdar ist erst 15, aber überragt alle anderen, groß und schlank ist sie, mit ihren kurzen Haaren sieht sie aus wie ein Junge. Wenn sie redet, wird aber sofort klar, dass sie ein Mädchen ist, sie hat eine sehr helle Stimme. Ob sie daran denkt, dass vielleicht ihr Vater oder andere Verwandte auf der anderen Seite der Front stehen? Als ich sie frage, lacht sie und erzählt, wie sie zur Guerilla gekommen ist. Außerhalb ihres Dorfes hat sie einige Freunde getroffen. Einer trug eine Tarnweste, für die hat Sozdar sich begeistert. Wenn sie mitkäme, würde sie auch so eine bekommen, antwortete der Tarnwestenträger. So ist Heval Sozdar zur Guerilla gekommen. Als sie später Heimweh bekam, hat man ihr gesagt, dass sie jetzt eine Guerilla sei. Erst hat sie geweint, aber dann hat sie es akzeptiert, sich die langen Haare abgeschnitten und in die neue Rolle eingelebt. Immer mehr Frauen aus dem Großen Süden schließen sich der ARGK an. Zurück will sie jetzt nicht mehr, sagt sie lachend.

Am nächsten Morgen heißt es, dass die FreundInnen die KDP-Stellungen eine nach der anderen eingenommen haben, aber dabei ist ein Freund auf eine Mine getreten. Er wird ins Tal hinuntergetragen, sicher hat er sehr starke Schmerzen. Alles, was die KDP liegen gelassen hat, wird eingesammelt und an die Einheiten verteilt. Es sind Konserven, Töpfe und vieles mehr. Die KDP kämpft unter ähnlichen Bedingungen wie wir, ganz im Gegensatz zur türkischen Armee. Auch sie sind Kurden, kochen ihren Tee wie wir, haben Töpfe dabei, in denen sie ihren Reis kochen, während die türkischen Soldaten nur von dem abgepackten Zeug leben, das die Transporthubschrauber ihnen bringen. Sozdar erzählt, dass die KDPler aus verschiedenen Stämmen kommen. Sie sind Söldner, kämpfen für Geld, das reichlich aus den USA und Europa fließt. Viele von ihnen sind daher nicht besonders motiviert und suchen bei der ersten brenzligen Situation das Weite. Aber es gibt auch einige Stämme, für die der Kampf eine Frage der Ehre ist und die bis zum letzten Mann kämpfen. Unsere gestrigen Angreifer gehören offensichtlich nicht zu der letzten Kategorie. Sie haben viele Verluste erlitten und der Kampf auf dem Kurê Jahro ist vorerst zu unseren Gunsten entschieden. Unsere Kräfte werden aus dem Hauptquartier über Funk beglückwünscht. Der Plan uns einzukreisen ist gescheitert. Auf den Bergen um uns herum gehen die Auseinandersetzungen allerdings weiter. Vor allem auf dem Tepe Bihar schlagen ständig Mörsergranaten ein. Es ist einfach grässlich nicht zu wissen, was dort vor sich geht. Ronahî ist auch dort.

Nachts müssen wir hinunter ins Tal, um Wasser zu holen, denn oben auf dem Berg gehen unsere Vorräte zur Neige. Bergab geht es relativ schnell, aber der Weg ist weit. Auf dem Rückweg verlieren wir den Pfad und klettern mit den schweren Kanistern durch die Büsche. Es ist steil und sehr anstrengend. Ein Freund spendiert eine Runde Zigaretten. Eigentlich ist es ja immer noch verboten zu rauchen, aber die Männer halten sich kaum daran. Völlig durchgeschwitzt, aber guter Dinge erreichen wir im Morgengrauen unsere Einheit.

Auch auf dem Kurê Jahro ist der Kampf noch nicht zu Ende. Diesmal greift eine türkische Spezialeinheit unsere Stellungen an. Unsere Einheit wird weiter nach vorne gehen. Heval Sozdar, die jetzt für alle Frauenzüge zuständig ist, stattet uns einen Besuch ab. Sie verbietet, nachts Feuer zu machen, damit unsere Plätze nicht lokalisiert werden können. Sie gemahnt uns eindringlich, uns bei Angriffen aus der Luft sofort in sichere Felsspalten und Höhlen zurückzuziehen, die hier oben glücklicherweise ausreichend vorhanden sind. Mörsersplitter und kleinere Bomben können uns deshalb nicht viel anhaben, so zumindest meine bisherige Erfahrung. Kobras setzt die türkische Armee seit einiger Zeit nur noch sehr zögernd ein, da die Guerilla über neue Flugabwehrraketen verfügt und damit vor einiger Zeit einige Hubschrauber abgeschossen hat. Wirklich Angst machen mir die Bomben, die die FreundInnen Kazan (Kessel) nennen. Sie sind tonnenschwer und reißen große Krater in die Erde. Bei Bombardierungen müssen alle ihre Handgranaten in sicherer Entfernung ablegen, denn die Druckwelle kann eine Handgranate zum Explodieren bringen. Oft sind die Jets so schnell da, dass wir sie erst hören, wenn sie direkt über uns sind. Dann rennen wir in unsere Verstecke, warten und hoffen, dass sie ihre Last nicht über uns abwerfen. Wenn die Bomben fallen, sehen wir vor unserem geistigen Auge, wo sie genau hinfallen, und überlegen, ob dort eine Einheit von uns sein könnte. Das ist eine nicht zu unterschätzende psychologische Wirkung, wir sollen uns klein und machtlos fühlen, weil sie ja die große Technik haben, die Luft beherrschen. Im Grunde aber erreichen sie mit den Jets rein gar nichts.

Faraşîn und Şîlan kündigen bei der Versammlung an, dass sie beim nächsten Angriff mitgehen wollen. Heval Sozdar entgegnet, dass es keinen Grund gibt, sich zu beweisen. Die YAJK habe in den letzten Jahren gerade ein paar Kader ausgebildet, die ihre Rolle spielen können, und im Übrigen sei der Angriff nicht immer die wichtigste Aufgabe.

Einige tiefe Höhlen sind entdeckt worden, in denen noch Schnee vom letzten Jahr liegt. Adar und ich werden eingeteilt, um Schnee zu holen – ein Segen, denn jetzt müssen wir nicht mehr ins Tal hinunter. In der Höhle sind schon einige FreundInnen von anderen Einheiten bei der Arbeit, wir teilen uns ein. Einige trauen sich nicht, den glitschigen Weg nach unten zu klettern, so bleiben sie oben und ziehen mit Şutiks die mit Schnee gefüllten Säcke nach oben. Die anderen schneiden unten mit Messern und Gewehrreinigungsstangen große Blöcke aus dem steinharten Schnee. Es ist eine mühsame Arbeit. Nach Stunden haben wir für alle genug zusammen. In unseren Kefîyes oder Säcken packen wir uns das nasse Zeug auf den Rücken, und es geht zurück zu den Einheiten. Als wir ankommen, sind wir durch und durch nass, von außen und innen. Hier oben gibt es kaum Holz, nur einige verwachsene Büsche und trockene Kräuter.

Auf dem Rückweg hat Adar eine Freundin getroffen, mit der sie zusammen in Serhat gewesen ist. Von ihr bekommt sie ein Foto ihrer jüngeren Schwester Şîlan, nachdem Adar sie eine halbe Stunde beschwatzt hat. Adar und Şîlan haben sich gemeinsam der Guerilla angeschlossen, waren einige Jahre zusammen in Serhat und sind erst seit ein, zwei Jahren getrennt.

Als wir am Feuer sitzen, fängt Adar plötzlich an zu schreien, als wäre sie wahnsinnig geworden. „Was ist los?", fragen alle. „Guck mal das Foto", heult Adar. Auf dem Foto sind mehrere Freundinnen zu erkennen, die Dîlan tanzen, es ist eine alte Aufnahme, überbelichtet, zerkratzt, man erkennt kaum was. Über mehreren Personen sind mit Kugelschreiber kleine Pfeile eingezeichnet, auf diese Weise werden die Gefallenen gekennzeichnet.

„Über Şîlan ist auch ein Pfeil", schreit Adar, „sie ist gefallen, wieso hat man es mir nicht gesagt?" Alle reden auf Adar ein, es sei bestimmt ein Irrtum, sicherlich hätte sie es längst gehört, wenn Şîlan gefallen wäre. Adar kann sich nicht beruhigen, sie weint hemmungslos. Stundenlang sitze ich bei Adar, sie erzählt mir von Şîlan, über ihr Zuhause, über die Region Ararat, über die ersten Jahre im Gebiet Serhat, über ihre Kindheit und Jugend in einem bürgerlichen Elternhaus, wo es ihr an nichts fehlte.

Die Dunkelheit bricht herein und wir müssen aufbrechen. In einer langen Kette ziehen wir los, den geschmolzenen Schnee tragen wir in Kanistern mit uns. Immer wieder müssen wir uns in Felsspalten kauern, weil Jets über uns kreisen. Bei jedem Kamm, den wir überqueren, gehen wir in großen Abständen zueinander, denn Kugeln pfeifen über unsere Köpfe. An einem Punkt in einer Senke schlagen wir unser Lager auf, wir sammeln trockene Kräuter, auf denen wir uns hinlegen werden, um zu schlafen. Berîvan kommt von einer Versammlung der KommandantInnen zurück. Faraşîn, Adar und sie werden nach vorne gehen, um im Morgengrauen zusammen mit dem Zug von Evîn die türkische Spezialeinheit anzugreifen. Wir geben ihnen unsere besten Sachen. Ich gebe Adar meine Schuhe, ihre sind ganz kaputt, Adar gibt mir ihre Uhr und ihre Schere. Faraşîn ist aufgeregt und sprüht vor Energie. Sie singt für uns das Lied über Şehîd Mordem, der im Frühjahr 1995 im KDP-Krieg gefallen ist. Faraşîn schwärmt sehr für ihn.

Nachts um drei gehen die Freundinnen der Angriffsgruppe los. Kurz danach habe ich Wache. Es ist stockfinster und mir ist ganz schön mulmig. Weil wir so wenige sind, müssen wir einzeln Wache halten. Als meine Zeit gekommen ist, gehe ich los, um meine Ablösung zu holen, aber ich finde die Männer-Manga nicht. Ewig irre ich zwischen den dornigen Büschen in absoluter Finsternis herum, dann gehe ich zurück zu den Freundinnen. Zum Glück ist Şîlan wach und erklärt mir noch einmal ganz genau, wo die Manga der Männer ist. Ich ärgere mich, dass ich nicht selbst geguckt habe, als es noch hell war. Endlich finde ich den Freund. Bis zum Morgen bleibe ich wach und denke an die anderen, die nach vorne gegangen sind. Mittlerweile sind die Schüsse sehr nah und wir beschließen, uns auf eine geschütztere Seite zurückzuziehen. Mit Sosin hocke ich unter einem Felsvorsprung. Ein Freund kommt, er trägt einen Verletzten auf dem Rücken, Heval Amed. Wir versuchen, Amed halbwegs bequem hinzulegen, er zittert und friert, wir decken ihn zu mit allem, was wir haben. Es sieht so aus, als wären seine beiden Augen verletzt, auch die Nase. Zum Glück kommt sofort ein Arzt, er verbindet Amed Augen und Nase und gibt ihm eine Infusion. Wieder schlägt eine Kobrarakete direkt neben uns ein. Ein großer Splitter prallt an einem Felsen ab. Ein solcher Splitter kann einen Menschen zerreißen. Wir bekommen den Befehl, uns weiter zurückzuziehen, auch Amed muss mit. Die Infusion ist gerade durchgelaufen und schon steht er auf den Beinen. Gestützt von zwei Freunden läuft er sogar selbst. Es ist unglaublich, was die FreundInnen leisten.

Einige Hügelketten weiter zurück verstecken wir uns zwischen Felsspalten. Auch eine andere Einheit ist dort, ich sehe Sewra wieder, eine arabische Freundin, mit der ich vor zwei Jahren zusammen in der militärischen Schulung war, aber jetzt ist keine Gelegenheit, miteinander zu reden. Die Granaten schlagen sehr nah ein, wir vermuten, dass der Feind ziemlich genau weiß, wo wir uns aufhalten. Stundenlang sitzen wir eingeklemmt zwischen den Felsen, überall um uns herum kracht es. Dann kommt die Nachricht, dass Adar eine Schussverletzung im Bein hat. Sie wird wegtransportiert, wahrscheinlich ins Tal, Sosin begleitet sie. Kurze Zeit später noch eine schreckliche Nachricht. Heval Faraşîn ist von einer Kugel tödlich getroffen worden. Es bleibt aber keine Zeit darüber nachzudenken, Şînda ruft unsere Manga zusammen und verteilt neue Aufgaben: „Sozdar und Pelda gehen zum Schneeloch Brot backen." Mir ist es nicht so recht, in dieser Situation von dem Zug getrennt zu werden, aber Befehl ist Befehl. In einer kurzen Feuerpause laufen Sozdar und ich los. Auf dem Weg passieren wir die Stelle, wo die Verletzten liegen. Adar hat große Schmerzen, sieht ganz bleich aus, aber es heißt, sie hätte nicht so viel Blut verloren. Da ich nicht weiß, wie lange wir uns nicht wiedersehen, gebe ich Adars Uhr an Sosin aus Kerboran weiter. Als wir das Schneeloch erreichen, sind die Freunde dabei, den Teig anzurühren. Sozdar und ich holen Brennmaterial. Ständig explodieren Mörsergranaten, deshalb backen wir in der Höhle weiter. Später kommen auch die anderen meiner Einheit. Ich merke gleich, dass etwas nicht stimmt. Eine Freundin, die nicht zur Angriffsgruppe gehörte, trägt einen Verband. Sie erzählen: Zuerst wurde Canda durch einen Granatsplitter verletzt, daraufhin haben sie ein weiteres Mal den Platz gewechselt. Als der Arzt dort Canda versorgen wollte, ist eine Granate mitten in die Manga eingeschlagen. Canda war sofort tot, Şîlan wurde ein Bein abgerissen, Aysel wurde am Fuß verletzt und einem Freund wurde eine Hand zerfetzt. Es ist unglaublich. Noch nie habe ich gehört, dass so viele FreundInnen von einer Granate getroffen wurden. Alle warten schweigend und fassungslos. Es wird erzählt, dass sich eine Gruppe aus einer anderen Einheit aus der Auseinandersetzung zurückgezogen hat, dabei sollten sie Berîvan und den anderen Feuerschutz geben. Jetzt weiß man nicht, wo Berîvan, Gap, Evîn und einige andere sind. Wir sollen alles zusammenpacken, das Brot wird auf sämtliche Einheiten verteilt. Als es ganz dunkel ist, machen wir uns auf den Weg. An der Stelle, wo der Pfad nach unten führt, warten wir. Erneut erreicht uns eine schlechte Nachricht, Şîlan ist gefallen. Eine Freundin berichtet, dass Şîlan sich den Verband geöffnet hat und daraufhin verblutet ist. In sehr gedrückter und gereizter Stimmung warten wir. Dann hören wir plötzlich die Stimme von Berîvan – wenigstens ist sie wohlbehalten zurück. Sie gibt gleich die Anweisungen zum Aufbruch. Müdigkeit oder Erschöpfung ist ihr nicht anzumerken und das, obwohl sie fünfzehn Stunden gekämpft hat. Warum verlassen wir diesen Berg erst jetzt? Einen Tag früher und es hätte diese vielen Opfer nicht gegeben. Als es heller wird, werden wir auf dem Weg noch einmal mit Mörsergranaten angegriffen. Alle sind jetzt wesentlich vorsichtiger, verschwinden sofort von der freien Fläche. Später quetschen wir uns in eine kleine Höhle, in der wir den Tag verbringen sollen. Plötzlich eine Explosion direkt neben der Höhle und ein markerschütternder Schrei. Ayten ist von einem Granatsplitter am Bein getroffen worden. Nur eine Minute hatte sie die schützende Höhle verlassen, der Feind muss unseren Platz ziemlich genau kennen. Şînda flucht, Ayten schreit und heult, sie muss furchtbare Schmerzen haben. Sie wird sofort zur Krankenstation gebracht und verbunden.

In der Nacht geht es weiter, wir gehen in ein Seitental des Zapflusses. Ich werde mit einer anderen Freundin losgeschickt, um von der Logistik Lebensmittel zu holen. Auf dem Weg kommen wir am Krankenhaus vorbei. Adar geht es etwas besser, aber Ayten und Aysel haben noch sehr starke Schmerzen, vor allem Ayten sieht sehr blass aus. Sosin hat eigentlich den Befehl, zurück zur Taxim zu kommen, aber sie weigert sich und will bei den verletzten Freundinnen bleiben. Bei der Logistik bekommen wir nur etwas Mehl und Salz. Der Lagerplatz liegt in einem engen Tal, durch welches ein klarer Bach fließt. Seit mehr als einer Woche haben wir uns nicht waschen können, trotzdem dürfen wir nicht in die Nähe des Wassers, sondern müssen uns in engen Höhlen verkriechen, denn der Feind wirft im ganzen Tal Bomben ab. Unsere Höhle ist im Grunde eine große Felsplatte, groß genug, um uns vor herumfliegenden Teilen zu schützen, trotzdem versuche ich mir nicht auszumalen, was passiert, wenn eine Bombe direkt auf den Felsen fällt.

Wir müssen wieder weiter. Ziel soll der Tepe Şoreş sein. Unerwarteterweise werden wir von einer Ziegenherde begleitet, die natürlich eine Menge Lärm macht. Auf dem Weg fliegt plötzlich eine Granate über unsere Köpfe durch das Tal. Noch nie habe ich eine bei Nacht gesehen, ihre Flugbahn kann man genau erkennen, tagsüber ist das nie der Fall, plötzlich ist sie da, wenn man das Pfeifen hört, ist es schon zu spät. Unterhalb des Şoreş warten wir, bis die Späher den Weg überprüft haben. Plötzlich heißt es aufstehen und laufen, aber leise. Soldaten sollen auf dem Berg über uns sein. Ein Wunder, dass sie uns bei dem Krach, den wir mit der Ziegenherde gemacht haben, nicht gehört haben. Wir verlassen das Gebiet in Richtung Süden, ohne zu wissen, was uns erwartet, wir laufen die ganze Nacht. Tagsüber dürfen wir uns nicht bewegen, da der Feind direkt auf dem gegenüberliegenden Hügel ist, also versuchen wir zu schlafen.

Wir bleiben einige Tage, jede Nacht wechseln wir den Platz. Erst jetzt erfahren wir, dass das Krankenhaus nicht evakuiert wurde. Einige Verletzte sollen in die Hände der Soldaten gefallen sein. Es ist unfassbar, wie konnten die Verletzten dort zurückgelassen werden? Wer hat das so entschieden?

Als es heißt, dass sich die türkische Armee zurückzieht, kehren wir um. Wir laufen zugweise mit dem gesamten Bataillon. Ein enges Tal, das wir durchqueren müssen, wird mit Granaten beschossen. Ein Teil des Bataillons ist schon auf der anderen Seite, der Rest dreht um und nimmt eine andere Route. Der Weg ist sehr steil, immer wieder reißt die Gruppe auseinander, weil einige nicht mithalten können. Langsam beginnt es zu dämmern und wir sind immer noch nicht am Ziel. Heval Sozdar versammelt unseren Zug, sie sagt: „Wisst ihr denn nicht, dass eine ganze Einheit hier in der Nähe vom Feind aufgerieben wurde, weil einige Leute nicht gelaufen sind? Es heißt, 50 Genossinnen sind gefallen." Wenn sich Einzelne nicht anstrengen, bringen sie damit alle anderen in Gefahr, das will sie uns klarmachen. Wir sind fassungslos.

Eine ganze Einheit? Auf dem weiteren Weg hängen wir alle unseren Gedanken nach, wer war in dieser Einheit, wen kennen wir? Ich denke an Rûken, die mit dieser Einheit unterwegs war. Heval Sozdar sagt, dass bei dem Angriff alle verstreut worden sind, man wisse noch nicht, wie viele gefallen sind und wie viele sich retten konnten.

Am Morgen erreichen wir den Tepe Şoreş. Der Feind ist weg und hat unglaublich viel Müll hinterlassen. Wir dürfen uns nicht überall bewegen, weil es möglich ist, dass Minen gelegt wurden. Es stinkt abscheulich, der Platz ist übersät mit Plastikflaschen, Munitionsresten und Portionspäckchen, vor allem Verpackungen von Süßigkeiten. Binnen weniger Tage haben sie den riesigen Berg in eine Müllhalde und ein Klo verwandelt. Wir machen sauber. Besonders interessant sind herumliegende Munitionsreste. Die Handgranaten kommen aus der BRD, ebenso Leuchtspurmunition. Die Gewehre, die die Soldaten hauptsächlich benutzen, sind G3-Gewehre, ebenfalls ein deutsches Fabrikat. Auch Verbandsmaterial von der Bundeswehr ist da, Geschenke von den Waffenbrüdern der NATO.

Nach und nach kommen alle Frauenzüge, die in der gesamten Gegend gekämpft haben, hier an. Eine neue Fraueneinheit wird gegründet. Im Gedenken an die gefallenen Freundinnen nennen wir sie Şehîd Faraşîn. Erst jetzt erfahren wir, was bei dem Angriff auf das Krankenhaus passiert ist. In der Nacht, als sich das Bataillon zurückgezogen hat, wurde entschieden, dass die Verletzten nicht so weit transportiert werden können. Ein Versteck wurde gesucht. Niemand aber hat damit gerechnet, dass der Feind Spürhunde einsetzt. Als sie das Krankenhaus gefunden hatten, haben sich einige Freundinnen, unter ihnen Ayten und Zelal, mit Handgranaten selbst in die Luft gesprengt. Der an den Augen verletzte Amed und Peyman haben es so gut es ging verteidigt, damit die anderen Verletzten flüchten konnten. Aysel wurde von einer Miliz auf dem Rücken weggetragen und konnte sich so retten, auch Sosin und Adar gelang die Flucht, seitdem aber sind sie verschwunden. Man weiß nicht, ob sie dem Feind in die Hände gefallen sind. Es ist so schrecklich, wir alle fühlen uns schuldig, dass die Verletzten hier zurückgelassen wurden. Wenigstens konnten Peyman und Amed sich retten.

Eine Versammlung findet statt, um die vergangenen zwei Wochen zu bewerten. Natürlich steht die Frage im Raum, warum es notwendig war, so lange auf dem Kurê Jahro auszuharren und warum das Bataillon sich überhaupt auf diesen Stellungskrieg einlassen musste. Das Hauptproblem war, dass hier im Zapgebiet große Gruppen schwer beweglicher Kräfte zusammengezogen waren, d. h. Gruppen ohne Kampferfahrung, viele Verletzte und Kranke und eine Einheit in einer Befragungsphase, also unbewaffnete KämpferInnen. Ziel der türkischen Armee war, das gesamte Gebiet einzukesseln und alle Kräfte in diesem Gebiet zu vernichten. Die Guerilla dagegen versuchte, den Kurê Jahro so lange zu halten, bis die unbeweglichen Kräfte alle abgezogen waren, erst dann konnte der Berg dem Feind überlassen werden. Da der Rückzug unserer Kräfte aus dem Zap-Gebiet sehr lange gedauert hat, waren die Verluste in unserer Einheit entsprechend hoch. Die türkische Armee hat im Stellungskrieg ganz klare Vorteile, weil sie ihre gesamte Technik einsetzen kann. Auch wenn sie ihr Ziel, die Zap-Einheiten einzukesseln und zu vernichten, nicht erreicht hat, ist dennoch eine Einheit bei ihrem Rückzug in einen Hinterhalt geraten. Es ist noch nicht klar, wie viele Freundinnen dort gefallen sind. Am schlimmsten für uns alle ist, dass die Verletzten den

Soldaten in die Hände gefallen sind. Alle Freundinnen auf der Versammlung sind sich einig, dass die zuständigen KommandantInnen, die angeordnet haben, die Verletzten zurückzulassen, zur Verantwortung gezogen werden müssen.

Insgesamt ist klar, dass es im Norden nie zu einem solchen Desaster gekommen wäre. Seit geraumer Zeit hat die türkische Armee hier im Süden jedes Jahr lediglich eine große Operation gemacht, auf eine zweite Operation dieses Ausmaßes war man nicht vorbereitet. Hauptfehler sowohl der YAJK, als auch des Hauptquartiers war es, eine viel zu große Anzahl schwer beweglicher Kräfte zusammenzuziehen. Es wurde viel zu langsam reagiert und die Gesamtkoordination verlief chaotisch. Während die Armee ihre Kräfte im Süden zusammengezogen hat, hätten wir im Norden die Chance nutzen und zeitgleich einen Angriff koordinieren müssen. Die gesamten Fehler dieser Operation auszuwerten wird sicher noch Monate dauern.

Es fängt stark an zu regnen und oben auf dem Berg sind wir völlig schutzlos. Plastikplanen oder Zeltplanen hat keine Manga mehr. Während der Operation ist alles verloren gegangen, nicht einmal Geschirr ist vorhanden. Wir ziehen in eine Höhle in der Nähe um. Eine Neuverteilung findet statt, Aufgaben werden verteilt. Suchtrupps gehen los, die nach Adar und Sosin suchen sollen, andere besorgen Lebensmittel. Die Depots liegen teilweise einen Tagesmarsch entfernt. Aber die Moral der Fraueneinheit ist sehr hoch, keine drückt sich vor der schweren Arbeit. Obwohl die letzten Tage und vor allem der Tod so vieler Freundinnen uns sehr mitgenommen hat, ist jede sich ihrer Verantwortung bewusst und weiß, wie wichtig es ist, gerade jetzt alles Menschenmögliche zu tun, um die verlorenen Freundinnen so gut es geht zu ersetzen. Alle gefallenen Freundinnen waren Kommandantinnen. Faraşîn, Canda und Şîlan waren Zugkommandantinnen, Ayten, Herekol und Zelal waren Mangakommandantinnen. Immer noch sind Freundinnen unterwegs, die nach Adar und Sosin suchen. Es gilt inzwischen als sicher, dass auch sie gefallen sind, sonst wären sie längst bei irgendeiner Einheit angekommen, so erfahren und so vertraut wie sie mit diesem Gebiet hier sind.

Erst einige Monate später wurden die Leichen der beiden gefunden. Sosin war seit 1989 in der Guerilla und gehörte damit zu den erfahrensten Kämpferinnen, die ich kennen gelernt habe. Kaum eine Frau ist so lange dabei. Sosin war aus Kerboran, Mardîn, und in Botan lange Zeit Taximkommandantin. Adar war Mangakommandantin und hat lange in dem härtesten aller Guerillagebiete – in Serhat – gekämpft und dort hat sie überlebt, jetzt fällt sie hier im Süden, das ist schwer zu akzeptieren.

Unsere Einheit ist sehr stark mit vielen Frauen, die lange im Kampf sind. Jeden Tag gehen alle los, um verschiedene Aufgaben zu erledigen. In einem zerstörten Dorf in der Nähe gibt es einen Brunnen, dort gehen wir jeweils zu zweit oder dritt „baden“. Wir haben uns Kanister, Töpfe und Schüsseln mitgenommen, um Wasser zu erhitzen. Gerade als wir alle Kleider eingeseift haben und nur noch in unsere Kefîyes eingewickelt dort stehen, beginnt ein heftiger Platzregen, als wenn der Himmel gleich einstürzt. Also ziehen wir das ganze triefend nasse Zeug über, Mist. Unsere Munitionsgürtel, unsere Unterwäsche packen wir tropfnass in unsere Kefîyes, wickeln uns irgendwie den Şutik um und dann zurück zur Höhle. Auf dem Weg treffen wir einige Freunde. Warum wir so nass sind, fragen sie. „Wir sind in den Regen gekommen“, antworten wir lapidar. Kaum sind sie weg, lachen wir uns halb kaputt, wie aus dem Wasser gezogen sehen wir aus. Wir frieren und schlottern erbärmlich. In der Mangahöhle laufen die Freundinnen gleich los, um Holz zu holen, genügend um richtig trocken zu werden.

Die Einheit wächst mir richtig ans Herz, es ist die stärkste Fraueneinheit in meiner gesamten Guerillazeit. Der Winter naht und sicher beginnt dann auch bald die Kaderausbildung, für die Evîn, Kurdistan, Helîn und so viele andere hier zusammengezogen worden sind. Ich hoffe, dass es eine Ausbildung sein wird, die tatsächlich auch sinnvoll ist, die die theoretischen Grundlagen vermitteln wird, die für eine Weiterentwicklung ihrer Praxis in Botan und anderswo so wichtig ist. Es ist wichtig, dass der Unterricht an den Kampf gekoppelt ist und diese Verbindung auch deutlich wird, sonst ist niemand motiviert zu lernen, sich weiterzubilden und sich in eine neue Richtung zu entwickeln.

Eines Morgens heißt es plötzlich, ich soll zum Hauptquartier kommen. Beginnt jetzt der Weg nach Europa? Die Verabschiedung von den Freundinnen ist diesmal so, als wenn ich nur mal eben das Gebiet wechsele. Schon zwei oder drei Mal zuvor habe ich mich von Evîn verabschiedet, an eine längere Trennung denke ich gar nicht.

Gemeinsam mit einigen anderen, die auch zum Hauptquartier gerufen worden sind, steige ich wieder einmal den Kurê Jahro hinab, mittlerweile kenne ich hier jeden Stein. Verweste Maultiere liegen auf dem Weg herum. Durch den starken Regen in den letzten Tagen wuchert überall frisches Grün. Ein neues Problem: Die Seilbahnen sind zerstört und der Fluss ist viel zu reißend, um ihn zu durchqueren, Ratlosigkeit. Den ganzen Tag laufen wir hin und her. Das ist eine Art der Problemlösung, die mich wirklich Nerven kostet, vor allem, weil ich nicht weiß, was uns im Hauptquartier erwartet. Plötzlich treffen wir einige FreundInnen, die von der anderen Seite gekommen sind, also muss es einen Weg geben. Es sind FreundInnen aus einer Gruppe, die aus der Parteischule gekommen ist, also ist der Weg in den Kleinen Süden wieder offen. Die FreundInnen wollen uns helfen. Sie haben eine Furt gefunden, eine Zickzacklinie, die quer durch den Fluss führt. Ein sehr kräftiger Freund nimmt jeweils eine Freundin an die Hand. So geht es hin und her, auch von der anderen Seite wollen welche herüber. Eine Freundin fällt zweimal hin, hätte der Freund sie nicht fest am Arm gepackt, wäre sie weggespült worden.

Dann geht es zum Hauptquartier. Zuerst gehe ich zum Krankenhaus. Da ist Aysel. Sie erzählt mir noch mal die Einzelheiten von dem Massaker im Krankenhaus. Auch Peyman ist dort, die sich zusammen mit Amed dem Feind entgegengestellt hat. Aysel geht es schlecht. Der Fuß musste amputiert werden. Nach dem Überfall auf das Krankenhaus wurde sie von einer Miliz weggetragen und unter einem Felsen versteckt. Bis sie endlich wieder an einen Ort transportiert wurde, wo die Wunde versorgt werden konnte, hatte sie sich entzündet. Sie fragt mich nach den anderen, nach der Einheit. Ich erzähle ihr, was ich weiß, dann verabschieden wir uns. Ich gehe mit den Frauen zu einem Sammelpunkt. Hier findet gerade eine Neuverteilung statt. Die Frauen, die hier sind, kommen aus den verschiedensten Einheiten, einige werden in den Norden nach Botan gehen, andere werden auf die Einheit von Heval Sosin verteilt. Alle sind aufgeregt. Es ist wie immer, alle wollen „nach drinnen", nach Norden. Alle informieren sich, wer wo ist, wer gefallen ist oder verletzt wurde. Ich frage nach Rûken und Ronahî. Ronahî sei hier in der Nähe, wird mir gesagt. Ich werde sie also noch sehen. Über Rûken weiß keine etwas, wenigstens ist ihr Name nicht auf der Liste der Gefallenen des Hinterhaltes.

Ich werde zunächst mit einer Frauengruppe nach Metîna gehen. Unten im Tal versammeln sich alle, Ronahî ist auch gekommen!!! Nur noch ein paar Stunden werden wir zusammen sein können, dann müssen wir uns trennen. Ronahî erzählt, wie es ihr ergangen ist. In ihrer Taxim sprachen alle nur Kurdisch, daher hat sie kaum etwas verstanden. Von ihrer Mangakomandantin fühlte sie sich herumkommandiert. Sie ist ganz unglücklich. Ich denke, ich weiß, was das Problem ist. Natürlich haben sie Ronahî nicht mit in der Angriffsgruppe gehen lassen und deshalb musste sie dann alle anderen notwendigen Aufgaben erledigen. Das ist oft sehr hart, den ganzen Tag heißt es: Hol mal Wasser, hol mal Holz, hol mal dies und das usw. Für viele Frauen aus der Metropole ist es nicht einfach, plötzlich den ganzen Tag herumgeschickt zu werden. Aber gerade in der Kriegssituation ist eine klare Aufteilung der Arbeit, eine feste Struktur, absolut notwendig. Viele Freundinnen aus der Metropole, gerade wenn sie neu sind, fühlen sich da herumkommandiert. Einen Krieg ohne Befehle zu führen, ist aber ein Ding der Unmöglichkeit. Bisher war Ronahî noch nicht in dieser Situation, weil sie im Hauptquartier unter Sonderbedingungen gelebt hat. Darum schlagen Sîpan und ich ihr noch mal vor, Hauptquartiere möglichst zu meiden und zu versuchen, in normale Einheiten zu gelangen.

Spätherbst 1997, Rückweg

Nach dem ganzen Hin und Her ist es entschieden: Sîpan und ich werden in der nächsten Gruppe in den Kleinen Süden gehen. Was mich beunruhigt, dass wir jetzt sofort losgehen sollen, ohne zu wissen, wo Rûken ist. Ihr geht es gut, sie kommt in der nächsten Gruppe nach, heißt es.

Ronahî sagt, sie wird versuchen, nach dem Winter in den Norden zu gehen. Ich erzähle ihr, dass eine neue Gruppe aus der BRD auf dem Weg ins Land ist, es soll auch eine Freundin dabei sein. Viele Sachen habe ich nicht mehr. Ich gebe ihr alles, was ich noch mit mir herumtrage: die Schere von Adar, einen Glücksbringer mit Steinen, den ich kurz vor meiner Abreise aus der BRD von einem Freund bekommen habe. Fast nackt fühle ich mich ohne ihn, verwundbar. Wusste gar nicht, dass ich so abergläubisch bin. Die Trennung von Ronahî ist schwer, wann werden wir uns wieder sehen?

Unsere Gruppe, die in den Kleinen Süden geht, ist groß genug, um eine Manga zu bilden. Kommandant ist Heval Bawer, der aus dem Großen Süden kommt. Unser langer Weg führt uns zuerst nach Metîna. In der dortigen Einheit, in der wir zwei Tage bleiben, ist eine Freundin, die in Hannover groß geworden ist, sie heißt Ararat. Sie erzählt von der Region Serhat, in der sie lange gekämpft hat. Von ihr erfahre ich, dass auch Şîlan, die Schwester von Adar, in dieser Einheit ist. Also stimmte Adars Annahme nicht, dass Şîlan gefallen ist. Welch ein schrecklicher Zufall. Adar hat sich die Augen ausgeweint, weil sie glaubte, Şîlan wäre tot, jetzt ist es Adar, die gefallen ist. Die beiden sehen sich so ähnlich. Keine mag Şîlan sagen, was passiert ist.

In der Nacht kommen verletzte Freundinnen, die in einen Hinterhalt von Laserpanzern geraten sind. Eine Freundin ist gefallen, berichten sie – Meryem Çolak. Heval Meryem war 1996 meine Kommandantin in Haftanîn. Sie hatte in Europa gelebt und hat dort auch eine Tochter, diese wird ihre Mutter nie wieder sehen. Meryem war eine starke Kommandantin, erst im Frühjahr war sie aus der Parteischule wiedergekommen und hatte von dort viel Kraft und Elan mitgebracht. Der Krieg fordert immer wieder so viele Opfer, unsere wertvollsten Menschen. Dennoch weiß ich, dass es keinen anderen Weg gab und gibt als zu kämpfen. Ist es denn nicht wertvoller, einen Tag aufrecht auf den Beinen zu stehen und zu kämpfen, als das ganze Leben in Selbstverleugnung und gebückt zu verbringen? Die Freiheit ist teuer. Ich weiß, dass Heval Meryem so gedacht hat, und denke, auch ihre Tochter wird eines Tages so fühlen.

Zu unseren Begleiterinnen in den Kleinen Süden wird Heval Berîtan gehören. Sie hat eine Augenverletzung. Da sie mit dem anderen Auge schon vorher schlecht sehen konnte, besteht die Gefahr, dass sie völlig erblindet. Heval Helîn, die YAJK-Kommandantin, beschließt, dass Berîtan mit dieser ersten Gruppe mitgehen soll, damit sie schnell behandelt werden kann. An einem weiteren Punkt in Metîna schließen sich noch andere verletzte FreundInnen an. Newîla, die ich schon im Frühjahr in Haftanîn getroffen habe. Vor der großen Operation in Hewler ist sie im Krankenhaus am Rücken erfolgreich operiert worden. Sie hat sich aber wohl gleich wieder zu viel zugemutet und mittlerweile hat sich ihre Situation wieder verschlechtert. Sie kann nur gebückt unter großen Schmerzen laufen. Axîn hat eine schlecht verheilte Schussverletzung, sie läuft ebenfalls nur unter großen Schmerzen. Dasselbe Problem hat Şoreş. Amed ist auch in der Gruppe, er hat trotz seiner Augenverletzung die verletzten FreundInnen im Krankenhaus im Zap-Gebiet verteidigt. Außerdem schließen sich noch drei Freunde an, deren Beine oder Füße amputiert werden mussten. Sie werden auf Mauleseln transportiert. Es regnet in Strömen, trotzdem müssen wir irgendwann eine Pause einlegen. Unter den Pferdedecken versuchen wir, dicht aneinander gedrängt etwas Schlaf zu finden. Im Dauerregen geht es weiter. Die verletzten Freunde tun mir leid, trotz ihrer frischen Verletzungen versuchen sie, sich nichts von den Schmerzen anmerken zu lassen.

Wir treffen Milizen, die auf dem Weg nach Norden sind. Die meisten sind Goyî. Sie haben den Winter im Camp im Süden verbracht. Unter ihren Plastikplanen können wir uns am Feuer etwas trocknen. Alles ist schlammig, selbst die beinamputierten Freunde stehen auf ihren Krücken am Feuer. Als es endlich aufhört zu regnen, werden wir Frauen zu einem Platz gebracht, an dem wir die Nacht verbringen sollen. Riesige Feuer werden gemacht, es gibt sogar Decken, die wir über dem Feuer trocknen.

Mangaweise wird Brot gebacken, bevor es weitergeht. Die drei beinamputierten Freunde sollen uns jetzt doch nicht begleiten. Es heißt, die Situation an der Grenze sei sehr gefährlich, mit Pferden durchzukommen sei unmöglich, nur wer im Notfall auch laufen kann, soll in dieser Gruppe gehen. Der erste Abschnitt unseres Weges ist ein großer Berg, den wir überqueren müssen. Es kommt mir so vor, als ob er niemals ein Ende nimmt. Wir scheinen im Kreis herumzulaufen. In den Pausen ist es kalt, denn wir sind durchgeschwitzt von der Anstrengung.

Hinter dem Berg beginnt eine lang gestreckte Ebene. Das Land ist jetzt nur noch hügelig. Diesen Weg kenne ich gar nicht, wahrscheinlich haben wir bei der ersten Grenzüberquerung eine andere Strecke genommen. Wir überqueren eine befahrene Straße, sie geht von Cizre nach Mossul. Die Situation kommt mir absurd vor. Zwei Welten treffen aufeinander. Es scheint mir so, als wären sie so unterschiedlich, dass eine von ihnen nicht real sein kann. Es fragt sich, welche? Die auf der Straße in ihren Metallkisten fahren oder wir, die Steinzeitmenschen? Da wir nicht gesehen werden dürfen, kauern wir uns in eine Senke, warten ab, bis der Autostrom kurz abbricht, und los. Auf der anderen Seite werfen wir uns gleich wieder hin.

Wir laufen fast Tag und Nacht, durchqueren hohes Seegrasgebüsch und holen uns nasse Füße. Amed und Berîtan müssen bei Dunkelheit an der Hand geführt werden, weil sie kaum sehen können. Nach einigen Tagen erreichen wir endlich den Çiyayê Spî. In Çiyayê Spî, heißt es, werden wir einige Tage ausruhen können, bevor wir unsere letzte Etappe, die Überwindung des Ava Dicle, des Tigris angehen. Die Vorstellung, den geschundenen Füßen etwas Ruhe zu gönnen, treibt uns noch mal an. Wie friedlich und schön der Berg anzusehen ist, eine sanfte Stille liegt über dieser Landschaft, man könnte glatt vergessen, dass hier Krieg geführt wird. Wir passieren Dörfer und Weinberge, Felder und Gärten. Nur noch ein Fluss muss überquert werden. In einer langen Kette ziehen wir an einem Dorf vorbei, die Bewohner grüßen freundlich. Der Stützpunkt soll nicht mehr weit sein. Wir rasten an einem verwilderten Obstgarten. Es gibt kein Halten mehr. Alle strömen auf die Obstbäume zu: Feigen, Granatäpfel, Trauben, Birnen, es ist wie im Garten Eden, vielleicht war der hier, er soll ja in Kurdistan gewesen sein. Als wenn wir den Vitaminmangel der letzten Jahre jetzt mit einem Schlag ausgleichen könnten. Die Freunde und Milizen kommen mit ganzen Armen voller Früchte zurück, einige sind auch gar nicht mehr zu sehen. Daher beschließen wir, schon mal zum Stützpunkt vorzugehen.

Am Stützpunkt gibt es erst mal eine neue Überraschung. Heval Celal ist hier und teilt uns ohne Umschweife mit, dass es nichts wird mit Ausruhen, wir werden schon in wenigen Stunden weitergehen. Er sagt, es könnte eine Operation geben und natürlich soll unsere Gruppe mit den vielen Verletzten dann in Sicherheit sein. Einige Freundinnen sind am Punkt, die ich lange nicht gesehen habe, vor allem Mahabat freue ich mich zu sehen, sie ist schon zweimal meine Kommandantin gewesen, einmal als wir ins Land gekommen sind, einmal in dem Bataillon von Heval Kazim. Aber es ist wichtiger, jetzt noch zu versuchen, ein bisschen Schlaf zu bekommen, als mit den Freundinnen zu reden – schade. Wir waschen noch schnell unsere Socken und hängen sie zum Trocknen auf, dann schlafen.

Als es dunkel wird, gehen wir weiter, die Milizen werden uns nicht weiter begleiten. Es ist sehr gefährlich in der Ebene, öfters hören wir das Bellen der Hunde in den umliegenden Dörfern.

Als wir endlich in der Nähe des Dicle ankommen, müssen wir das Maultier zurücklassen, denn es kann nicht über die Felsen klettern. Den Tag müssen wir in einem Gebüsch verbringen und dürfen uns nicht bewegen, denn wir könnten entdeckt werden, ich sehe sogar einen Schäfer ganz in unserer Nähe am Hang mit seinen Schafen. Nach Bewegung ist uns sowieso nicht mehr zumute. Ich gebe Newîla ihre schmerzstillende Spritze, dann schlafen wir.

Endlich der Dicle – Ava Mezin, das Große Wasser. Es scheint mir gar nicht so groß. Gespenstische Stille. Unser Kurier sucht immer wieder die Gegend mit dem Nachtsichtgerät ab. Hier legt die KDP oft Hinterhalte, wir müssen auf der Hut sein. In einem

Schlauchboot wird in kleinen Gruppen übergesetzt. Ich bleibe mit zwei Kurieren bis zum Schluss.

Auf der anderen Seite erwarten uns Freunde. Sie führen uns zu einem geschützten Platz, an dem wir erst mal bleiben werden. Es gibt süßen Tee, Brot und Zigaretten. Newîla, Berîtan, Axîn und ich gehen schlafen. Newîla hat sehr starke Schmerzen. Trotz Spritzen kann sie sich kaum bewegen und weint vor Schmerzen.

Die Freunde werden versuchen, bei den Dörflern einen Wagen zu bekommen, um Newîla und Axîn in die Nähe der Grenze zu transportieren. Wir befinden uns hier in einer Art Niemandsland. Die KDP versucht diese Gegend zu kontrollieren. Die Freunde ziehen sich daher bunte Zivilkleidung über die Uniformen, um sich zu bewegen, sie werden so von weitem nicht als Guerillas erkannt. Sie sehen zum Schieflachen aus, unter den bunten Kleidern die Turnschuhe und Uniformhosen.

Wir verbringen den Tag damit, unsere Fotoalben auszutauschen und uns gegenseitig von der Operation im Zap zu berichten. Amed ist sehr besorgt, sein eines Auge wird sicher nicht mehr zu retten sein, das andere ist auch verletzt. Er ist verzweifelt. Ich versichere ihm, dass die Partei gute Möglichkeiten und Kontakte zu guten Augenspezialisten hat, dass man alles tun wird, um sein Augenlicht zu retten. Ich wundere mich immer über Şoreş, dass er noch so gute Laune ausstrahlt, obwohl er höllische Schmerzen haben muss.

Die Freunde haben tatsächlich einen Wagen aufgetrieben, auf dem wir Frauen mitfahren können. Es ist sehr mutig von den DorfbewohnerInnen, dass sie uns helfen. Wenn wir erwischt werden, sind sie auch mit dran. Wir sitzen hinten auf der Pritsche mit unseren Kopftüchern über den Köpfen und hoffen, dass alles gut geht. Die Dörfer, die wir durchqueren, sehen aus, wie Dörfer hier sicher schon seit Jahrhunderten aussehen, aus Lehm gebaut, in einer Farbe mit der Umgebung. Die Menschen hier leben zwischen den Fronten.

Der Fahrer lässt uns auf einer Landstraße neben einem Feld heraus, fährt sofort weiter. Wir laufen noch eine Weile über den Acker, Axîn an meiner Hand, Newîla an der Hand des Kuriers, bis wir an einer Ackergrenze halten, um auf die anderen zu warten.

Nach einigen Stunden kommen sie und es geht weiter. Am Horizont sind schon die Ölpumpstationen auf der anderen Seite der Grenze zu sehen. Der Weg geht nur noch über Acker. Dann die Freunde, die mit Autos gekommen sind, um uns abzuholen – wir sind im Kleinen Süden.

Schweigend sitzen wir im Auto, jetzt ist sie also vorbei, unsere Guerillazeit, gemischte Gefühle. Newîla freut sich, es ist ihr Dorf, das wir durchqueren. Aber hier halten wir nicht, es geht noch weiter.

Da sitzen wir, im Wohnzimmer einer Familie. Ich schäme mich, wie verdreckt wir sind, wage mich kaum zu rühren, befürchte schon, dass eine meiner Läuse auf Wanderschaft geht. Seit Wochen haben wir uns nicht richtig waschen können, in den letzten Tagen gab es nicht mal die Möglichkeit, uns die Läuse vom Körper zu sammeln. Sicher hat diese Familie schon viele Guerillas, die aus den Bergen kommen, aufgenommen und sie wissen, wie die Bedingungen eines solchen Marsches sind. Es werden Essen und Tee gebracht, das Begrüßungsessen, Hühnchen mit Reis.

Kleidung ist für uns bereitgelegt worden, wir können uns duschen und stopfen unsere verlauste Guerillakleidung in Plastiksäcke. Nach dem Baden sage ich zu Newîla, wie wohl ich mich fühle. Newîla sieht mich verständnislos an – du bist immer noch eine Kleinbürgerin, sagt sie, deine Waffe bleibt hier, du verlässt die Guerilla und denkst an nichts anderes als an dein persönliches Wohlbefinden. Recht hat sie. Es wird sich noch zeigen, inwieweit ich den kleinbürgerlichen Metropolenmenschen in mir getötet habe. Das Bedürfnis nach Sicherheit und Sauberkeit sind ja nur äußerliche Aspekte davon. Ich will die FreundInnen, die unter soviel Mühen und Opfern in den Bergen, Gefängnissen und Städten kämpfen, niemals vergessen. Sie kämpfen für uns und wir kämpfen für sie – egal wo wir sind. Wir sind jetzt keine Guerillas mehr. Ab jetzt sind wir wieder der Willkür der verschiedensten Regierungen ausgeliefert. Jederzeit haben sie Zugriff auf uns.

Eine lange Autofahrt durch den Kleinen Süden, begierig sauge ich alle Bilder des Straßenlebens in mich auf. In den Dörfern Kurdistans ist das Leben einfach, die Straßen größtenteils nicht asphaltiert, moderne Gebäude sind nicht zu sehen. Eine Agrargesellschaft, Fabriken scheint es hier nicht zu geben. Die Menschen sind überwiegend traditionell gekleidet, mit stark arabischem Einfluss, anders als in Nordwestkurdistan.

In den Städten dagegen sieht man die unterschiedlichsten Einflüsse. Es gibt Frauen, die in Tschadors gekleidet sind, aber auch Frauen in westlicher Kleidung sowie alle möglichen Zwischenvarianten. Ebenso die Architektur. Protziger Neureichtum neben traditionellen Häusern. Westliche Hochglanzwerbung neben Straßenhändlern.

Polizeikontrolle – unser Fahrer drückt der Polizei einige Geldscheine in die Hand, wir werden nicht kontrolliert. Ich fühle mich ausgeliefert, wir kennen dieses Land nicht, wissen nicht, wie das Verhältnis seiner Regierung zur PKK ist. Es heißt, auch hier sind viele PKKler im Knast. Wir müssen uns darauf verlassen, dass unser Fahrer uns in die Parteischule durchschleust.

Spätherbst 1997, Parteischule

Wir sind in der kurdischsprachigen Parteischule angekommen. Sie ist kleiner als die türkischsprachige. Ich treffe viele Genossinnen wieder. Zum Beispiel Zozan, sie ist inzwischen am Auge operiert worden und bereitet sich darauf vor, zurück ins Land zu gehen. Axîn, Newîla, Şoreş und Amed bekommen Arzttermine außerhalb des Camps. Wir hören von anderen FreundInnen, dass die neue Gruppe von Deutschen in der anderen Parteischule ist und dass wir auch dort hingeschickt werden, um sie zu treffen.

Nach einigen Tagen trifft auch Rûken ein und die Gruppe der Freunde mit den Beinamputationen. Rûken berichtet davon, dass ihre Einheit in der Zapoperation in einem Hinterhalt zerstreut wurde und dass sie drei Tage ganz allein in den Bergen war, bis sie ihre Einheit wiedergefunden hat. Sie hat großes Glück gehabt.

In der türkischen Schule lernen wir die neuen deutschen FreundInnen kennen. Es ist eine Freundin dabei. Sie spricht im Gegensatz zu den Freunden schon ganz gut Türkisch und nimmt am normalen Unterricht teil. Sie sind schon einige Monate hier. Wir beschließen, eine gemeinsame Bewertungsphase zu machen und uns gegenseitig auf das, was uns erwartet, vorzubereiten.

In der Schule sind viele aus Europa. Die letzten Monate war die Verbindung zwischen der Akademie und dem Land abgebrochen, daher hat man die Schule mit FreundInnen aus Europa aufgefüllt. Tatsächlich sprechen sogar viele Deutsch. Kulturen prallen aufeinander. Sogar der Dîlan wird verschieden getanzt. Die Stimmung ist eine ganz andere als damals, als wir das erste Mal hier waren, der 5. Kongress gerade stattgefunden hatte und alle in begeisterter Aufbruchstimmung waren. Jetzt müssen sich eine Gruppe europäischer KurdInnen und FreundInnen aus dem Land aneinander gewöhnen und voneinander lernen. Den FreundInnen aus Europa fällt es schwer, sich an militärische Disziplin und das kollektive Leben zu gewöhnen, die FreundInnen aus dem Land haben Schwierigkeiten zu überblicken, welche Verhaltensweisen in der Parteischule üblich sind bzw. welche von den europäischen KurdInnen hier eingeführt wurden. Ararat, die Freundin aus

Hannover, die ich in Metîna getroffen habe, ist inzwischen auch eingetroffen. Sie sagt: „Unsere Freundinnen beginnen schon, sich zu verlieren.“ Sie meint damit, dass in der Guerilla gelernte Verhaltensweisen von einigen kurzerhand über Bord geworfen werden und sich einfach dem Leben hier angepasst wird. Einige Freundinnen fangen z. B. schon an, die Haare offen zu tragen.

Wir stellen uns ein Programm auf, in der jede/r die Zeit in der Guerilla und in Europa bewerten soll. Ich rede viel mit der neuen deutschen Freundin und hoffe, dass sie im Land mit Ronahî zusammentreffen wird und die beiden weiter gemeinsam diskutieren werden. In der Bücherei gibt es auch deutsche Bücher und es ist für mich das Größte, endlich wieder lesen zu können. Den Kurdistan-Report lese ich von vorne bis hinten. Vieles hat sich ereignet in den zwei Jahren, in denen wir von Nachrichten abgeschnitten waren. Initiativen wie Friedenszug usw., die gesamte diplomatische Arbeit in Europa kommt mir absurd vor, vor dem Hintergrund des Krieges, aus dem wir gerade kommen.

Da die Linke in Deutschland keine Kraft hat und der PKK gegenüber nicht aufgeschlossen ist, versucht umgekehrt die PKK auch kaum noch, die Linke zu erreichen. Das bürgerlich-humanistische Lager stellt die Menschenrechtsverletzungen des türkischen Staates in den Vordergrund und nicht die Errungenschaften der PKK. So werden die KurdInnen nur als Opfer, nicht als kämpfende Subjekte gesehen. Die PKK muss in Europa diplomatische Arbeit machen, taktische Bündnispartner finden, da strategische nicht vorhanden sind. Das wird auch in den nächsten Jahren nicht anders sein.

Die neue deutsche Freundin ist sehr aufgeschlossen und wir führen viele Diskussionen. Obwohl sie fast zehn Jahre jünger ist als ich, hat sie schon zahlreiche Erfahrungen gesammelt und wird sicher in vielem weniger Schwierigkeiten haben als ich. Dadurch, dass sie Türkisch kann, hat sie auch Zugang zur Parteiliteratur. Zimanek jîyanek ê. Eine Sprache ist ein Leben. Während ich Kurdisch gelernt und so Zugang zu den Frauen aus den Dörfern in Botan gefunden habe, wird sie mit den Studentinnen aus den Metropolen sprechen können und ganz andere Seiten der Partei kennen lernen.

Als wir eines Nachmittags mit unserer deutschen Gruppe in einer Diskussionsrunde zusammensitzen, kommt plötzlich der Serok mit einigen Sicherheitsleuten vorbei. Wir stehen auf, um zu grüßen. „Ah, unsere deutsche PKK", sagt er, „bleibt sitzen und arbeitet weiter." Eine „deutsche PKK" – das ist es, was die Aufgabe der revolutionären Linken in der BRD wäre. Eine Organisation aufzubauen, die wie die PKK langsam und beständig von einer kleinen Gruppe zu einer Kraft wird, die sich den brennenden Problemen und Fragen stellt und Antworten findet. Können unsere Erfahrungen dazu beitragen? Können wir die Methoden, Prinzipien und Ziele der PKK für uns anwendbar machen, uns aus der Perspektivlosigkeit und Niederlagenhaltung der Linken befreien? Sind wir stark genug, um uns unter den Metropolenbedingungen nicht wieder in das alte Leben zurückziehen zu lassen? „Die PKK ist eine Menschheitsbewegung, eine politisch-ideologische Weltanschauung, eine Lebensart", hat Heval Cemal gesagt. Der Vorsitzende sagt: „Ein/e wirkliche/r PKKlerIn ist, wer die Partei, auch wenn er oder sie alleine übrig geblieben ist, an jedem Ort der Welt wieder aufbaut."

Bei unserem letzten Dialog mit dem Vorsitzenden in der kurdischen Schule fragt er mich: „Wirst du dafür kämpfen, eine freie Frau zu werden?" In der Frauenarmee in den Bergen habe ich sicher die freiesten Frauen der Welt kennen gelernt und mit ihnen zusammen gekämpft. Sie sind auf dem Weg zur Freiheit, aber auch für sie ist der Weg noch weit. Die Strukturen der europäischen patriachalen kapitalistischen Gesellschaft zu überwinden ist auch ein Kampf jedes einzelnen Menschen mit den anerzogenen Werten und Verhaltensweisen der eigenen Klasse und des Geschlechts. Werde ich stark genug sein, dem Sog zu widerstehen? „Ich bin dazu entschlossen", sage ich zu dem Vorsitzenden. „Willst du das wirklich?", fragt er noch einmal. Er scheint Zweifel zu haben. „Ja, ich will es wirklich."

In Zivilkleidung stehen wir noch einmal vor der Plattform der FreundInnen und verabschieden uns, gehen durch die Reihen, um jeder und jedem noch einmal die Hand zu schütteln. „Serkeftin", viel Erfolg wünschen wir uns gegenseitig.

Zurück in Europa ist zunächst mein gravierendster Schock der Anblick meiner Geschlechtsgenossinnen. Nachdem ich seit mehr als zwei Jahren nur Frauen in Guerillauniform, traditioneller kurdischer oder arabischer Kleidung gesehen habe, ist es schrecklich, bewusst zu sehen, was unsere Schwestern sich antun, um dem westlich-kapitalistischen Schönheitsideal zu entsprechen: unbequeme Kleidung und Schuhe, Make-up und Dauerwellen. In den ersten Wochen bekommen Worte wie Konsumterror und Entfremdung, die für mich immer nur vage waren, eine wirkliche Bedeutung. Aus Supermärkten ziehe ich oft unverrichteter Dinge wieder ab, weil das Warenangebot mich erschlägt. Nachdem ich jetzt drei Jahre lang quasi keine Minute allein verbracht und mich nie einsam gefühlt habe, stelle ich fest, dass hier sogar Menschen, die in der gleichen Wohnung leben, einsam sein können.

Nachwort

Die PKK hat uns, einigen InternationalistInnen aus der BRD, die Möglichkeit gegeben, das aufrechte Leben, für das sie kämpft, für einige Jahre kennen zu lernen.

Für mich war es die bisher wertvollste Erfahrung in meinem Leben. Wir haben zwei Jahre in den Bergen Kurdistans als Teil der ARGK-Guerilla gelebt, zwei Jahre lang war ich Mitglied der ersten Frauenarmee. Das waren zwei Jahre, in denen ich damit konfrontiert war, das „Ich", das wir im Imperialismus verinnerlichen, gegen ein „Wir" auszutauschen. Zwei Jahre ohne Geld, Computer, Autos, Werbung, ohne all das Zeug, das uns von den wahren Werten der Menschlichkeit abbringt, unsere Menschlichkeit zerstört. Der Krieg, die Unterdrückung und der Kampf, der Tod von Freundinnen und Freunden, die im Kampf fallen, die ihr Leben für die Freiheit geben, sind nicht mehr abstrakt, es ist mir unmöglich dagegen gleichgültig zu bleiben.

In den ersten Wochen und Monaten träumte ich jede Nacht vom Leben in den Bergen und vom Krieg. Hier in der BRD habe ich Freundinnen wieder getroffen, mit denen ich eine Zeit in den Bergen verbracht habe. Einige Freundinnen werde ich nie wieder sehen, weil sie im Kampf gefallen sind. Eine davon ist Ronahî, Andrea Wolf. Im Spätherbst '98 fiel sie bei einem Gefecht in die Hände der türkischen Armee. Ronahî stand mir besonders nahe und ich habe sehr auf ihre Rückkehr gewartet, denn sie hatte einen Optimismus und eine Entschlossenheit, die mir oft fehlten. Ronahî ist in Beytüşşebab gefallen, für mich die schönste Gegend der Welt, denn dort habe ich die intensivste Zeit meines Lebens verbracht. Alle, die Ronahî in den Bergen kennen gelernt haben, erzählen von ihrer Wärme und ihrer Kraft, von ihrer unglaublichen Energie. Zur Erinnerung an Ronahî haben wir zu ihrem ersten Todestag ein Buch veröffentlicht, in dem auch Abschnitte aus ihrem Tagebuch und Briefe an GenossInnen und FreundInnen veröffentlicht sind.

Ronahî – Andrea Wolf

Kanî, Eva Juhnke, fiel bei der letzten großen Operation, in die ich am Zap hineingeraten bin, im Herbst 1997, der türkischen Armee in die Hände. Sie wurde später vor Gericht gestellt und wegen Mitgliedschaft in der PKK zu 15 Jahren Haft verurteilt. Bei ihrem Prozess bekannte sie sich zu den Zielen der PKK und sorgte damit in der türkischen Presse für viel Aufsehen. 2004 wurde sie nach 7 Jahren Haft in der Türkei entlassen. Als Ronahî von türkischen Soldaten entwaffnet und ermordet wurde, sollen die Worte gefallen sein: „Sie wird uns so viel Ärger machen wie Kanî", bevor sie hingerichtet wurde.

Nach uns sind weitere Internationalistinnen nach Kurdistan gegangen, um sich dort am Kampf zu beteiligen, einige sind wiedergekommen, andere sind noch dort. In Briefen berichten sie regelmäßig über die Entwicklungen und Diskussionen im Land. Diese Briefe sind voller Hoffnung und Entschlossenheit. Die kurdische Bewegung erneuert sich ständig und begeistert jede neue Generation, die sich ihr anschließt. Die PKK von 2002 ist nicht die PKK von 1973, sie kann es gar nicht sein.

Die PKK ist nicht nur eine Organisation, sie ist auch eine politisch-ideologische Haltung. Daran in einem unorganisierten Umfeld von Eurozentrismus, Rassismus, Ignoranz, Individualismus und Egoismus festzuhalten ist nicht leicht, nicht nur für mich, für alle, die aus organisierten Strukturen hierher kommen.

Es ist schwer sich selbst, die gewonnen Werte nicht wieder zu verlieren, gegen Bequemlichkeit, Trägheit, Unorganisiertheit der eigenen Person anzukämpfen. Darüber zu schreiben ergäbe ein weiteres Buch. Hier sollen aber meine Erfahrungen aus zweieinhalb Jahren in der PKK-Guerilla berichtet werden. Es sind meine überarbeiteten Aufzeichnungen aus den kurdischen Bergen. Was wir von der PKK lernen können, können wir wohl überall lernen, indem Menschen ernsthaft eine Organisation aufbauen, die sich der neuen Weltordnung des Kapitals entgegenstellt. Das bisher Einzigartige an ihr ist der Aufbau der weltweit ersten Frauenarmee und inzwischen, seit 2000, der Aufbau der PJA, der Partei Freier

Frauen. Als sich die PKK 1973 begann zu formieren, sich 1978 gründete, glaubten nur wenige daran, dass sie sich auf den Beinen halten könnte. Ihr Untergang wurde unzählige Male prophezeit, unter den schwersten Bedingungen hat sie immer wieder einen Ausweg gefunden. Es ist dieses Prinzip, an die eigene Kraft zu glauben, sich nicht beirren zu lassen, das sich heute auch die Opposition in diesem Lande wieder zu Eigen machen muss, will sie hier wieder an Einfluss gewinnen.

Juni 2003

Begriffserklärungen

ağha – feudaler kurdischer Großgrundbesitzer
ahbabçavuş – (tr) Freundschaft, gemeint ist Klüngelei, Kumpanei
ARGK – Ateşa Rizgarîya Gelê Kurdistanê – Armee zur Befreiung des Volkes Kurdistans. 1984 nahm die HRK – *Hezen Rizgari Kurdistanê* – Kräfte zur Befreiung Kurdistans – den bewaffneten Kampf in Nordwestkurdistan, im Kerngebiet Botan, auf. Aus den wenigen Kräften wurde schnell eine Guerillaarmee, die sich dann seit 1985 ARGK nannte.
asker(î) – Soldat, soldatisch, militärisch
av(a) – Wasser, Fluss
Barzanî, Mesud – Führer der KDP
Barzanî, Mustafa – Begründer der KDP, Vater von Mesud Barzanî
Bikisî – BKS – schweres Maschinengewehr russischer Bauart
Bizwing – Abschussgerät für Panzerabwehrraketen
bölük – (tr) militärische Einheit
Botan – Gebiet in Zentralkurdistan im türkisch besetzten Teil
Botî – Ort im Großen Süden, in sich bis 1997 ein großes Camp der PKK befand, von dem aus auch das Radio der PKK sendete
çete – kurdisch: Laus, türkisch: Bande – Bezeichnung für Korucu – „Dorfschützer"
çiya – Berg
daz – kleine sichelförmige Axt
Dengê Medîya – Stimme Mediens, Radio der Guerilla
DHP – Devrimci Halk Partisi – Revolutionäre Volkspartei, ideologisch eng an die PKK gebunden, hat eigene Guerillakräfte in den türkischen Grenzgebieten zu Kurdistan, z. B. an der Schwarzmeerküste
dîlan – kurdischer Kreistanz
dimmis – Traubensirup
Dotşka – schweres Geschütz russischer Bauart („Töchterchen")
Düsseldorfer Prozess – 1989-94 fand in Düsseldorf ein §129a-Prozess gegen 20 KurdInnen statt. Erstmals wurde in der BRD eine nationale Befreiungsbewegung mit §129a verfolgt. Zwei Angeklagte erhielten eine lebenslängliche Freiheitsstrafe, zwei

Angeklagte sechs bzw. sieben Jahre Haft. Einer der Gefangenen, Hasan Hayri Güler, saß bis Anfang 2003 in Bochum in Haft.
düzenleme – Verteilung, Neu-Organisierung
Egîd – Mitbegründer der ARGK, leitete die ersten Guerillaaktionen am 15. August 1984, Egîd fiel 1986
eğitim – Ausbildung, Schulung
Etruş – Flüchtlingscamp in der Nähe der gleichnamigen Stadt, bestand von 1995-97
eylem – (tr) Aktion
Goyî – Stamm in der Gegend von Uludere
Großer Süden – irakisch besetzter Teil Kurdistans
gundîleşme – zum Dörfler werden
guzwana – Baumfrüchte, die in der Reife hellblau werden, daraus werden in den Dörfern z. B. Seife, Kaffee usw. gemacht, sie schmecken säuerlich
Haftanîn – Gebiet in Südkurdistan
Hakkî Karer – Mitbegründer der PKK türkischer Herkunft, wurde Anfang der 80er Jahre in Antep ermordet
haraketlî savaş – (tr) beweglicher Krieg, Guerillaeinheiten schließen sich zu großen Verbänden zusammen, um gegen die Armee offensiv vorzugehen, im Gegensatz zum Stellungskrieg verteilen sie sich aber sofort wieder, wenn der Feind sich zusammenzieht.
Jirîk – Stamm in der Gegend von Beytüşşebab
karargah – Hauptquartier
karçe – Nadelbaum, der als einziger Baum im Hochlandgebiet vorkommt
karker – ArbeiterIn
Karnas – Scharfschützenwaffe mit abnehmbaren Zielfernrohr
KDP – Demokratische Partei Kurdistans, wurde 1946 im Irak gegründet. Sie war von Anfang an fest in der Hand des Barzanî-Clans. Die KDP kontrolliert die Städte im nordwestlichen Teil des Großen Südens. Gemeinsam mit der PUK beteiligte sie sich 1992 an einer großen Operation der türkischen Armee gegen die PKK in der Region Haftanîn, dem „Südkrieg". Auch im Herbst 1995 beteiligte sie sich an einer Operation der türkischen Armee gegen die PKK. Im Mai 1997 beteiligte sie sich erneut und überfiel ein Krankenhaus für Verletzte der PKK in Hewler (Erbil) und ermor-

dete 62 verletzte PKK-KämpferInnen. Im Herbst 1997 beteiligte sie sich erneut an einer türkischen Militäraktion im Großen Süden. Immer wieder lieferte sie sich auch Gefechte mit der PUK.

Kazan – Kessel, Name einer tonnenschweren Bombe

kefîyê – großes viereckiges Wolltuch, das den GuerillakämpferInnen als Wetterschutz, Decke, zum Tragen von Gegenständen usw. dient.

Kleiner Süden – syrisch besetzter Teil Kurdistans; heute Rojava (Westen)

Kobra – Kampfhubschrauber, der gegen die Guerilla eingesetzt wird

korucu – (tr) „Schützer", hier als „Dorfschützer" bekannt. Die *korucu* sind meist Stammes- oder Clanangehörige, die vom türkischen Staat bewaffnet und bezahlt werden, um gegen die PKK zu kämpfen. Tausende von Dörfern vor allem in der Region Botan weigerten sich, *korucu* zu werden und wurden daher gezwungen, die Dörfer zu verlassen. Einige Stämme oder Clans werden von den Ağhas dazu gezwungen, die Waffen zu nehmen. Die *korucu* unterstützen oft unter Zwang die Militäroperationen der türkischen Armee gegen die Guerilla und geraten so zwischen die Fronten. Vielfach arbeiten die *korucu* auch versteckt mit der Guerilla zusammen, einige Clans jedoch haben sich ganz bewusst auf die Seite der türkischen Armee gestellt, da sie sich Vorteile davon erhofften. Ein weiterer Grund, *korocu* zu werden, ist auch der Sold, der nach dem Weideverbot für Vieh auf der Hochalm oft die einzige Einnahmequelle der Clans ist.

manga – militärische Gruppe, ca. 5-10 Personen

MED-TV – kurdischer Fernsehsender, der aus dem Exil sendete, 1999 wurde die Lizenz nicht mehr verlängert, kurz dannach ging *Medya TV* auf Sendung um die Lücke zu füllen. Medya TV wurde 2004 ebenfalls verboten; *Roj TV* ging bis 2009 auf Sendung. Seither sendet *Sterk TV*. Weitere Sender wurden gegründet: Rojhilat (*Newroz TV*) und Rojava (*Ronahî TV*)

Metîna – Gebiet in Südkurdistan

Miliz – Die Milizen sind Volkskräfte, die nur zeitweise in den militärischen Verbund der Guerilla integriert sind. Sie stellen den Kontakt zur Bevölkerung her, organisieren Lebensmittel, berichten

der Guerilla über Vorkommnisse im Dorf und in der Stadt.
öncü – (tr) Vorhut
peşmerga – „der/die dem Tod entgegengeht" – bewaffnete/r Kämpfer/in – traditionelle Bezeichnung in allen Gebieten Kurdistans
PKK – Partiya Karkerên Kurdistanê – ArbeiterInnenpartei Kurdistans. Die PKK wurde am 27. November 1978 gegründet. Eine ideologische Aufbaugruppe bestand jedoch schon seit 1973. Vorsitzender ist von Anfang an Abdullah Öcalan.
Plattform – Versammlung aller anwesenden KämpferInnen, um gemeinsam Beschlüsse zu fassen, z. B. auch Gerichtsverhandlungen, offizielles Gremium, vor dem die Selbstkritik zum Abschluss einer Unterrichtseinheit geübt wird.
PUK – *YNK* – Patriotische Union Kurdistans, Yeketîya Niştimanî Kurdistanê – wurde 1975 gegründet, kämpfte gegen die irakische Zentralregierung, unter der Führung von Celal Talabanî kontrolliert die PUK seit 1992 das Gebiet an der iranischen Grenze
rext – Schultergürtel, an dem der Gürtel mit den Munitionstaschen befestigt ist
savar – Weizengrütze
şehîd – im Kampf Gefallene/r
serhildan – Volksaufstand
serok – Führung
siyasî – (tr) politisch
sorîas – wohlschmeckendes Zwiebelgewächs im Hochland
soruşturma – (tr) Befragung, Gerichtsverfahren
sosyaleşme – (tr) Sozialwerdung – Ausbildung einer sozialistischen Persönlichkeit
Südkrieg – gemeinsamer Angriff der türkischen Armee, der KDP und PUK auf die ARGK in Südkurdistan 1992, hohe Verluste auf beiden Seiten, endete mit einer Waffenstillstandsvereinbarung, durch die die PKK ehemalige Stellungen der PUK erhielt
şutik – dehnbares langes Tuch, das um die Taille getragen wird, um den Rücken zu stützen, gegen Kälte und um die Munitionstaschen abzupolstern, auch Teil der traditionellen kurdischen Kleidung
tabur – (tr) militärisches Bataillon, ca. 150-300 Personen
taxim – Zug, ca. 15-20 Personen
tekmîl – (tr) „Vollendung", regelmäßige kollektive Bewertung des

Alltags, findet in jeder *manga* täglich statt
tepecî – Wache auf dem *tepe*, einem strategischen Hügel, Berg
TIKKO – Türkiye Işçi Köylü Kurtuluş Ordusu – Armee zur Befreiung der ArbeiterInnen und BäuerInnen der Türkei, Guerillaorganisation der TKP-ML
TKP-ML – Türkiye Komünist Partisi, Partei der Kommunisten der Türkei
uzlaşma – (tr) Verständigung, Einigung, sich gegenseitig nicht kritisieren, oder auch unausgesprochene Einigung
Versammlung – findet in regelmäßigen Abständen auf der Ebene der *taxim* oder *böluk* statt. Das Alltagsleben, oder auch militärische Aktionen, die Arbeit der KommandantInnen und KämpferInnen werden hier bewertet.
welatparez – „das Land Schützende" – PatriotIn, UnterstützerIn der kurdischen Sache
YAJK – Yeketîya Azadîya Jinen Kurdistanê, Union der Freien Frauen Kurdistans

Kurdische und türkischeNamen

Adar – März
Agir – Feuer
Agîrî – Name des Berges Ararat
Amed – kurdischer Name Diyarbakirs
Axîn – Seufzen, Stöhnen
Aydin – (tr) hell, intellektuell
Azad – frei
Bahoz – Wirbelsturm
Berfîn – Schneeglöckchen
Bihar – Frühling
Binefş – Lilie
Canda – Seele, Herz werden
Çiçek – (tr) Blume
Cuma – (tr) Freitag
Dicle – Tigris
Dilar – Feuerherz
Dilber – schön, hübsch
Dilovan – der Liebevolle
Engîzek – Berg in Kurdistan
Evîn – Liebe
Firat – Euphrat
Gulistan – Rosengarten
Güneş – (tr) Sonne
Helîn – Vogelnest
Herekol – Berg in Botan
Hogir – Genosse
Jîyan – Leben
Karker – ArbeiterIn
Kanî – Brunnen, Quelle
Leşker – Soldat
Mahabat – Name des ersten kurdischen Staates im heutigen Iranisch–Kurdistan
Mizgîn – frohe Botschaft
Munzur – Berg in Dersim

Nalîn – Klage
Nergiz – Narzisse
Newal – Tal
Newroz – Neujahr
Nujîn – neues Leben
Özgür – (tr)Freiheit; frei, der/die Freie
Pelda – werdendes Blatt
Piling – Tiger
Renas – den Weg kennend
Rengîn – farbig/Farben
Rewşen – gebildet, die Lage kennend
Rezan – den Weg wissend
Rizgar – Befreiung
Rojhat – der Tag ist gekommen
Rûken – lachendes Gesicht
Şafak – (tr) Sonnenaufgang
Şergeş – blühender Krieg
Şervan – KämpferIn
Şîlan – Hagebutte
Sosin – Tulpe
Şoreş – Revolution
Sîpan – Berg in der Nähe von Tatvan
Sozdar – die ihr Wort gibt
Tekoşîn – Kampf
Xabat – Arbeit
Xanê – Haus
Xelat – Geschenk
Xwînda – Blut geben
Xwînrêj – blutdürstig
Yekbûn – Vereinigung
Yekda – einzigartig
Zekî – wissend, gebildet
Zelal – klar, rein
Zerdeşt – Zarathustra
Zozan – Hochland

Eine Gemeinschaftsedition der Verlage
edition 8, Zürich
Mandelbaum Verlag, Wien
Unrast Verlag, Münster

Abdullah Öcalan

Jenseits von Staat, Macht und Gewalt

2019 | 552 Seiten | 24 €
ISBN 978-3-89771-854-8

Weltweit meistbeachtetes Werk aus der Feder des Vordenkers der kurdischen Freiheitsbewegung

Öcalans Vision von einer kommunal organisierten, basisdemokratischen und ökologischen Gesellschaft bietet viele Anregungen für die globale Debatte um einen neuen Sozialismus. Sein Plädoyer gegen staatliche Gewaltverhältnisse sowie Krieg und Gewalt zur Durchsetzung von Machtinteressen bildet ihr theoretisches Fundament.

Abdullah Öcalan

Die Roadmap für Verhandlungen

mit einem Vorwort von Immanuel Wallerstein
152 Seiten | 12 €
ISBN 978-3-89771-865-4

Die Roadmap für Verhandlungen ist ein außergewöhnliches Dokument. Sie bildete das Herzstück des geheimen Dialogprozesses zwischen Öcalan und dem türkischen Staat. Öcalan definiert hier die für den Beginn eines Friedensprozesses nötigen Schritte und skizziert eine radikaldemokratische föderative Lösung für die kurdische Frage.

Abdullah Öcalan

Plädoyer für den freien Menschen

Urfa – Fluch und Segen einer Stadt

2019 | 220 Seiten | 14 €
ISBN 978-3-89771-864-7

Zwei Schriften Öcalans, die den Paradigmenwechsel der Freiheitsbewegung maßgeblich beeinflusst haben

Sakine Cansiz

Mein ganzes Leben war ein Kampf

Band 1 | Jugendjahre

444 Seiten | 24 €
ISBN 978-3-89771-861-6

Autobiografie der wohl weltweit bekanntesten Kurdin

Am 9. Januar 2013 stand die Welt für alle, die der kurdischen Freiheitsbewegung verbunden sind, einen Moment still. Eine ihrer wichtigsten Persönlichkeiten, Sakine Cansiz (Sara), war neben zwei weiteren Frauen in Paris ermordet worden. Der hier vorliegende erste Teil ihrer Autobiografie, verfasst in den 1990er-Jahren, ist ein bedeutendes Zeitdokument, denn hier werden die ersten Schritte der Bewegung aus der Sicht einer großartigen Frau geschildert.

Band 2 | Gefängnisjahre

2019 | 544 Seiten | 24 €
ISBN 978-3-89771-862-3

Kämpfe im Gefängnis bis zur Entlassung 1990

Band 3 | Guerilla

2019 | 274 Seiten | 20 €
ISBN 978-3-89771-863-0

Saras Jahre im bewaffneten Kampf

UNRAST Verlag | www.unrast-verlag.de | kontakt@unrast-verlag.de